本书出版得到南方科技大学全球城市文明典范研究院开放……产业如何促进城市可持续发展？——基于联合国创意城市……实证分析"（IGUC23C009）及广东省普通高校人文社科……——珠三角产业生态研究中心（2016WZJD005）等的资助……

文化产业与旅游产业的融合与创新发展研究

基于新型城镇化背景

陈柏福　刘　凤　田桓至◎著

RESEARCH ON THE INTEGRATION AND
INNOVATIVE DEVELOPMENT OF
CULTURAL INDUSTRY AND TOURISM INDUSTRY:
BASED ON THE BACKGROUND OF
NEW URBANIZATION

经济管理出版社
ECONOMY & MANAGEMENT PUBLISHING HOUSE

图书在版编目（CIP）数据

文化产业与旅游产业的融合与创新发展研究：基于新型城镇化背景 / 陈柏福，刘凤，田桓至著. -- 北京：经济管理出版社，2024. -- ISBN 978-7-5096-9862-4

Ⅰ. F592

中国国家版本馆 CIP 数据核字第 20247EV194 号

组稿编辑：郭丽娟
责任编辑：魏晨红
责任印制：张莉琼
责任校对：王淑卿

出版发行：经济管理出版社
（北京市海淀区北蜂窝 8 号中雅大厦 A 座 11 层　100038）

网　　址：www.E-mp.com.cn
电　　话：（010）51915602
印　　刷：北京晨旭印刷厂
经　　销：新华书店
开　　本：720mm×1000mm/16
印　　张：11.75
字　　数：215 千字
版　　次：2024 年 12 月第 1 版　2024 年 12 月第 1 次印刷
书　　号：ISBN 978-7-5096-9862-4
定　　价：98.00 元

·版权所有　翻印必究·

凡购本社图书，如有印装错误，由本社发行部负责调换。
联系地址：北京市海淀区北蜂窝 8 号中雅大厦 11 层
电话：（010）68022974　邮编：100038

前　言

2018年4月8日，文化和旅游部正式挂牌，统筹规划文化事业、文化产业、旅游业发展，真正开启了文化和旅游融合发展的大幕。而在国家层面的文化和旅游融合发展政策上，早在2009年就已经拉开帷幕。2009年，原文化部、原国家旅游局《关于促进文化与旅游结合发展的指导意见》明确指出要加强文化和旅游的深度结合，并从"打造文化旅游系列活动品牌""打造高品质旅游演艺产品""积极培育文化旅游人才""规范文化旅游市场经营秩序"等方面提出了推进文化与旅游结合发展的主要措施。党的十九大报告在提到"推动文化事业和文化产业发展"时强调，"要深化文化体制改革，完善文化管理体制，加快构建把社会效益放在首位、社会效益和经济效益相统一的体制机制""加强文物保护利用和文化遗产保护传承。健全现代文化产业体系和市场体系，创新生产经营机制，完善文化经济政策，培育新型文化业态"。党的二十大报告指出："坚持以文塑旅、以旅彰文，推进文化和旅游深度融合发展。"这既是对我国文化和旅游深度融合发展经验的高度总结，也为新时代我国文化和旅游融合创新发展指明了前进的方向。2018年3月，国务院办公厅印发了《关于促进全域旅游发展的指导意见》（以下简称《意见》），从"推动融合发展，创新产品供给""加强旅游服务，提升满意指数""加强环境保护，推进共建共享"等方面作出了战略部署。作为文化和旅游部成立后国务院出台的第一个关于旅游业发展的重要文件，《意见》的出台不仅标志着全域旅游正式上升为国家战略，而且随着文化和旅游体制性障碍的打通，在国家全域旅游格局下，文化和旅游的"全域融合"将成为文化产业与旅游产业融合创新发展的重要支撑。2017年5月，中共中央办公厅、国务院办公厅印发的《国家"十三五"时期文化发展改革规划纲要》指出，大力强化全社会文物保护意识，加强世界文化遗产、文物保护单位、大遗址、国家考古遗址公园、重要工业遗址、历史文化名城名镇名村和非物质文化遗产等珍贵遗产资源保护，推动遗产资源合理利用。把民族民间文化元素融入新型城镇化和新农村建设，发展有历史记忆、地域特色、民族特点的美丽城镇、美丽乡村。

打造一批民间文化艺术之乡。2022年8月，中共中央办公厅、国务院办公厅印发的《"十四五"文化发展规划》明确指出，要坚持以文塑旅、以旅彰文，推动文化和旅游在更广范围、更深层次、更高水平上融合发展，并提出要从"提升旅游发展的文化内涵、丰富优质旅游供给、优化旅游发展环境、创新融合发展体制机制"等方面着力推进。

随着我国旅游产业与文化产业相关政策的陆续出台，国家关于城镇化、新型城镇化以及乡村振兴规划等政策文件也随之颁布。2000年，中共中央、国务院印发的《关于促进小城镇健康发展的若干意见》指出，小城镇建设要各具特色，切忌千篇一律，特别要注意保护文物古迹以及具有民族和地方特点的文化自然景观；要充分利用风景名胜及人文景观，发展观光旅游业。2013年，中共中央、国务院印发的《国家新型城镇化规划（2014—2020年）》提出，坚持"文化传承、彰显特色"的原则，根据不同地区的自然历史文化禀赋，体现区域差异性，提倡形态多样性，防止千城一面，发展有历史记忆、文化脉络、地域风貌、民族特点的美丽城镇，形成符合实际、各具特色的城镇化发展模式。同时，还明确提出在旧城改造中保护历史文化遗产、民族文化风格和传统风貌，在新城区建设中融入传统文化元素、与原有城市的自然人文特征相协调，加强历史文化名城名镇、历史文化街区、民族风情小镇文化资源挖掘和文化生态的整体保护。《中华人民共和国国民经济和社会发展第十四个五年规划和2035年远景目标纲要》《国家新型城镇化规划（2021—2035年）》《"十四五"新型城镇化实施方案》等政策文件提出了完善新型城镇化的战略构想和实施方略，并着重强调了历史文化传承和人文城市建设，积极推进文化旅游在新型城镇化进程中的融合发展。

由此可见，文化产业与旅游产业融合发展既具有客观必要性，又具有现实可行性，文化和旅游部正式挂牌成立既是顺应文化与旅游融合发展机构改革的需要，又必将通过消除体制机制约束而促进文化产业与旅游产业进一步融合发展。然而，无论是文化产业发展、旅游产业发展，还是文化产业与旅游产业融合发展，必然都离不开产业空间和地理空间的支撑，而新型城镇化强调的不仅是人口与经济社会活动在地理空间上的均衡布局，也强调随着产业经济活动而实现地理空间的合理演化及其高质量发展，在某种程度上说，新型城镇化是文化产业与旅游产业融合发展的重要载体和空间演化形式。

本书的撰写是一项充满挑战性的复杂的系统工程，需要从理论、政策与文献等层面进行全面梳理，并结合新型城镇化背景深入探讨文化产业与旅游产业融合创新发展，具有较大的研究难度。本书在相关理论与文献分析的基础上，首先论述了中国文化产业与旅游产业的发展历程及其融合现状，并从政策影响视角探讨了新型城镇化背景下文化产业与旅游产业的融合过程；其次从产城融合理论视角探析新型城镇化与文化旅游产业的融合机理，分析新型城镇化背景下文化产业与旅游产业的融合机制和模式；最后以张家界市为研究对象进行案例分析，并就相关分析提出了有针对性的对策和建议。本书的研究对于当前数字经济时代推动新型城镇化和文化旅游产业融合创新发展，均具有较强的理论价值和现实意义。

陈柏福

2024 年 3 月

目　录

第一章　绪论 … 1

第一节　选题背景与研究意义 … 1
一、选题背景 … 1
二、研究意义 … 5

第二节　文献综述 … 7
一、产业融合相关研究 … 7
二、文化产业与旅游产业融合发展相关研究 … 12
三、新型城镇化背景下文化产业与旅游产业融合相关研究 … 18

第三节　研究方法与可能的创新点 … 20
一、研究方法 … 20
二、可能的创新点 … 21

第四节　主要研究内容与技术框架 … 22
一、主要研究内容 … 22
二、技术框架 … 22

第二章　新型城镇化背景下文化产业与旅游产业融合发展的理论基础 … 24

第一节　新型城镇化理论 … 24
一、新型城镇化的概念演进及其特征分析 … 24
二、新型城镇化的理论内涵 … 26

第二节　融合经济理论 … 27
一、产业融合理论 … 27
二、产镇融合理论 … 30
三、业态融合理论 … 33

第三节　特色文化经济理论 … 36

— 1 —

一、区域文化产业理论 ······················ 36
二、民族文化产业理论 ······················ 39
三、特色文化产业理论 ······················ 41

第三章 新型城镇化背景下文化产业与旅游产业融合的进程
——基于政策的影响 ······················ 44

第一节 政策演化主线分析 ······················ 44
第二节 新型城镇化过程的阶段性分析 ······················ 55
  一、城镇化探索发展阶段（1949~1977年） ······················ 56
  二、城镇化快速发展阶段（1978~2011年） ······················ 56
  三、新型城镇化提质发展阶段（2012年至今） ······················ 59
第三节 新型城镇化与文化旅游产业融合过程的政策分析 ······················ 60
  一、新型城镇化与旅游产业融合过程的政策分析 ······················ 61
  二、新型城镇化与文化产业融合过程的政策分析 ······················ 64

第四章 新型城镇化与文化旅游产业的融合机理 ······················ 69

第一节 新型城镇化背景下文化产业与旅游产业的融合逻辑 ······················ 69
  一、文化旅游产业融合过程及其关系 ······················ 69
  二、新型城镇化进程与文化旅游产业周期理论 ······················ 73
第二节 新型城镇化与文化旅游产业融合的影响因素 ······················ 74
  一、技术创新与市场需求 ······················ 74
  二、政策扶持 ······················ 76
  三、知识扩散 ······················ 76
  四、资源支撑 ······················ 77
  五、人才的推动 ······················ 78
第三节 新型城镇化背景下文化产业与旅游产业融合的系统结构 ······················ 79
  一、系统经济理论的来源 ······················ 79
  二、文化产业与旅游产业融合创新的系统属性 ······················ 80
第四节 新型城镇化与文化旅游产业融合的作用机理 ······················ 84
  一、技术创新与市场需求——产业创新链 ······················ 84
  二、"互联网+"与数字技术——虚拟产业链 ······················ 85
  三、产业价值与价值创造——产业价值链 ······················ 86

四、产品分工与产业升级——实体产业链 …………………………… 87
　第五节　新型城镇化背景下文化产业与旅游产业融合的效应与特征 …… 87
　　一、融合效应 ……………………………………………………………… 87
　　二、融合特征 ……………………………………………………………… 91

第五章　新型城镇化背景下文化产业与旅游产业的融合机制 ………… 95

　第一节　新型城镇化背景下文化产业与旅游产业融合的外在动力
　　　　　机制 …………………………………………………………………… 95
　　一、政策引导机制 ………………………………………………………… 96
　　二、外部市场环境变化 …………………………………………………… 97
　第二节　新型城镇化背景下文化产业与旅游产业融合的内在动力
　　　　　机制 ………………………………………………………………… 100
　　一、文化要素的内在驱动 ………………………………………………… 100
　　二、产业转型升级 ………………………………………………………… 102
　　三、文化游客发生变化 …………………………………………………… 103
　第三节　新型城镇化背景下文化产业与旅游产业融合的约束机制 …… 105
　　一、体制机制约束 ………………………………………………………… 105
　　二、人才障碍 ……………………………………………………………… 107
　第四节　新型城镇化背景下文化产业与旅游产业融合的组织保障
　　　　　机制 ………………………………………………………………… 108
　　一、组织协调保障机制 …………………………………………………… 108
　　二、业态融合组织保障机制 ……………………………………………… 110

第六章　新型城镇化背景下文化产业与旅游产业的融合模式 ………… 112

　第一节　新型城镇化背景下文化产业与旅游产业融合模式类型划分 …… 112
　　一、基于融合动因的类型划分 …………………………………………… 112
　　二、基于产业链节点的类型划分 ………………………………………… 116
　第二节　新型城镇化背景下文化产业与旅游产业融合发展的
　　　　　一般模式 …………………………………………………………… 119
　　一、延伸型融合模式 ……………………………………………………… 119
　　二、重组型融合模式 ……………………………………………………… 119
　　三、渗透型融合模式 ……………………………………………………… 120

— 3 —

第三节 新型城镇化背景下文化产业与旅游产业融合发展的盈利模式 …… 121
 一、资源开发融合模式 …… 121
 二、产品生产融合模式 …… 122
 三、商业运营融合模式 …… 125

第四节 新型城镇化背景下文化产业与旅游产业融合发展的新型模式 …… 126
 一、文化旅游产业园区融合模式 …… 126
 二、文化旅游节庆会展融合模式 …… 127
 三、文化驱动旅游融合模式 …… 128
 四、旅游演艺文化融合模式 …… 128

第七章 新型城镇化背景下文化产业与旅游产业融合发展的案例分析——以张家界市为例 …… 130

第一节 张家界市文化产业与旅游产业融合发展的有利条件 …… 130
 一、底蕴深厚——为张家界文化旅游融合发展奠定坚实基础 …… 130
 二、政策支持——为张家界文化旅游融合发展筑牢根本保障 …… 131
 三、人才战略——为张家界文化旅游融合发展缔造不竭动力 …… 132
 四、宣传发力——为张家界文化旅游融合发展拓展巨大市场 …… 133

第二节 张家界市文化产业与旅游产业融合发展的现状分析 …… 134
 一、文化旅游产业发展规模逐步壮大 …… 135
 二、文化旅游产品结构逐渐合理优化 …… 136
 三、文化旅游综合改革试点成效显著 …… 136

第三节 张家界市文化产业与旅游产业融合发展主要表现形式 …… 137
 一、"文化旅游+演出"模式 …… 137
 二、"文化旅游+民俗"模式 …… 139
 三、"文化旅游+艺术"模式 …… 140
 四、"文化旅游+竞技"模式 …… 141
 五、"文化旅游+党建"模式 …… 141
 六、"文化旅游+生态"模式 …… 142

第四节 张家界市文化产业与旅游产业融合发展中存在的主要问题分析 …… 143

一、张家界市文化产业与旅游产业融合过程中经营管理模式
　　　　问题分析 ·· 143
　　二、张家界市文化产业与旅游产业融合过程中创新发展动力
　　　　问题分析 ·· 145

第八章　新型城镇化背景下促进张家界市文化产业与旅游产业优化融合
**　　　　发展的对策建议** ·· 146
　　第一节　坚持创新战略，增强文旅融合发展活力 ······················ 147
　　　　一、不断推进文化旅游产品创新 ·· 147
　　　　二、注重引进新型前沿科学技术 ·· 148
　　第二节　筑牢生态屏障，夯实文旅融合发展基础 ······················ 148
　　　　一、立足根本，绿色发展 ·· 149
　　　　二、产业协调，多元发展 ·· 149
　　第三节　打造品牌效应，树立文旅融合发展标杆 ······················ 150
　　　　一、发展节会民俗品牌 ··· 150
　　　　二、拓展体育活动品牌 ··· 150
　　　　三、打造乡村文旅品牌 ··· 151
　　　　四、挖掘特色商品品牌 ··· 151
　　第四节　加强宣传营销，培育文旅融合发展亮点 ······················ 152
　　　　一、加大旅游宣传营销力度 ··· 152
　　　　二、扩大对外文化旅游交流合作 ·· 153
　　第五节　深化融资模式，探索文旅融合发展机制 ······················ 153
　　第六节　优化市场环境，营造文旅融合发展氛围 ······················ 154
　　　　一、构建立体交通网络 ··· 155
　　　　二、绽放文明和谐之花 ··· 155

参考文献 ·· 157

后　记 ·· 174

第一章 绪论

第一节 选题背景与研究意义

一、选题背景

城镇化是我国实现社会主义现代化的必由之路（时晨等，2023；洪晗等，2024），中国特色新型城镇化更是中国式现代化建设的重要内容和必然之举（洪晗等，2024），新型城镇化必将助力中国式现代化发展（洪银兴和陈雯，2023；鲁荣东，2023）。城镇化推进和城市化发展往往伴随着人口、经济、文化以及空间结构等方面的剧烈变化，包括纽约、伦敦、东京、上海等全球著名城市的变迁发展均证明了这一点（王峤和刘修岩，2024）。改革开放以来，我国很多地区的城市空间扩大了两三倍。新型城镇化仍是中国式现代化建设确凿无疑的大方向。中国改革已接近临界点，新型城镇化被视为最可能的改革突破口。从 2002 年提出"统筹城乡发展"到 2007 年提出"城乡发展一体化"，再到 2017 年提出"城乡融合发展"，其本质上是一脉相承的，并在内容上体现出国家对城乡发展失衡问题的重视程度不断提高，构建新型城乡关系的思路也得到不断升华，更强调城市和乡村共生共荣，协调发展，这一趋势在党的十九大报告中也得到了体现。党的十九大报告对农业、农村、农民问题着墨颇多，并有不少新表述，报告中明确提出"实施乡村振兴战略"，其中，"建立健全城乡融合发展的体制机制和政策体系"等表述尤其引人注目。在"统筹城乡发展"和"城乡发展一体化"政策实施时期，关于促进农村发展的公共政策基本上都是围绕工业化和城市化对农村的需求而制定的——城市需要农村提供粮食和原料，这样基本就变成了以工业化和城市化为导向的农业发展战略，整个农村的发展就变成了农业的发展，农民的主要功能是提供农产品，一切为了城市，一切看向城市，由此导致整个农村的价值诉求被忽视，甚至慢慢丢弃了自己的精神内核。2023年12月召开的中央经济工作会议明确提出，"统筹新型城镇化和乡村全面振兴""要把推进新型城镇化和乡村振兴有机结合起来，促进各类要素双向流动，推动以县城为重要载体的新型城镇化，形成城乡融合发展新格局"。由此可见，"城乡融合发展"才是大势所趋，城市和乡村理应成为互补的整体，乡村自身的优势、特色也需要保留。为了让整体更和谐，乡村也应是当前发展的重点，乡村振兴战略的提出及其全面推进恰逢其时，这也与产业、人口、土地、社会、农村"五位一体"的城镇化相符，与新型城镇化包含的四个协调（工业化、农业现代化相协调，人口、经济、资源和环境相协调，大、中、小城市与小城镇相协调，人口集聚、"市民化"和公共服务相协调）不谋而合。

党的十九大报告指出："文化是一个国家、一个民族的灵魂。文化兴国运兴，文化强民族强。"因此，文化产业作为我国的"黄金产业"和"朝阳产业"日益受到重视。党的二十大报告进一步指出："全面建设社会主义现代化国家，必须坚持中国特色社会主义文化发展道路，增强文化自信，围绕举旗帜、聚民心、育新人、兴文化、展形象建设社会主义文化强国""繁荣发展文化事业和文化产业。坚持把社会效益放在首位、社会效益和经济效益相统一，深化文化体制改革，完善文化经济政策。实施国家文化数字化战略，健全现代文化服务体系，创新实施文化惠民工程。健全现代文化产业体系和市场体系，实施重大文化产业项目带动战略。坚持以文塑旅、以旅彰文，推进文化和旅游深度融合发展"。由此可见，我国政府高度重视文化强国建设，并从文化事业和文化产业协同发展、文化与旅游融合创新发展，上升到国家文化数字化战略高度。事实上，我国历年来都高度重视文化建设和文化产业发展。2009年，国务院审议通过我国第一部文化产业专项规划——《文化产业振兴规划》，将文化产业确定为国家战略性产业；2012年，《国家"十二五"时期文化改革发展规划纲要》正式出台，指出"构建结构合理、门类齐全、科技含量高、富有创意、竞争力强的现代文化产业体系，推动文化产业跨越式发展，使之成为新的经济增长点、经济结构战略性调整的重要支点、转变经济发展方式的重要着力点，为推动科学发展提供重要支撑"；2015年是政策引领文化发展的关键之年，出台了《关于加快构建现代公共文化服务体系的意见》《国务院关于大力推进大众创业万众创新若干政策措施的意见》等文件，在一定程度上促进了文化产业的发展，为我国文化产业发展指引了新道路；"十三五"时期，我国明确提出"要以文化产业转型升级为突破口，推动文化产业成为国民经济支柱性产业"；中共中央办公厅、国务院办公厅印发的《"十四五"文化发展规划》提出"推动文化产业高质量发展",包括"加快文化产业数字化布局、健全现代文化产业体系、建设高标准文化市场体系、推动科技赋能文化产业"等具体举措。与此同时,还提出了"推动文化和旅游融合发展"和"促进城乡区域文化协调发展",具体建设内容分别包括"提升旅游发展的文化内涵、丰富优质旅游供给、优化旅游发展环境、创新融合发展体制机制"以及"推动区域文化协调发展、加强城市文化建设、促进乡村文化振兴"。党的十八大以来,习近平总书记围绕文化建设发表了一系列重要论述,并在此基础上形成了深邃宏阔、内涵丰富的习近平文化思想,这也为本书探索新型城镇化背景下文化产业与旅游产业的融合发展提供了理论指导。因此,文化产业作为我国经济增长的重要突破口,作为新经济[①]的重要组成部分,必须积极响应国家号召,抓住国家政策导向,深入研究文化产业动态,为其可持续发展打下坚实基础。

旅游产业是我国第三产业的重要组成部分,具有很强的带动作用。改革开放以来,我国旅游产业得到了持续快速发展,成为国民经济的支柱性产业,这当然离不开国家政策的引导与扶持。2009年,国务院出台的《关于加快发展旅游业的意见》将旅游产业上升为我国战略性产业。2013年,十二届全国人大常委会第二次会议表决通过了《中华人民共和国旅游法》(以下简称《旅游法》),这是改革开放以来我国旅游业发展的重要成果,标志着我国旅游产业形成了由国家大法、国务院条例、部门规章组成的完整的法律法规体系,成为旅游发展的重要转折点。2014年,国务院印发了《关于促进旅游业改革发展的若干意见》,这是继《关于加快发展旅游业的意见》《旅游法》出台之后,国家层面出台的又一个促进旅游业发展的纲领性文件,该文件明确指出:"促进旅游业改革发展,要创新发展理念,坚持深化改革,依法兴旅,坚持融合发展,坚持以人为本。"2016年出台了《"十三五"旅游业发展规划》等一系列重大政策,旅游扶贫、旅游创新创业等8大类旅游休闲重大工程被列入实施范围。2017年作为我国全面实施"十三五"规划的开局之年,对于旅游产业来说,注定是不同寻常的一年,国家领导人多次对旅游产业的发展做出指示,并出台了一系列重要政策助力旅游产业发展。2017年中央一号文件《中共中央、国务院关于深入推进农业供给侧结构性改革加快培育农业农村发展新动能的若干意见》正式发布,首次提出了"旅游+"的概念,倡导利用"旅游+""生态+"等模式,推进农业、林业与旅游、

---

① "新经济"与传统经济模式差异显著,摒弃了标准化、规模化、模式化、效率化、层次化的特点,以科技创新、信息技术、服务业为主导,追求个性化、差异化、速度化。中国社会科学院发布的《2018经济蓝皮书》中指出:新经济已成为经济增长动力。

教育、文化、康养等产业深度融合，大力发展乡村休闲旅游业。2017年6月12日，原国家旅游局发布了《全域旅游示范区创建工作导则》，指出创建工作要实现的"五个目标"，即旅游治理规范化、旅游发展全域化、旅游供给品质化、旅游参与全民化、旅游效应最大化，为全域旅游示范区的创建提供了行动指南。2018年，文化和旅游部的组建更是助力旅游产业不断发展的重要举措。2021年出台的《"十四五"旅游业发展规划》提出了"坚持创新驱动发展""优化旅游空间布局""构建科学保护利用体系""完善旅游产品供给体系""拓展大众旅游消费体系""建立现代旅游治理体系""完善旅游开放合作体系""健全旅游综合保障体系"等重点建设内容。2023年，国务院办公厅印发的《关于释放旅游消费力推动旅游业高质量发展的若干措施》更是从"加大优质旅游产品和服务供给""激发旅游消费需求""加强入境旅游工作""提升行业综合能力"等方面提出了相关举措。所以，当前旅游产业高质量发展必须抓住国家政策的导向，在新时代背景下，在新的政策引导下，走旅游产业与相关产业融合创新发展之路，而对旅游产业高质量发展进行更加深入的研究，也具有客观必要性。

文化是旅游的灵魂，旅游是文化的载体及其发展的重要途径。文化产业与旅游产业有着密不可分的关联性和耦合度，两者相近的属性和特征使其共生共荣，文旅融合发展已成大趋势。事实上，为了促进文旅产业发展，进一步推动其融合，我国近年来陆续出台了一系列政策。2009年，原文化部与原国家旅游局联合出台了《关于促进文化与旅游结合发展的指导意见》，这是我国第一份关于文化旅游融合发展政策的文件，此后文化旅游的概念及相应的制度政策等陆续出现。2011年，《国家旅游局关于进一步加快发展旅游业促进社会主义文化大发展大繁荣的指导意见》提出，"明确旅游业的文化责任，自觉发挥其在促进社会主义文化大发展大繁荣中的作用"，并强调"以改革创新精神开创旅游产业与文化产业融合发展的新局面"。2017年，中共中央办公厅、国务院办公厅印发了《国家"十三五"时期文化发展改革规划纲要》，明确提出要把民族民间文化元素融入新型城镇化和新农村建设，发展有历史记忆、地域特色、民族特点的美丽城镇、美丽乡村；要发展文化旅游，扩大休闲娱乐消费。2018年3月，国务院办公厅发布的《关于促进全域旅游发展的指导意见》提出，要推动旅游与科技、教育、文化、卫生、体育融合发展。在文化方面，要科学利用传统村落、文物遗迹及博物馆、纪念馆、美术馆、艺术馆、世界文化遗产展示馆、非物质文化遗产展示馆等文化场所开展文化、文物旅游，推动剧场、演艺、游乐、动漫等产业与旅游业融合，开展文化体验旅游。2018年，中共中央印发了《深化党和国家机构改革方案》,决定组建文化和旅游部,并于4月8日正式挂牌,多方整合,形成合力,更好地推进文化产业、旅游产业的融合发展,助力经济发展,进一步提高国家文化软实力和中华文化影响力。2023年10月,文化和旅游部发布的《关于释放旅游消费潜力推动旅游业高质量发展的若干措施》提出,要推进文化和旅游深度融合发展。具体举措包括引导戏剧节、音乐节、艺术节、动漫节、演唱会、艺术展览、文旅展会等业态健康发展,丰富"音乐+旅游""演出+旅游""展览+旅游""赛事+旅游"等业态。同时,提出要推进文化和旅游产业融合发展典型示范建设。正是在文化和旅游深度融合的相关政策、文化和旅游相关政府部门的推动下,我国文化旅游产业实践和相关市场活动得到了极大发展。迈点研究院数据显示,2023年11月携程集团、海昌海公园、中国旅游集团、中青旅、三湘印象、中国东方演艺集团、锦江国际集团、豫园股份、复星旅文、首旅集团分别位列中国文旅集团100强榜单。在全国各地文旅集团的产业投资方面,文旅跨界合作格局已然形成,文化产业巨头跨界投资旅游产业的案例屡见不鲜。由此可见,无论是在国家政策层面、政府机构改革层面,还是在市场层面,文化产业与旅游产业的融合发展都呈现势不可当的趋势。而文化旅游作为新型城镇化发展最重要的动力之一,在新型城镇化过程中扮演着不可替代的角色。乡村振兴、城乡融合是新型城镇化的趋势,文化产业与旅游产业的融合为其提供了切实可行的道路与途径;反之,新型城镇化的对象即乡村、城镇等为文化产业与旅游产业融合发展提供了空间、载体及平台。新型城镇化与文旅产业融合相互扶持、彼此促进、共同发展。因此,在新型城镇化背景下研究文化产业与旅游产业的融合发展显得尤为重要,不仅可以丰富文化产业与旅游产业融合的学术研究,还可以为新型城镇化的发展提供新的方向,实现共赢。

二、研究意义

随着我国经济社会的发展,新型城镇化步伐也不断加快。党的十九大报告明确提出"实施乡村振兴战略"以及"建立健全城乡融合发展的体制机制和政策体系",指出"构建以城市群为主体,形成大中小城市和小城镇协调发展"的城镇格局。党的二十大报告进一步提出"全面推进乡村振兴"和"促进区域协调发展",并对"新型城镇化战略"作出了明确部署,即"推进以人为核心的新型城镇化,加快农业转移人口市民化。以城市群、都市圈为依托构建大中小城市协调发展格局,推进以县城为重要载体的城镇化建设"。2017年,在北京举行的2017中国城市运营论坛提出了城市IP理念,这一理念无疑赋予了新型城镇化新内涵。城市 IP 强调城市的地域性,地域文化决定了城市的精神内涵,即精神灵魂。城镇化的发展同样离不开 IP 理念、离不开文化。在推进新型城镇化的进程中,各地如何合理利用独特的地域性及其文化内涵发展地方经济,以人为本,实现农业转移人口市民化,优化其布局与形态,使其可持续发展并推动城乡一体化,这是一个值得深入思考并研究的重大课题。那么,在新型城镇化过程中如何进行 IP 的孵化及运营?这正与文化产业融合发展不谋而合。此外,我国组建文化和旅游部,将文化产业与旅游产业整合,加快推进文化旅游产业的融合发展,这为新型城镇化背景下推进文化产业和旅游产业融合创新发展提供了组织保障和制度基础。事实上,新型城镇化建设与文化产业和旅游产业发展具有天然的兼容性和统一性,文化产业和旅游产业为新型城镇化提供了动力来源,在新型城镇化过程中发挥着重要作用,并且新型城镇化为文化产业和旅游产业发展提供了物理空间和现实场景,其地域性与区域性决定了旅游产业与文化产业的差异性,同时也增强了文化旅游产业融合发展的竞争力,使其实现可持续性发展,这无疑对新型城镇化发展也起到反哺作用,三者相互促进,共同发展。所以,在新型城镇化背景下研究文化产业与旅游产业的融合创新发展,具有重要的理论意义和现实意义。

本书以新型城镇化背景下我国文化产业与旅游产业融合创新发展为选题,具有较为重要的理论研究价值。我们通过收集及整理资料发现,学术界对新型城镇化与旅游产业二者结合的研究较多,主要涉及耦合关系及评价模型等,而对新型城镇化与文化产业二者结合的研究并不多见,结合新型城镇化背景研究文化产业与旅游产业融合创新发展的文献则更为少见。新时代新事物快速更新换代与相对滞后的理论研究同时并存是较为普遍存在的新常态。我国新型城镇化的快速推进与文旅产业融合发展具有共生同步性,这一客观实践的发展必然引起相关理论研究的迅速跟进。不难发现,当前关于文化产业与旅游产业融合发展的研究逐年增多,从最初的现象描述、定性分析到如今的理论分析与实证分析相结合,相关研究文献逐步规范和成熟。然而,结合新型城镇化背景探讨我国文化产业与旅游产业创新融合发展的研究文献也并不成熟,值得进一步深化研究。本书在新型城镇化背景下研究文化产业与旅游产业融合创新发展,涉及两者融合的理论基础、融合进程、融合机制、融合模式,并以张家界市为例进行案例分析,这对于丰富新型城镇化背景下文旅融合创新发展理论,为新型城镇化发展探索出一条与新时代相适应的创新之路,均具有重要的理论意义。

同时,本书也具有较强的现实研究价值。自 2014 年我国发布《国家新型城镇化规划（2014—2020年）》以来，新型城镇化作为加快产业结构转型升级的重要抓手的作用日益凸显，在城市群、各类城市、小城镇协同发展的同时，文化产业和旅游产业融合发展也取得了长足的进展，这为本书的研究提供了现实基础。党的十九大报告、党的二十大报告关于"实施乡村振兴战略""全面推进乡村振兴"和"促进区域协调发展"以及"坚持以文塑旅、以旅彰文，推进文化和旅游深度融合发展"的论断则为本书提供了政策依据。事实上，新型城镇化建设离不开民族文化产业、区域文化产业、特色文化产业、数字文化产业的发展和支持，也离不开旅游产业的支撑，同时新型城镇化又为文化产业和旅游产业融合发展提供了动力来源，文化产业与旅游产业融合发展要以城镇为空间依托，从而更好地实现二者融合发展，而文旅产业的良性融合又会反过来助推新型城镇化迈向更高质量的发展水平。因此，本书在新型城镇化背景下探讨文化产业与旅游产业的融合创新发展，得出的相关结论以及提出的针对性建议，均能够为新型城镇化的发展及相关产业融合发展提供经验借鉴和启示，具有重要的现实意义。

第二节 文献综述

一、产业融合相关研究

产业融合是新时代下提高产业效率和竞争力的一种新型的产业发展方式，是产业发展的大趋势，是中国经济增长的动力。作为产业发展的前沿问题，产业融合孕育着创新潜能（杨志浩和郑玮，2023），产业融合源自技术进步和管理的放松（植草益，2001），产业之间具有共同的技术基础，技术融合是产业融合发生的前提条件（Lei，2000），同时也离不开业务融合、市场融合以及产业管制环境的变化（胡汉辉和邢华，2003），产业融合一般发生在产业之间的边界和交叉处，并非发生在产业内部（张磊，2001）。与此同时，通过产业融合可能实现产业边界的模糊化和消失，从而引起产业界限的重新划分，最终实现新的经济增长点和新兴产业涌现，达到优化产业结构、提升产业附加值等战略目标，同时也给社会经济的发展带来颠覆性的影响。产业融合相关研究文献相当丰富，主要研究方向涉及产业融合的概念和特征、动力机制、发展路径、融合类型等方面，但人们对产业融合的理解存在显著的差异。

1. 产业融合的概念研究

对于产业融合的概念，国外最早起源于 Rosenberg（1963）对美国机械设备业演化的研究。Yoffie（1996）认为，融合是指通过数字技术，使原本各自独立的产品得以整合。澳大利亚政府信息办公室（2000）从中义的角度指出，融合是因为数字化而导致的部门重构。Malhorta 和 Gupta（2001）从广义的角度提出，产业融合是指过去各自独立的产业之间的企业成为相互竞争对手时所产生的产业行为。日本学者植草益（2001）指出，产业融合通过技术的革新及放宽限制来降低产业间的壁垒，加强企业的竞争合作关系。Lind（2005）认为，产业融合无处不在，融合是常见的一种汇合和合并，是一种跨市场行为，是产业边界的模糊和进入壁垒的消除，引发了对产业边界的重新界定。与国外相比，国内关于产业融合发展的研究文献也比较丰富，虽然相关研究起步较晚，但发展较快。周振华（2003）认为，产业融合是随着信息技术的进步，使电信、广播电视和互联网等行业出现产业边界模糊与消失的现象，即以数字融合为基础，为适应产业的增长而发生的产业边界的收缩或消失。马健（2002）指出，由于技术进步与管制的放松，产业边界产生技术融合，改变了原有产业产品的属性特征、市场需求等，最终导致产业边界的模糊甚至重划。一些学者突破了技术、边界等视角对产业融合进行了概念界定。厉无畏（2002）认为，产业融合是在不同产业或同一产业内的不同行业间相互交叉、渗透，从而形成新产业的动态的发展过程。何立胜（2006）从创新的视角，将产业融合定义为系统集成创新过程，产业融合主要包括高技术的渗透融合、产业间的延伸融合与产业内部的重组融合三种方式。胡金星（2007）从系统自组织理论视角对产业融合进行了定义，认为产业融合是一个自组织的过程，是在开放的经济系统中，随着技术、创意等要素的出现与不断扩散，引起不同产业构成要素之间相互竞争、协作并共同演进，从而形成新兴产业的过程。产业融合是基于技术创新、制度创新等形成的产业边界模糊化和产业发展一体化现象，产业融合可以通过产业之间的渗透融合和交叉重组来实现，其特征是产业链条延伸、产业范围和产业功能拓展及产业空间布局优化重组。

由此可见，学术界从技术、组织、创新、边界等多个视角对产业融合进行了概念界定，可至今还没有形成一个统一的定论，不过通过对已有文献的总结可以看出，产业融合的概念离不开以下几个要素：①技术的进步与社会的不断发展；②通常发生在不同产业或同一产业内的不同行业之间；③导致产业边界模糊、重划；④出现新的经济增长点或新兴产业；⑤易于实现产业融合的相关行业部门，存在要素交融性或互补性。

第一章 绪论

2. 产业融合的动力研究

国内外学者对产业融合的动力机制研究主要存在以下两种观点：一种观点认为，技术创新因素促使了产业融合的出现；另一种观点认为，产业融合是由多种因素共同驱动的结果。此外，还存在两因素说、多因素说等理论。Porter（1985）指出，技术创新或融合可以改变传统产业的边界，因此技术驱动是产业融合的主要动力。Andergassen 等（2003）认为，创新引发了技术融合的过程。Gillwald（2003）提出，产业融合是由多种因素共同作用的结果，主要因素主要包括：技术动因（数字化）、经济动因（自由主义）、垄断的传统理论和管制被削弱等。Yoffie（1997）认为，技术发展、政府放松规制及管理创新三个主要因素驱动了产业融合。厉无畏（2002）指出，产业融合是产业发展的内在规律，是社会生产力的进步与产业结构高度化在现阶段的具体体现，产业创新是产业融合发展的直接驱动因素，产业融合发展的内在动力是产业间的关联性及其对利益最大化的追求，催化剂则是技术创新与技术融合。李浩和聂子龙（2007）提到，企业是产业融合的主导力量，消费需求的不断提高是其内在原因。于刃刚和李玉红（2006）认为，产业融合主要有技术创新、政策管制放松、企业跨产业并购和组建战略联盟三个方面的动因。陈柳钦（2007）在整合前人观点的基础上进一步指出，产业本身的关联性及其对利益最大化追求是产业融合的内在动力，而技术创新、竞争合作的压力、跨国公司的发展及管制的放松是产业融合的推动因素。赵珏和张士引（2015）以中国推进"三网融合"为例，系统分析了产业融合的效应和动因，认为产业融合引导了产业结构升级，促进了产业并行发展，形成了柔性的产业结构，而技术创新、商业模式创新、需求结构升级与产业规制的协同作用驱动着产业融合的发生。薛彦和李月（2023）基于对接后的区域间投入产出表，构建了双循环背景下数字产业支撑与被支撑网络，从实证角度研究了两岸数字产业融合的广度、深度、地位及融合发展的动力机制。顾丽敏（2024）在分析战略性新兴产业多产业交叉融合特性的基础上，进一步探究了创新链驱动战略性新兴产业融合发展的理论逻辑。总之，从现有的关于产业融合动力因素的研究来看，大多数学者从多因素观点出发进行分析，认为是多方面因素的共同作用促进了产业融合，具有全面性的特点，这也是产业融合动力的发展趋势。当然，还有不少学者结合具体产业或行业部门探讨了产业融合的动因，并重点分析了特定产业进行融合的动因和效应。

3. 产业融合的过程及路径研究

产业融合并不是一步到位的，需要在不同的阶段进行演化，从而形成产业的融合。Torrisi 和 Gambardella（1998）提出，产业融合的动态过程需历经技术融合、管理融合及市场融合三个阶段，且各阶段彼此相互衔接、促进，任一阶段的缺失或停滞都将导致产业融合无法继续。Stieglitz（2003）在此基础上对各阶段的特点进行了总结：第一阶段，需求与供给均不存在相关性的两个产业，在受到技术创新、政府放松管制等外在因素的刺激后，产生技术融合；第二阶段，在产业边界模糊及产业主体战略变化等因素的推动下，业务与管理发生融合；第三阶段，经过两个阶段的不断演化，两个产业在技术、产品、业务等方面产生了相关性，使产业结构趋于稳定，最终完成市场融合。何立胜和李世新（2004）指出，产业融合是以技术创新与制度创新为基础，在不同产业内、不同产业间相互交叉渗透，从而形成新产业的动态发展过程，并同时存在既有产业的退化、萎缩甚至消失的现象。胡汉辉和邢华（2003）同样认为，产业融合经历了上述三个阶段，通过产业渗透、交叉及重组三种方式，最终完成整合。从已有的有关产业融合演化过程的研究来看，学者不约而同地认为，产业融合是一个动态的发展过程。肖婧文和冯梦黎（2020）指出，农村产业融合是我国实现乡村振兴、全面建成小康社会的必由之路，同时刻画了我国农村产业融合动态演进的过程和利益关系，并认为在产业融合过程中要重视"有为"政府的建设。黄政等（2023）以海口市族茶村为例，从行动者网络视角探讨了农村产业的融合过程，认为农村产业融合是一个多阶段、多元主体参与并相互博弈推进的过程。

产业融合过程及其路径选择存在较强的相关性，不少学者在探讨产业融合的概念、特征、动力过程的同时，也深入分析了产业融合的路径选择问题。马健（2002）在对产业融合要素进行划分的基础上，指出产业融合路径主要包括技术融合、产品与业务融合、市场融合。胡汉辉和邢华（2003）认为，按照产业融合形式的不同，主要存在渗透、交叉、重组三种融合路径。更进一步地，他们还指出：产业渗透主要发生在高科技产业和传统产业边界处；产业交叉则通过产业间功能的互补和延伸来实现产业融合；产业重组主要发生在具有紧密联系的产业之间，往往是某一大类产业内部的子产业。单元媛和赵玉林（2012）依据不同的融合动因，认为主要存在三种融合路径，即以市场需求为主线的路径、以知识扩散为主线的路径和以科学技术交叉渗透为主线的路径。乔会珍（2019）探讨了国民经济微调背景下农村产业融合的优化路径，认为创新驱动、融入全球价值网络、产业界限模糊化等应作为农村产业融合的优化路径选择。康书艳（2024）探讨了互联网时代下产业融合发展的模式与路径，认为互联网时代产业融合的路径主要包括：加强技术创新，推动数字化转型；促进跨界融合，实现产业协同；构建开放型产业生态系统，推动创新发展。易兆强和吴利华（2024）比较分析了中美数字产业融合的路径差异，认为中国数字产业倾向于以数字化硬件及其交付推动工业、农业的数字化转型，而美国数字产业偏向于以数字技术、互联网平台及信息基础设施等数字服务推动服务业的数字化转型。由此可见，现有产业融合路径研究基本上遵循"市场主线、技术主线、价值主线"等展开分析，并针对不同的研究场景和需求，得出了不同的产业融合优化路径。

4. 产业融合的类型研究

目前的产业融合研究将其分为两大类，即传统类与创新类。传统类是指从技术、产品等角度出发，创新类主要从融合程度、价值链、融合方向等角度出发进行分类。从传统的产业类型划分来看，Greenstein 和 Khanna（1997）将产业融合分为技术替代融合、技术整合融合和技术互补融合。Stieglitz（2003）指出，产业融合可以分为供给方的技术融合与需求方的产品融合，Malhotra（2001）则将其分为来自需求方的功能融合与来自供给方的机构融合。厉无畏（2002）从产业发展视角出发，将产业融合分为高新技术的渗透融合、产业间的延伸融合、产业内部的重组融合三大类型。李浩和聂子龙（2007）在此基础上增加了全新产业取代传统旧产业进行的融合。胡汉辉和邢华（2003）把产业融合分为产业渗透、产业交叉、产业重组三种类型。于刃刚和李玉红（2006）认为，按照产业融合程度，可以将产业融合分为全面融合与部分融合。马健（2006）从产业融合程度和市场效果的角度，将产业融合划分为完全融合、部分融合与虚假融合。胡永佳（2007）从产业融合的角度出发，将产业融合分为以下三类：一是发生于与客户紧密相关、市场部分重叠的产业间的横向融合，二是发生于上下游产业中的企业之间的纵向融合，三是发生在产业关联度小、没有直接投入产出关系的企业之间的混合融合。周宇和惠宁（2014）分别从产业边界和产业演进两个视角划分了产业融合类型，认为基于产业边界视角可分为技术融合、业务融合、运作融合和市场融合，而基于产业演进视角可分为高新技术渗透融合、产业间延伸融合、产业内部重组融合。李亮和陈柏鸿（2020）初步探讨了农村三次产业融合发展类型，认为农村产业融合发展与六次产业发展紧密相关，主要可分为农业产业化集群融合、农业功能拓展型融合、服务业引领支撑型融合等发展类型。

在对产业融合的相关研究中，除了以上详细阐述，还有产业融合的特征研究、产业融合的效应研究等。例如，陈柳钦（2007）详细分析了产业融合的六大效应，即创新性优化效应、竞争性结构效应、组织性结构效应、竞争性能力效应、消费性能力效应和区域经济一体化效应。日本学者植草益（2001）认为，产业融合形成的新型产业会导致企业数量增加、竞争激化，从而必然引发企业倒闭和兼并，但同时也为企业提供了扩大规模及业务范围、开发新品等契机，进一步演化出新的组织形式。此外，还有不少学者从理论与实证层面深入探讨了产业融合的产业结构优化升级效应（单元媛和罗威，2013；陶长琪和周璇，2015）、创业与就业效应（杨艳，2015；李晓光和冉光和，2019），以及增收减贫效应等（齐文浩等，2021；彭影，2022；赵雪等，2023）。

综上所述，产业融合的相关理论与文献较为丰富，不同学者从不同视角运用定性方法和定量方法探讨了产业融合的概念、特征、动力、原因、效应、过程及路径，这为本书的研究奠定了理论与文献基础，具有较强的借鉴价值。接下来，本书对产业融合的一个子类，即文化产业与旅游产业融合发展的相关研究进行整理和分析。

二、文化产业与旅游产业融合发展相关研究

文化产业通常是指与社会意义的生产最直接相关的行业，几乎所有的文化产业的定义都应该包括电视（有线和卫星电视）、无线电广播、电影、书报刊的出版、音乐的录制与出版产业、广告以及表演艺术等（Hesmondhalgh，2013）。作为一种绿色产业，文化产业具有资源消耗低、环境污染少、附加值较高且发展潜力巨大等特点，被公认为21世纪全球经济一体化时代的"朝阳产业"。当然，文化产业也具有高风险性、高生产成本和低复制成本、准公共物品、开放性和创新性等特征（王琳，2001；孙剑锋，2006；Hesmondhalgh，2013），且与其他产业具有共生性和融合性（李冬和陈红兵，2005）。

正是由于文化产业具有极大的发展前景，同时也具有较大的风险和不确定性，因而近年来我国相继出台了一系列文化产业和相关产业融合发展政策来支持其发展。2014年，国务院出台的《关于推进文化创意和设计服务与相关产业融合发展的若干意见》指出，要"充分发挥文化创意和设计服务对相关产业发展的支持作用"，特别提到了"加快文化与科技融合、促进文化旅游融合发展、推动文化与特色农业有机结合、促进文化与体育产业融合发展"等内容，作为新经济组成部分的活跃的创新业态代表，文化产业和旅游产业融合发展已成为不可逆转的新趋势。需要特别指出的是，文化产业与旅游产业融合创新发展具有天然的优势。文化产业与旅游产业有着相似的属性与特征，文化可为旅游提供丰富的资源、场景和内涵，同时旅游的发展又可推动文化的发展，并为其提供空间与平台，二者相辅相成、密切联系，其耦合关系使它们融合发展并滋生出层出不穷的新业态。事实上，早在2009年，原文化部与原国家旅游局就联合发布了《关于促进文化与旅游结合发展的指导意见》，重点提出了推进文化与旅游结合发展的主要措施。因此，文化产业与旅游产业的融合是两者发展的有效路径，一方面能促进产业结构的优化，另一方面能提高产业的附加值；与此同时，二者融合也是国家战略层面所支持的，是促进我国经济结构转型、产业结构优化、满足人们不断增长的精神需求的重要战略部署。2016年，国务院印发的《"十三五"旅游业发展规划》明确提出要实施"旅游+"战略，这与"旅游+文化"不谋而合。2018年4月，原文化部与原国家旅游局合并组建的文化和旅游部正式挂牌，推动了文化产业与旅游产业的广度与深度融合。国家的一系列举措表明，文化产业与旅游产业融合发展已经达到一个新高度，二者良好的融合发展必将促进我国经济高质量发展，这也是国家对其作出重要部署的重大原因。所以，文化产业与旅游产业融合发展成为研究焦点，很多学者从不同视角对其进行了探索。

国外文献侧重于从理论层面探讨文化与旅游融合发展，其出发点并非基于产业层面的融合分析。Craik（1997）对旅游文化的内涵进行了探讨，认为旅游行为的综合性、旅游内容的丰富性需要与游客文化需求的多样性匹配，旅游是文化传播的良好载体，两者互融，将创造出更大的价值。Bachleitner和Zins（1999）指出，文化要素不断向旅游产业渗透，为旅游产业注入了更高的文化内涵，并以文化遗产旅游或工业文化旅游的方式相融合，从而使新诞生的文化旅游产品更加具有吸引力。Csapó（2012）则认为，文化产业融合涉及多种要素，包括自然、科技、教育等，它以观赏与休闲娱乐为消费内容，技术的支持与政府放松管制将推动其融合过程的实现。Zhang和Zhu（2020）在考察文化与旅游融合理论历史演变的同时，提出了文旅融合相应阶段的各种途径和挑战，并提出了四种可推广的文化旅游产业商业模式。还有学者针对某一特定地区文化产业与旅游产业融合发展进行了相关研究。Yue（2006）以新加坡为例，对其创意经济发展（包括艺术、文化、旅游、信息技术、广播业和新媒体）的文化政策进行了分析，认为文化、艺术、旅游等要素融合发展促进了经济增长、创意财富和社会参与。Scher（2011）基于新自由主义对加勒比海地区的文化政治运动进行了研究，认为将遗产旅游转化为文化营销力对加勒比海地区的经济增长有重大的意义，并越来越受到国家及国家机关的重视。Catalani（2013）以英国曼彻斯特的西非文化节为例，认为文化节庆活动可以促进旅游业的发展。Guccio等（2017）使用条件效率评估方法，选取2004~2010年意大利的数据，对文化参与在旅游目的地表现中所扮演的角色进行了研究，认为较高的文化参与可以促进旅游目的地文化资源管理，积极的文化参与对旅游目的地的文化表现有正向作用，且与此相关的公共文化政策对旅游地区的效率有促进作用。此外，还有学者对文化旅游产业融合模式进行了初步探索，Pine 和 Gilmore（1999）认为，"文化+旅游"的产业模式已然产生，消费者通过创意元素获得更好的产品体验是其最大的价值，文化创意是黏合文化旅游产业的根本。Connell（2012）指出，旅游产业是文化产业的重要组成部分，认为将经典影视作品与主题公园建设相融合，是文化旅游融合模式发展的趋势和潮流。

通过梳理国外有关文献不难发现，国外并没有文化产业与旅游产业融合这一提法，因此对文化产业与旅游产业融合发展（包括融合动力机制、融合模式、发展路径等）不存在专门的、系统的研究。国外学者对文化产业与旅游产业的研究，大多是比较基础的、偏应用性的，如对某一特定地区的文化政策的研究，或对某一地区的文化节庆活动与旅游产业发展的研究、对文化企业的研究等，涉及面较窄而且细小，主要偏向微观层面的文化产业与旅游产业融合发展研究。由此可见，国外关于文化产业与旅游产业融合发展的专门的、系统的、全面的研究，值得进一步深入探讨，适合从文化产业管理、旅游管理、艺术管理、区域经济学、产业经济学等交叉学科领域去深化研究。

国内学者对文化产业与旅游产业的融合发展关注相对密切，研究范围主要涉及文化产业与旅游产业融合的动力机制、融合过程、融合模式、融合程度及其优化路径等。通过查阅梳理相关文献可以看出，关于文化产业与旅游产业融合动力机制的研究，是当前学者探讨文旅产业融合发展极为重要的研究领域。吴金梅和宋子千（2011）认为，影视业与旅游产业融合的根本动力是需求的发展，也是影视旅游融合发展的机制，其融合路径包括影视外景地旅游、影视节庆旅游、影视文化旅游、影视主题乐园旅游等。黄细嘉和周青（2012）指出，旅游者需求、市场竞争、政府支持及科技进步四个方面是文化产业与旅游产业融合的动力。张俊英和马耀峰（2016）通过构建动力机制概念模型及验证 AMOS 认为，民族地区旅游产业与文化产业融合的内在驱动力为企业，文化旅游需求为拉力，政府主导为推力，而支撑力为科学技术。金媛媛等（2016）认为，体育产业、文化产业与旅游产业的融合动力机制由外部动力机制与内部动力组成，前者主要包括市场需求动力、政府政策动力和技术革新动力，后者指企业减少对环境依赖的动力及获取竞争优势的动力。夏兰等（2016）在对民族传统体育文化与旅游产业融合发展的研究中指出，其动力主要来源于共生系统的自动力（主要指系统的创新能力）

第一章 绪 论

和外部环境的支撑力（产业政策、体育文化市场、资源开发水平）两个方面。赵书虹和陈婷婷（2020）以云南省玉湖村、曼飞龙村、同乐村为研究对象，运用扎根理论探讨了民族地区文化产业与旅游产业的融合动力及机理，认为资源要素整合、旅游需求升级、创新变革支撑、企业管理决策四个主范畴是民族地区文化产业与旅游产业的融合动力。孟茂倩（2017）认为，内生性动力与外生性动力是促成文化产业与旅游产业融合发展的动力因素，其中内生性动力包括市场需求、追逐高额利润和利益最大化、企业的竞合行为，外生性动力则有创意产业勃兴、技术进步及"市场友好型"产业政策。邹芸（2017）以成都市为例，在提出产业渗透模式、产业重组模式、产业延伸模式的基础上，构建了以多元融合路径、多样化融合模式为主的产业融合发展机制。赵嫚和王如忠（2022）在分析文化产业和旅游产业融合驱动力的基础上，构建了文旅产业融合的"双循环"动力机制，即由"内"到"外"的融合和由"外"到"内"的融合。王迎洁（2023）从内生动力和外生动力两大层面分析了三门峡市文旅产业融合发展动力，认为前者主要包括居民文化消费需求和企业经济利益追求，后者主要包括宏观环境推动、技术层面支持及国家政策保障。不难发现，我国关于文化产业与旅游产业融合发展的相关研究较为丰富，既有理论分析层面的文献，又有实证分析层面的相关研究，且关于体育文化与旅游产业融合的研究较多，但这些研究还相对分散，总结得出的融合动力机制也缺乏深入的实证分析，还需要进行系统梳理和总结。

随着我国文化产业与旅游产业融合不断深化，国内诸多学者对文化产业与旅游产业融合的过程及其路径进行了深入探讨。杨娇（2008）从产业关联的角度分析了文化产业与旅游产业融合的过程，即文化产业向旅游产业提供文化创意，旅游产业向文化产业延伸服务，从而实现二者的融合发展。张海燕和王忠云（2010）从价值链的角度，对文化产业与旅游产业的融合过程进行了分析，从技术、产品、企业、市场四个层面对融合过程作出了解释，并提出通过体制观念整合引导市场整合，从而促进资源整合的产业融合发展路径。金媛媛等（2016）基于企业成长过程，将体育产业、文化产业与旅游产业融合划分为产业分立阶段、产业融合的萌芽阶段、产业融合的实现阶段三个融合过程。黄蕊和侯丹（2017）通过测算东北三省文化产业与旅游产业融合度指出，辽宁省应选择文化资源驱动的技术融合型产业发展路径，吉林省应选择旅游资源驱动的技术融合型产业发展路径，黑龙江省应选择旅游资源驱动的市场融合型产业发展路径。孟茂倩（2017）指出，促成文化产业与旅游产业融合发展的因素具有多样性和复杂性特征，因此二者融合发展的实现路径由宏观融合路径和微观融合路径组成。其中，宏观融合路径包括文化产业和旅游产业融合要与区域发展战略相适应、文化产业与旅游产业融合要与旅游目的地形象相适应、文化产业和旅游产业融合要与区域产业分工及产业结构优化升级相适应。微观融合路径包括基于资源要素禀赋的融合、基于技术创新的融合、基于市场优势的融合。关旭等（2018）以上海为例，从企业层面出发，应用扎根理论指出，我国大型城市旅游业与演艺业存在两类融合路径，即单要素融合路径（旅游演艺）与多要素融合路径（场馆演艺、演艺节庆和名剧名家）。张新成等（2023）借助非参数随机前沿模型测度了文化产业与旅游产业的融合质量及其过程，认为这两大产业的融合过程存在周期性波动趋势，其融合主导路径具有阶段交替性特征。从已有文献可以看出，对文化产业与旅游产业融合过程及路径的研究占较大比重，这一研究刚开始主要是纯理论性分析，同时也存在一些数据描述性统计分析，后来慢慢加入了实证分析及数据检验，涉及产业链视角、企业视角等，取得了较大的研究进展。

在文旅产业融合发展研究中，文化产业与旅游产业的融合模式也是大多数学者选择的重点探讨对象。阎友兵等（2011）基于对旅游产业与文化产业联动发展的影响因素及联动发展原则的分析，构建了二者融合的联动发展模式。马勇和王宏坤（2011）从产业链的视角探讨了"文化+旅游"产业发展模式，指出文化旅游产业链应该不拘一格、因地制宜，选择双核驱动模式、横向拓展模式或纵向延伸模式，从而彰显地方文化特色，促进二者协同发展。夏兰等（2016）在对民族传统体育文化与旅游产业融合发展的研究中，提出了中心模式、嵌入模式和园区模式，指出各地区应依据区域特色选择适合自己的模式。邹芸（2017）以成都市为例，基于文化创意产业与旅游产业互动发展现状，提出了文化产业与旅游产业融合发展的三大基本模式：产业渗透模式、产业重组模式和产业延伸模式。高朦（2017）从经济学的视角指出，文化产业与旅游产业融合发展的模式主要包括渗透式、延伸式和重塑式三种类型。其中，渗透式是指文化产业与旅游产业的双向渗透，相互发展；延伸式是指通过文化创意产业和旅游产业所涉及的产业链产品的研发来实现二者的融合；重塑式是指开设大型节庆、展览等新型产业组合，从而促进文化产业与旅游产业的发展。陶丽萍和徐自立（2019）将文化产业与旅游产业融合发展分为四种实现模式，即资源共用融合发展模式、技术渗透融合模式、市场共拓融合模式和功能互补融合模式。雷明和王钰晴（2022）基于对三个典型村庄的调查，分析了乡村农文旅产业融合共生的三种运营模式，即自上而下的政府主导型共生运营模式、自下而上的村企结合共生运营模式和多方联动的平衡共生运营模式。潘怡等（2024）探讨了新时代我国体文旅产业融合发展模式，认为主要包括交叉渗透型模式、互动延伸型模式和分解重组型模式三种类型。综合分析上述文献不难发现，国内学者主要从产业链视角、经济学视角、运营管理视角，对文化产业与旅游产业融合发展模式进行了探索性分析，有的研究甚至加入了农业、体育等相关产业来探讨农文旅或体文旅等多产业融合发展模式，但尚未形成统一且规范的产业融合发展模式划分标准，当然也为本书探讨新型城镇化背景下文化产业与旅游产业融合创新发展提供了理论基础与文献基础。

此外，还有不少学者运用定量分析方法探讨了文化产业与旅游产业融合度问题。张琰飞和朱海英（2013）运用耦合协调度模型对西南地区文化产业与旅游产业的融合度进行了测算，研究表明，西南地区文化产业和旅游产业发展水平都在逐步提升，但整体水平仍然偏低，且文化产业和旅游产业的耦合协调度等级持续偏低。翁钢民和李凌雁（2016）将耦合协调度模型和探索性空间数据分析方法相结合，对我国31个省份（不含港澳台地区）文化产业与旅游产业的融合水平进行了测算，得出两大产业的融合协调程度呈现显著的空间正向集聚性的结论。黄蕊和侯丹（2017）在对东北三省文化产业与旅游产业融合的动力机制与发展路径的研究中，运用耦合协调度模型测算了辽宁省、吉林省和黑龙江省的文化产业与旅游产业融合度，认为东北三省的文化产业与旅游产业融合度都处于中度耦合协调水平。周艳丽等（2022）运用物理学中的耦合理论，测算并分析了南京市文化产业与旅游产业的耦合度、耦合协调度，认为南京市文化产业和旅游产业在2009～2018年均呈现高度平缓状态，其耦合协调度正在逐步摆脱失调，向优质协调靠近。庄伟光和赵苑妤（2023）运用耦合协调度模型与旅游相对优先度模型，测算分析了我国31省份（不含港澳台地区）的文化产业与旅游产业耦合协调度，结果表明，超过2/3的省份实现了数值提升和等级跨越，空间上呈现从"北高南低"转变为"南高北低"的对调性改变格局，凸显正向空间自相关性，我国文化产业与旅游产业耦合协调度稳步提升。董文静等（2024）运用熵权法、耦合协调度模型、马尔科夫链和地理探测器等理论方法和工具，探讨了我国文化产业与旅游产业融合发展的耦合协调度的时空分异，认为我国文化产业与旅游产业的耦合协调度整体上呈上升态势且初步实现了高级耦合协调。黄璐（2024）结合高质量发展背景探讨了我国数字文化产业与旅游产业的耦合协调关系，结果表明，我国数字文化产业与旅游产业耦合协调度基本上处于轻度失调状态，省与省之间的耦合协调度存在较大差距，但整体上呈上升趋势。

综上所述，国内外关于文化产业与旅游产业融合发展的研究文献越来越丰富，但相对而言，国内的相关研究文献更为丰富，研究得更为深入。当前，文化产业与旅游产业融合发展的已有研究大多侧重分析其融合发展的某些层面，且越来越偏向案例分析、应用研究和实证分析，但在文化产业与旅游产业融合的通用理论、基础理论研究等方面还相对稀缺，缺少专门的、全面的、系统而深入的理论与实证研究。因此，关于文化产业与旅游产业融合发展研究还有很多值得深入探索的地方，未来的研究空间较大，特别是结合新型城镇化、城市化和乡村振兴战略等背景，系统而深入地探究文化产业与旅游产业融合创新发展，均具有较大的理论研究价值和多学科交叉探索空间。

三、新型城镇化背景下文化产业与旅游产业融合相关研究

随着我国经济社会的不断发展，新型城镇化步伐也不断进步。党的十八大报告提出，"以人为核心、以提高质量为导向的新型城镇化战略"；党的十九大报告中明确提出，"以城市群为主体构建大中小城市和小城镇协调发展的城镇格局"；党的二十大报告强调，"推进以人为核心的新型城镇化，加快农业转移人口市民化"。由此可见，我国自上而下高度重视新型城镇化建设。然而，在推进新型城镇化建设的过程中，仍然存在半城镇化现象严重、土地制度改革不完善、城市化公共服务供给制度不健全、经济制度供给保障不足、缺乏优势产业支撑、科技创新动力不足等诸多困境（文丰安，2022；拓俊楠，2023）。新型城镇化建设的关键是产业发展，我国新型城镇化建设必须建立在坚实的实体经济基础之上，必须以产业为支撑，通过产业发展创造就业岗位，推进城镇化的合理分布（张秀娥和张梦琪，2014）。作为绿色、轻污染且具有很强的经济带动性的综合性产业，文化产业与旅游产业对于新型城镇化建设，特别是解决其产业支撑发展而言，无疑是很好的选择。无论是从产业融合、产镇融合角度，还是从特色文化经济角度（如区域文化产业、民族文化产业）来看，新型城镇化与文化产业、旅游产业之间有很高的契合度。关于结合新型城镇化研究文化产业与旅游产业融合发展的相关文献并不多见，但是其已逐渐受到学者的关注，因此相关研究成果也呈现不断增多的发展趋势。

对于新型城镇化、文化产业与旅游产业融合发展的相关研究，以近年来兴起的乡村文化旅游与新型城镇化研究最为热门。Mullins（1991）是第一个提出乡村

旅游城镇化观点的学者,并被城市旅游研究引用至今。Richards(2001)认为,早期研究旅游业与文化之间关系的方法是基于将遗址和纪念碑作为文化景点。随后,一种更广泛的文化旅游关系观出现了,其中包括表演艺术(Hughes,2000),文化活动、建筑和设计,以及创意活动(Richards & Wilson,2006)。Saxena 和 Ilbery(2008)以英国威尔士边境地区的乡村为例,定性研究认为,根植于内生性的参与和创新是综合乡村经济可持续发展的重要保障。Istoc(2012)肯定了文化旅游在塑造环境、满足消费者需求,进而带动城市"象征性经济"增长中的重要作用,并重点研究了城市可持续文化旅游的性质和原则问题。国内学者对乡村文化旅游的研究是随着新型城镇化的提出展开的,起步较晚。早期学者主要从理论层面对新型城镇化与乡村文化旅游两者之间协调发展的关系进行了初步探讨。随着研究的逐步深入,学者开始使用定量方法或实证分析方法对乡村文化旅游与新型城镇化的关系、发展机制与发展模式、发展路径等方面进行探讨。蒙睿等(2002)、曾天雄和罗海云(2007)、雷清(2011)、邱玉华和吴进宜(2012)等对新型城镇化和乡村旅游之间的互动关系进行了研究,指出了其协调发展的道路,并提出了相应的对策和建议。张媛(2013)、刘津含(2014)研究得出,乡村旅游发展对新型城镇化具有显著的带动作用。李霞(2014)从空间理论及利益相关者的视角,对新型城镇化与乡村旅游互动发展进行了分析,认为新型城镇化建设与乡村旅游发展具有高度的利益相关性,二者存在互动发展的基础和条件。卢杰和闫利娜(2017)以江西省11个地级市为实证研究对象,通过构建耦合度评价模型,分析了乡村文化旅游与新型城镇化建设之间的耦合协调关系,并得出两者的耦合协调度,探析了其内部结构排序,进而提出了加强新型城镇化与乡村文化旅游耦合协调发展的对策和建议。刘斯琴高娃(2017)以内蒙古为例,探讨了文旅产业与民族地区新型城镇化的耦合发展问题,并提出了加强内蒙古文旅产业与民族地区新型城镇化互推作用的对策和建议。王德刚(2022)提出了"依托文旅产业优势、推进新型城镇化建设"的战略构想,认为培育以文旅特色县城为载体和基地、以文旅特色产业为主体的县域经济体系是新型城镇化建设的一种优选模式,这对于协同推进新型城镇化与乡村振兴融合发展,具有重要的现实意义。由此可见,虽然存在少量基于不同理论视角和研究方法探讨乡村文化旅游与新型城镇化耦合发展的相关文献,但新型城镇化背景下文化产业与旅游产业融合创新发展方面的直接研究文献还极为有限。事实上,无论是传统城镇化、新型城镇化,还是城市群和大都市圈等新型城市化发展,抑或是乡村振兴发展,均离不开产业依托,而文化产业与旅游产业是其重要的产业依托,深入研究新型城镇化背景下我国文化产业与旅游产业融合创新发展，具有重要的理论意义与现实意义。

综上所述，随着文化产业与旅游产业融合的不断深化，国内外学者对文化产业与旅游产业融合发展的研究也逐渐增多，从一开始的概念与内涵、融合过程、影响因素等基本概念与案例研究，到目前不断深入耦合程度、融合模式、动力机制、经济效应、创新路径等方面的理论与实证研究，均取得了较大的进展。而且，二者融合发展的实证研究与细分研究也不断深入，涉及范围越来越广。然而，由于不同学者都是从自己的专业角度及立足点出发，从而导致研究范式、所得结论及理论观点呈现多样化特征，尚未形成统一的理论分析框架，因而缺乏统一性、整体性、系统性和科学性。随着以人为核心的新型城镇化发展理念的提出，学者开始将文化产业与旅游产业融合发展研究与新型城镇化挂钩，认为新型城镇化发展离不开产业支撑，而文旅产业就是其重要的产业依托。当前，新型城镇化背景下文化产业与旅游产业融合发展的相关文献主要体现在"乡村文化旅游与新型城镇化的关系研究"上，仅有少数的文献重点探讨了乡村文化旅游与新型城镇化建设之间的耦合协调关系，相关的系统性、完整性、交叉性研究极为缺乏。由此可见，新型城镇化背景下文化产业与旅游产业融合创新发展研究，严重滞后于实践的发展。因此，本书尝试性探讨新型城镇化背景下我国文化产业与旅游产业融合创新发展研究，具有较大的理论价值与现实意义。一方面，本书将相关理论分析与实践案例分析相结合，得出能够指导实践的可行性对策建议，体现了其现实意义；另一方面，本书试图构建文化产业与旅游产业融合创新发展的理论框架，并将新型城镇化纳入其中进行探讨，这对"产城融合""产镇融合"等相关理论具有一定的深化和应用，因而具有较大的理论价值。

第三节　研究方法与可能的创新点

一、研究方法

本书运用的研究方法主要包括文献分析法、案例分析法等。

1. 文献分析法

文献分析法是一种间接的社会研究方法，具体是指通过对收集到的某方面的文献资料进行分析，以探明研究对象的性质和状况，并从中引出自己观点的分析方法。经过归纳整理、分析鉴别，对一定时期内某个学科或专题的研究成果和进展进行系统、全面的叙述和评论（袁方，2004；黄楚峰，2022）。本书收集并整理了产业融合、文化产业与旅游产业融合、新型城镇化背景下文化产业与旅游产业融合等相关理论与文献，并在此基础上进行了系统的梳理和探索性研究，从而为后继章节的相关研究奠定了理论与文献基础。

2. 案例分析法

案例分析法是使用较为广泛的研究方法之一，其经典定义是由罗伯特·K. 殷（1978）提出的，是一种实证性研究方法，需要深入研究现实生活环境中正在发生的现象（案例），同时需要通过多种渠道收集资料，并将所有资料进行交叉分析，以便于验证理论假设，当然也需要研究者事先提出理论假设，来指导资料的收集和分析，从而提高研究工作的效率，且在研究过程中可同时使用定性和定量的方法进行研究。本书以张家界市为研究对象，分析新型城镇化背景下张家界市文化产业与旅游产业融合发展的现状、有利条件、表现形式及其优化发展的对策和建议。

二、可能的创新点

首先，本书具有现实性、基础性、交叉性和前沿性。党的十九大报告明确提出"乡村振兴战略"及"建立健全城乡融合发展的体制机制和政策体系"，因此，探索新时代新型城镇化发展的新路径具有重要意义，文化产业与旅游产业融合创新发展不失为一条可探索路径，所以本书的研究内容无论是在理论上还是在实践中都属于基础性与前沿性的问题，并与现实紧密相连，具有重要的现实指导意义。

其次，本书在具体内容分析上具有一定的新意。当前，学术界以新型城镇化为背景对文化产业与旅游产业融合创新机制的研究相对较少，本书结合新型城镇化，探索新型城镇化背景下文化产业与旅游产业的融合创新机制，以较新的视角分析新型城镇化背景下二者的融合创新机制，进而构建概念模型，深入分析其融合机制，总结其融合模式，并进行实证分析，为新型城镇化的发展探索新路径。

第四节 主要研究内容与技术框架

一、主要研究内容

第一,本书在提出选题背景与研究意义的前提下,对国内外关于新型城镇化背景下文化产业与旅游产业融合发展的相关研究进行了文献综述;第二,分析了新型城镇化背景下文化产业与旅游产业融合发展的理论基础,认为产业融合、产城(镇)融合、业态融合,以及特色文化经济、民族文化产业、特色文化产业等是本书的理论基础;第三,分别从我国文化产业与旅游产业融合发展历程、基于政策影响视角的新型城镇化背景下我国文化产业与旅游产业融合过程,进行现状和特征事实分析;第四,重点分析了新型城镇化背景下文化产业与旅游产业的融合机理,并通过构建概念模型深入分析文化产业与旅游产业的融合机制与融合模式;第五,以张家界市为研究对象,系统探讨了新型城镇化背景下文化产业与旅游产业融合创新发展,并基于张家界市视角提出了新型城镇化背景下文化产业与旅游产业良性融合发展的对策和建议。

二、技术框架

第一,本书从基本理论与文献梳理着手,分析了我国文化产业与旅游产业融合发展历程和现状,并基于政策影响视角分析了新型城镇化背景下文化产业与旅游产业融合进程、融合机理和融合模式;第二,以张家界市为研究对象,系统探讨了新型城镇化背景下文化产业与旅游产业融合创新发展问题;第三,基于张家界市视角提出了新型城镇化背景下文化产业与旅游产业良性融合发展的对策和建议。具体的技术框架如图1-1所示。

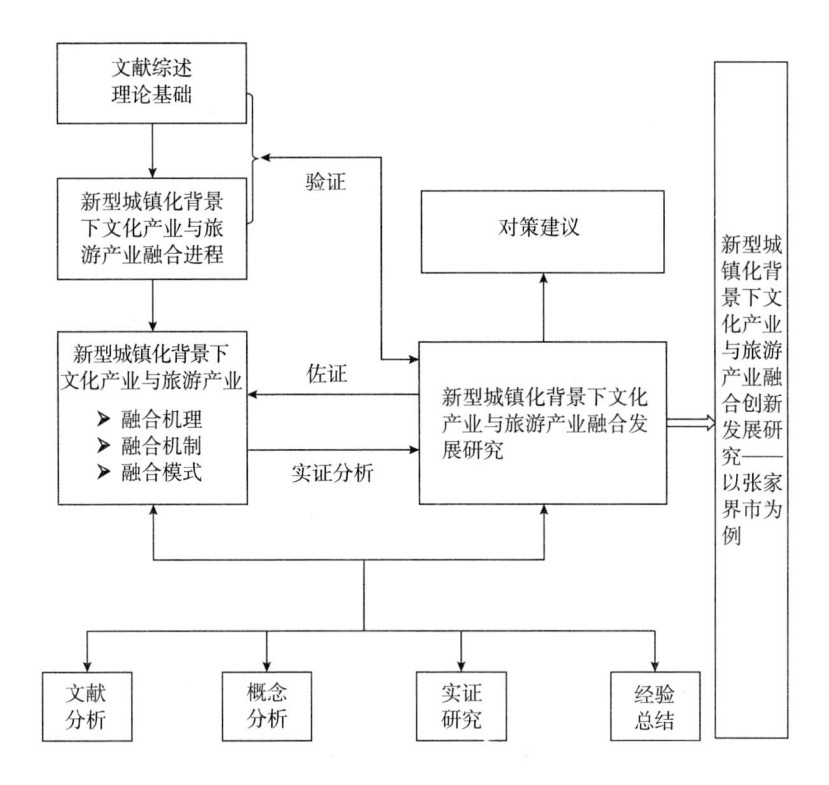

图 1-1　本书的技术框架

第二章 新型城镇化背景下文化产业与旅游产业融合发展的理论基础

第一节 新型城镇化理论

一、新型城镇化的概念演进及其特征分析

新型城镇化概念可追溯到 2012 年 12 月中央经济工作会议中提到的"走集约、智能、绿色、低碳的新型城镇化道路"。党的十八大以来,以习近平同志为核心的党中央高度重视新型城镇化工作,明确提出了以人为核心、以提高质量为导向的新型城镇化战略,为新型城镇化工作指明了方向、提供了基本遵循,推动我国城镇化进入提质增效新阶段。新型城镇化的提出并不是对传统城镇化的否定,而是对其进行调整、修改,以适应新时代的发展,是技术进步、生产力的发展的必然趋势。"城镇化"一词来源于城市化,早在 1867 年,西班牙工程师 Serdad 在《城市化基本理论》一书中就开始用"urbanization"一词,经济学家西蒙·库兹涅茨(1989)将城市化定义为"城市和乡村之间的人口分布方式发生了变化,即城市化的过程"。《大英百科全书》则将人口向城镇或城市地带集中的过程定义为城市化,其包含两种表现形式:城镇数量的不断增多和各城市的人口规模不断扩大。Tisdale(1942)指出,城市化是扩散过程、集中过程和强化过程的统一,即包括城市文明的扩散过程、人口的集中过程和城市品质的强化过程三大过程。日本学者森川洋(1989)认为,城市化指农村居民向城市生活方式的转化过程,表现为城市人口增加,城市建成区扩展,景观、生活方式等城市环境的形成。"城市化"的概念大概在 20 世纪 70 年代末才引入中国,由于学术界对"城镇化"与"城市化"的概念存在争论,即认为"城市化"发展的是大中城市,而不包含小城镇,所以我国的《城市规划基本术语标准》对城市化与城镇化二者的概念给予了明确界定，即"人类生产与生活方式由乡村型向城市型转化的过程，表现为乡村人口向城市人口转化，以及城市不断发展和完善的过程，又称城镇化、都市化"。李树棕（2002）指出，城镇化是农村人口向城市转移、集中，以及由此引起的产业、就业结构非农化重组的一系列制度变迁的过程，主要包括：①城市数量的增加，城市规模的扩大，城市建设质量的提高；②城市产业结构提升，城市空间结构和形态结构的不断优化；③城市经济总量的扩大，生产、生活方式的转变和生活质量的提高；④城市中心作用不断加强和充分发挥；⑤城市体系的完成和逐步完善以及城乡关系的协调。

综上所述，即使对城市化、城镇化的概念界定存在一定差异，但总体而言均包含以下几个方面的特征：①人口转移。农村地区人口不断向城市转移，使城市人口不断增多，城市规模不断扩大，这是城市化的基本表现形式。②产业结构的变化。城市化过程是农村剩余劳动力不断向城市转移的过程，这必然伴随着农业生产的进步及效率的提高，以及城市工业、服务业的发展，其对劳动力的需求增加，从而导致一二三产业结构的不断调整及优化，以适应时代发展的需要。③居民消费水平提高。城市化过程中居民收入增加，导致消费水平的提高，根据恩格尔系数，居民一开始的消费可能多数是对生活必需品的消费，如粮食、日用品等，而随着城市化的发展，生活水平提高，消费结构发生变化，不仅对日常生活用品的消费增加，同时对精神消费的需求也在增加。④城市文明的扩散与强化。城市化的发展，使城市文明不断发展并向农村渗透和传播，城市的生产方式与生活方式对农村居民产生影响，从而为城市化进程的精神文化打下了坚实的基础，这也使人们的总体素质得到不断提高。总之，城镇化是国家经济社会发展的必经过程，是社会化的必然产物，城镇化发展的大趋势不可逆转。

新型城镇化是指在国际国内社会经济环境发展新时期，我国注重环境友好、人的发展、绿色发展与质量化的可持续发展的城镇化策略（董晓峰等，2017），新型城镇化的"新"强调在新的历史阶段，城镇化建设需要围绕"以人为核心"不断提升发展质量（向书坚等，2024）。董晓峰等（2017）在总结现有研究成果的基础上提出了新型城镇化的定义，认为新型城镇化是面对城市问题，面向深层改革，围绕质量化协调性发展，寻求转型发展的新时期城镇化之路。

结合上述有关新型城镇化概念界定以及当前时代背景不难发现，新型城镇化呈现以下几个方面的新特征：第一，新型城镇化的核心是人，是以人为本的城镇化。坚持以人为本，要做到在城镇化过程中尊重人民的选择，不能强制要求，而应该协调沟通解决问题，让人民能够真正以主人翁的身份参与到城镇化的过程，充分激发群众活力及创造力，贯彻落实"城镇化发展为了人民、城镇化的推进依靠人民、城镇化发展的成果由人民共享"。第二，新型城镇化是绿色环保的城镇化。产业生态化是我国发展的大趋势，新型城镇化的发展也要走绿色、环保、生态的道路，不能再走先发展后治理的老路，而是发展与环境治理同时进行，实现新型城镇化发展质的提升，这与国际发展的大趋势相契合，是人类共同面临的挑战与机遇。第三，新型城镇化是城乡一体化发展的城镇化。新型城镇化的发展，要求大中小城市、小城镇协调发展，构建合理的城市等级体系，并在一个系统里对大中小城市与小城镇进行合理分工，实现功能互补、协调发展，不再是走以牺牲乡村利益来发展城市的老路，而是意识到乡村在新型城镇化发展过程中的重要供给作用及生态环境平衡等重要功能。第四，新型城镇化是产城互促、产镇融合的城镇化。城镇的发展与产业的发展密不可分，城镇的发展，使经济、人口等出现规模集聚，这为产业的发展提供了空间与载体，是产业做大做强的重要支撑，而产业规模的扩大，产业经济不断发展，又推动了城镇化的进程，二者互为动力，共同发展。

二、新型城镇化的理论内涵

随着新型城镇化进程不断推进，习近平总书记围绕其实践发展论述了一系列重大问题，对新型城镇化的本质内涵、基本要求进行了系统而深入的研究，认为"现代化的本质是人的现代化，解决好人的问题是推进新型城镇化的关键"（习近平，2022），"新型城镇化的首要任务是促进有能力在城镇稳定就业和生活的常住人口有序实现市民化"（习近平，2015），"新型城镇化建设强调把人民生命安全和身体健康作为城市发展的基础目标，把生态和安全放在更加突出的位置"（习近平，2020）。董晓峰等（2017）在对我国新型城镇化的理论探讨中指出，新型城镇化的本质是以生态平衡为总前提，以创新与知识支撑经济社会发展，确保发展质量，推动绿色经济体系及文明社会的建设，其基本内涵是实现人的城镇化，坚持以人为本、以新型产业化为动力、以统筹兼顾为原则，全面提升城镇化质量和水平，实现城乡统筹、节约集约、生态宜居、社会和谐的发展目标。同时，他们还认为，新型城镇化应全面贯彻创新、协调、绿色、开放、共享的新发展理念。陈明星等（2019）探讨了中国特色新型城镇化的理论内涵，认为新型城镇化的理论内涵至少包括四个方面的内容，即人本性、协同性、包容性和可持续性，要实现从结构主义到人本主义转变，简言之，就是要实现从"人口城镇化"到"人的城镇化"转变。

综上所述，新型城镇化是一种从时代变迁视角提出的概念，它是相对于过去传统城镇化提出的相对新颖的城镇化概念。从时间维度来看，它是指党的十八大以来的城镇化，其"新"字体现在对传统城镇化转变与超越（李长学，2019）。正如刘颜（2023）所概括的那样，习近平关于新型城镇化重要论述的核心要义包括：①新型城镇化是以人为核心的城镇化；②新型城镇化是高质量的城镇化；③新型城镇化是城乡协调的城镇化；④新型城镇化是各具特色的城镇化。习近平关于新型城镇化重要论述的理论特质主要体现为人民性、系统性和科学性。从城镇化到新型城镇化理论演进来看，我国新型城镇化与三次工业革命演进相符，从关注"三农"逐渐转变传统制造业，发展新兴制造业以及绿色环保的服务业。直至当前，创新创意推动的"创意产业"在新型城镇化过程中日益重要，文化产业与旅游产业也是服务业的重要组成部分，是国家的战略性产业与支柱产业，二者的融合发展与新型城镇化协同并进已成为新趋势。因此，新型城镇化理论是本书的重要理论基础，结合新型城镇化理论研究文化产业与旅游产业融合创新发展具有客观必要性。

第二节 融合经济理论

一、产业融合理论

产业融合的理论研究，最早是从技术融合开始的。Rosenberg（1963）对美国机械工具业的研究，是国外最早的关于产业融合的研究，他将同一技术向不同产业扩散的现象定义为技术融合。随着数字技术的出现，导致产业交叉融合现象。1978年，麻省理工学院媒体实验室Negrouponte利用三个重叠的圆圈对印刷、计算、广播三者的边界进行了描述，并得出圆圈的交叉位置将会是创新最多、成长最快领域的结论（昝廷全和金雪涛，1997）。Greenstein和Khanna（1997）认为，产业融合是指为了适应产业增长而导致产业边界收缩或者消失。1997年，欧洲委员会发布的"绿皮书"从信息技术网络平台、产业联合和市场融合三个角度定义融合，该定义对产业融合的内涵进行了拓展，具有一定的综合性和现实指导意义。日本学者植草益（2001）认为，产业融合通过技术的革新及放宽权限来降低产业间的壁垒，从而加强企业间的竞争合作关系，这是从产业融合的原因以及产业融合的结果来揭示其理论内涵的。周振华（2003）对产业融合理论开展了系统研究，提出产业融合是以数字融合为基础，为适应产业增长而发生产业边界收缩或消失。也有学者从产业发展的角度对产业融合进行了理论分析，认为其是发生在同一产业或者不同产业间的相互渗透、相互交叉并最终融为一体的动态发展过程。此外，还有学者从创新视角、系统自组织理论、产业链等角度对产业融合理化进行了相关研究。

综上所述，产业融合是在技术进步及放松管制等内外原因的共同作用下，导致产业边界收缩、模糊甚至消失，从而改变产品特征，出现新的市场需求、新的经济增长点或新兴产业，进而引起企业间竞合关系的变化。由此可见，产业融合的重要特征是产业边界模糊化，以及由此带来的新变化：一是产品的可替代性增大，这又包含了三种情况，分别是：原先两种不具有替代性的产品可能转变为具有替代性、原先两种只具有潜在替代性的商品可能转变为现实替代性、原先两种产品具有很小的替代性转变为具有更大的替代性。二是产品的差异化增大，如某些经过融合的产品，其本质上是没有什么不同的同一种产品，但是消费者偏好不同，并认可该产品，从而出现差异化。正因为这种趋势，使企业朝着更加精细化的方向发展，即对市场进行细分，开发能够满足用户个别需求的产品，实现"有针对性的大众化"（苏东水，2015）。然而，产业融合不是一蹴而就的，而是要经历一个动态、系统、复杂的过程。胡金星（2010）指出，企业是产业的主体，并且通过为市场及消费者提供产品来实现其价值，因而产品是产业形成及发展过程中的重要因素，融合型产品的出现，对新兴产业的产生、发展及产业结构的转型升级等方面有着举足轻重的影响。如图2-1所示，在产业融合发生之前，不同产业彼此独立，分别由相同或相似的企业集合构成；当多元化、技术融合和企业融合出现时，不同类型产业以"集群"的方式聚集在一起，相当于"合并"起来形成"大而全"的产业，而原有的产业（包括产业内企业的集合）还保持着相对独立性；只有当原有产业相互融合，并形成共同的空间，即出现融合型产品时，产业融合才真正得以产生；产业融合的实现则是以融合型产品占主导地位为标志，并且原有的旧产业通过相互渗透、融合已经被新兴产业所取代。由此可见，从产品创新视角出发，可将产业融合分为从无到有、从出现到实现两个阶段。前者是指产业融合首次出现、产业要素不断扩散与整合的过程，融合型产品的创新是其根本标志；后者是指融合产品出现后，促使产品、市场、技术、企业等要素向同一个方向发展，并对现有产品产生替代作用，导致原有产品退出市场，从而形成以融合产品为主导的新兴产业，并逐渐进入发展稳定期。

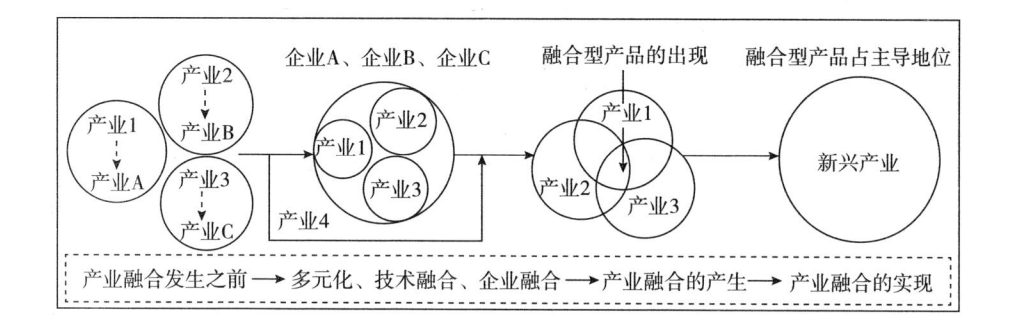

图 2-1 产业融合的产生过程

随着经济全球化的迅速发展，世界产业结构调整与变革持续深化，呈现产业链重组、供应链重塑和价值链重构深化等特征，且开始朝着区域化、本土化、数字化和智能化等方向加速调整，产业融合、产城融合、跨界融合、业务融合等均成为当今世界产业调整与变革的重要形式。国内外学者亦密切关注产业融合理论的研究。早在20世纪90年代，Torrisi 和 Gambardella（1998）研究表明，在计算机、通信等电子产品行业发生了较为明显的产业融合现象，且与其他没有明显融合现象的行业相比，电子产品行业的绩效有显著的提高，而其产业绩效与技术融合状况存在正相关关系。对于信息产业融合是否存在规模经济及范围经济的争论，Banker等（1998）通过对1988~1992年信息通信产业的资料进行分析与检验，得出如下结论：由于被检验企业拥有共同的基础设施资源，导致这些企业的单位平均成本减少。这表明信息技术的融合与企业成本的减少呈正相关关系，进而支持了技术与产业融合对改善信息产业绩效有积极作用的论点。对于产业融合能够提高产业的价值创造功能的论点，学者已达成了共识。国内学者对偏向于从微观、中观和宏观等不同维度考察产业融合理论。马健（2006）从微观和宏观两大层面探讨了产业融合的效应，认为在微观层面上，产业融合主要改变了市场结构与产业绩效；而在宏观层面上，产业融合改变了一个国家的产业结构与经济增长方式，从而引起产业绩效提升及企业成本降低。胡永佳（2008）认为，从微观层面来看，产业融合能够带来成本节约效应，即提高公共资产的利用效率，节约交易成本；从中观层面来看，产业融合会导致竞争合作效应的产生，从而形成有效的市场竞争；从宏观层面来看，不仅有利于产品与产业的创新，也有利于促进产业结构升级以及经济持续增长。陈柳钦（2006）指出了产业融合的六大效应，分别是创新性优化效应、竞争性结构效应、组织性结构效应、竞争性能力效应、消费性能力效应、区域效应。

综上所述，产业融合效应理论涉及宏观、中观、微观层面，而通过对不同层面的共同作用，使产业资源得到合理利用，并且促使新经济领域的产生，从而产生经济效应，导致产业绩效的提高，而国家各个产业相互融合、相互交织，产业融合的乘数效应不可估量。可见，产业融合理论为本书的研究打下了坚实的基础，而对在新型城镇化背景下文化产业与旅游产业融合创新发展的研究，不仅要从产业融合的视角出发，对其融合的因素、融合的进程、融合的效应等方面进行深入分析与思考，同时还要结合错综复杂的时代背景，对融合的进程、融合机理、融合模式等进行探讨与阐述。因此，产业融合理论是本书必不可少的理论基础。

二、产镇融合理论

作为一种社会分工现象，产业随着社会分工的产生而出现，并与社会分工有密不可分的关系。社会生产力的不断发展，促使产业分工进一步深化，产业部门不断出现，产业分工越来越细，现已形成农业、商业、服务业等产业部门，而产业的含义也得到了不断的扩展与延伸，从一开始专指农业，到工业高速发展时期主要指工业，再扩展到后来的农业、工业、服务业及其细分的各产业，目前，只要有投入产出活动的产业或者部门都可划入产业的范畴。因此，社会生产力的不断提高，促进了产业的产生和发展。此外，产业是一种集合，即某些具有同类属性的企业经济活动的总和，如直接从自然界获取产品则称为农业。同时，产业是一种中观经济，其既不研究国民经济的总量，也不研究具体企业的经济行为，而是研究某些具有共同属性与特征的企业经济活动所组成的集合体，如产业间的联系方式、产业布局等。1959年，贝恩在《产业组织》一书中指出，产业组织学所研究的产业是指生产具有高度替代性的产品的企业群；与此同时，贝恩在明确产业组织理论中一系列相关概念的基础上，完整地提出了构成传统产业组织理论核心内容的结构（Structure）—行为（Conduct）—绩效（Performance）分析范式（SCP范式）（斯蒂芬·马丁，2003）。

城镇化是社会生产力发展及社会经济不断进步的必然过程，产业发展与城市变迁的关系密不可分。Marshall（2009）指出，上下游产业链、共享基础设施、劳动力蓄水池是产业外部性的三大源泉，随着产业的发展，企业为了共用相同的基础设施，降低生产成本，获取规模效率，很多有着相同属性的企业便会聚集在一起，从而形成产业集聚，而多个产业的聚集，使人口、经济等规模不断扩大，

第二章
新型城镇化背景下文化产业与旅游产业融合发展的理论基础

需求不断增长，导致城镇化的出现，并且由于技术的进步，带动城镇化获得持续发展，促进经济增长，当其达到一定规模时，城镇将释放其对周边的辐射作用以及城市规模效应。1890年，Marshall就总结了集聚经济的三大外部效应，即地方性的技术外溢、专业劳动力的集聚以及中间产品的规模经济。Henderson（1974）认为，各个城市因为各行业的规模经济与集聚效益的差异化而导致了专业化的分工，且不同行业所在的城市，其最优规模也不相同。Duranton和Puga（2005）进一步研究得出，城市发展将逐步走向功能化分工的趋势，如以高规格商务接待等服务为主的大型中心城市等。Capello和Camagni（2000）基于对意大利58个城市的考察，得出了城市部门结构的调整与转型将会引起城市效率规模变化的结论。豆建民和汪增洋（2010）得出如下结论：一个城市的二三产业的产值比例对土地产出率的影响因城市规模的不同而不同，即对小城市影响较大，对大城市影响较小；一个城市的产业结构因为城市规模的不同而对产出效率的影响也有所不同。柯善咨和赵曜（2014）应用地级及以上城市的面板数据，在对其进行计量分析的基础上，得出了两个结论：①城市规模决定服务业——制造业部门结构对城市经济效率的影响，即东部城市可通过向服务业转型而获得更高的中间产品集聚效益，西部地区虽有自己的且份额较高的本地服务部门，但因其城市规模有限导致产业规模经济及城市集聚效益难以形成，因此应积极发展制造业等；②城市规模对城市效益的影响随着其规模的增长呈倒"U"形曲线变化趋势，其顶点表示城市最优规模随着产业结构向服务业转变而上升。通过上述理论文献梳理，我们不难发现：产业结构不断变化会引起城市发展的变化，产业结构的影响也因城市规模的不同而不同，两者相互联系、相辅相成；产业结构也从侧面反映出产业发展与城镇化进程的密切关系，产业集聚促进城镇化快速发展，反之城镇化又带动产业集聚，从而发挥产业发展的规模效益，二者共同进步，协同发展。

空间经济学理论指出，城市发展是集聚效应的集中体现。事实上，城市化过程在很大程度上来说，正是技术、劳动力及资本等因素在一个地方集聚的过程和体现。因此，城市群的形成与发展与产业集聚有着千丝万缕的联系。一方面，产业集聚需要空间与平台，而城市由于具有地理位置、交通运输、市场规模、政策等优势，使产业集聚选择了该地作为其集聚地，而随着产业集聚的发展，这又为城市群的形成与城市规模的扩大发挥了重要作用；另一方面，随着社会生产力发展及国家经济持续增长，农村剩余劳动力逐渐流入城镇，国家政策引导城镇化发展，资本要素等进入城镇，这在很大程度上为产业集聚提供了坚实的基础，所以吸引了高新技术开发区、文化产业园区、制造业等产业集聚。由此可见，在城镇化过程中，城镇为产业集聚奠定了较好的基础，为其提供了区位选择，为其落地与持续发展提供了良好的空间与平台。高鸿鹰和武康平（2007）以城市集聚效应为视角，对我国城市结构性变化机制进行了分析，以此为基础构建了计量经济学模型，并用OLS方法对我国不同规模等级城市的平均集聚效应指数与平均集聚效率指数进行了对比分析，得出了集聚效率指数的高低与城市规模分布比重的增减呈正相关关系的结论。所以，在城镇化过程中，应有意识地引导产业集聚的发展，积极促进产业与城镇的融合，促使城镇化与产业集聚协调发展，以使产业集聚发挥外部经济效应，使城镇化规模持续扩大，形成良性循环，从而对产业、集聚、周边城市、乡镇等积极发挥其辐射作用及功能性作用，真正实现产城融合、产镇融合。

城镇化的实质是人的城镇化，而其核心意义是实现人的生活方式的城镇化，其中一个重要体现就是文化消费的提升。Hall（1999）通过分析详尽的历史及地理资料表明，城市作为文化活动和经济活动的中心，总是扮演着有特权的角色。这从已有的城市研究也可以看出，它们创造了艺术、思想、时尚等多种形式的文化，同时对高水平的经济增长和创新做出了贡献。文化消费日益扩散与渗透，且随着人们收入水平的提高，对精神层面产品的需求日益扩大，这促使很多产品的文化形式和意义正成为企业生产策略的关键性因素，且其产品与服务以多种多样的方式广泛渗透着审美属性与符号属性（Lash & Urry，1994），这样的产品与服务实际上就是我们现在通常意义上的文化产品。由此可见，在持续推进城镇化的进程中，应充分认识文化消费的重要性，从各个方面采取措施引导居民文化消费，从而提高城镇总体文化消费水平，促进产业发展及产业优化升级，而这必将反哺城镇发展。如存在与文化产品与实用产品间重叠部分的产业，有厨房器具、轿车等多种多样的产业部门，城镇在发展的过程中，如何运用好这些产业，寻找与自身发展相匹配的产业部门，在发展壮大自身规模的同时，发展出有自身城镇化特色且具有鲜明代表性的产业，是在商品被赋予越来越多的象征意义且文化生产日渐趋向商品化的现今时代应纳入考虑范围。与此同时，伴随着文化产品消费急剧扩张，消费者可支配收入增长与休闲时间增多，城镇化发展与产业从哪些方面融合、如何融合是必须面临的问题。也许，新型城镇化与文旅产业实现高质量融合发展，具有重要的理论应用价值。因而，已有的产镇融合相关理论对本书具有一定的理论启发，提供了必要的理论基础。

三、业态融合理论

业态（Type of Operation）一词起源于20世纪60年代的日本，是流通企业经营形态的简称，是指零售店向确定的顾客群提供确定的商品和服务的具体形态，是零售活动的具体形式。夏春玉（2002）对日本学者关于零售业业态的理论内涵进行了归类：①以铃木安昭为代表的理论内涵，认为零售经营者以目标市场为对象而进行选址、确定规模、销售方式等方面的决策，形成零售店铺的形态，且将零售业态与零售形态作为同一用语。②以日本零售商业协会为代表的理论内涵，指出业态是"与消费者的购买习惯的变化相适应的零售经营者的经营形态"。③以向山雅夫为代表的理论内涵，认为"业态"是指"具有相同经营方式、技术及方法的零售商业机构的集合"，如百货商店、便利店等。此后，随着经济社会发展，"业态"的应用范围逐渐扩大，涉及服务业、制造业等领域，并出现了"产业业态"的概念，这是我国政界与学术界为了更好地描述产业的具体实现形式或者其存在的形式而产生的结果。为什么描述零售业的"业态"一词会出现在旅游业？因为随着旅游产业的深度发展和分工细化，传统的"产业""行业"的概念已经难以描述旅游业的发展状态，故而学者将描述"商业"的"业态"一词引入旅游业。邹再进（2007）研究了旅游业态的发展趋势，认为旅游业态是对旅游行（企）业的经营方式、组织形式、经济效率以及经营特色等的一种综合描述。张文健（2011）对包括市场创新等六个方面的旅游业态创新的内在机理进行了探析，并指出会展旅游等八个领域是现代旅游业的功能扩展及其新增长点。刘雨涛（2012）基于我国旅游新业态的发展对人才的新需求进行了分析，并对旅游院校旅游人才的培养提出了相应的策略。依照零售业业态的概念界定，本书认为旅游业态即指旅游企业及相关部门，根据旅游市场的发展趋势，以及旅游者的多元化消费需求，其组织管理方式和经营方式呈现一定形态，为消费者及旅游市场提供特色的旅游产品和服务的各种营业形态的总和。

文化产业作为我国大力扶持的国家战略性产业，已引起学术界的广泛关注，当然也有涉及文化产业业态的研究。吉路（2003）对文化旅游产业中的文物酒店这一新业态进行了介绍。肖永亮（2008）以文化创意产业为背景，对电视的传播业态进行了梳理。还有一些学者从各种角度对文化产业新业态的发展方向及其重要作用进行探析（沈望舒，2009；彭伟步，2010；黄岑和邓向阳，2011；赵渊，2012；花建，2021；张伟和吴晶琦，2022）。金元浦（2011）、殷薇（2012）强调了科技对文化产业新业态发展及文化产业升级过程的重要作用。此外，学者还对文化产业业态创新的相关问题、文化业态演化机理及其发展趋势等进行了研究（花建，2015b；解学芳和陈思函，2021；陶建群等，2022；袁园，2024；郁正筠，2024）。从已有的研究来看，尽管并没有对文化产业业态的专门论述，因而缺乏统一的概念界定，但是仍然为本书提供了一定的理论基础。

随着文化产业与旅游产业的发展，出现了文化旅游这一业态。最早提出文化旅游这一概念的是美国学者麦金托什和格波特，他们在《旅游学：要素·实践·基本原理》一书中指出："文化旅游概括了旅游的各个方面，游客从中可以学到他人的历史和文化，以及他们的当代生活和思想。"文化旅游作为一个专业名词出现，是在20世纪八九十年代，相应地对文化旅游的研究也逐渐多了起来。我国关于文化旅游业的研究起步较晚。魏小安（2018）认为，旅游业的文化特点，是以经济为主的综合目标得以实现的原因，从侧面说明了文化旅游是旅游产业发展的重要部分。侯兵等（2020）阐释了高质量发展引领下文旅深度融合的理论内涵，认为文旅深度融合是产业融合深入推进的过程，旅游的文化属性、文化的旅游功能，是融合发展的基础。更进一步地，他们将文旅深度融合划分为一个层面的纵深发展关系，即技术融合、产品融合、业务和组织融合、产业和市场融合以及全要素融合。而出于统计研究的便利性，中国文化产业年鉴部（2010）将文化旅游定义为："泛指以鉴赏异国异地传统文化、追寻文化名人遗踪或参加当地举办的各种文化活动为目的的旅游。"借此希望将文化旅游与其他旅游形式相区别。由此可见，文化旅游有两个重要的构成要素：①强调产品属性，认为文化旅游是以旅游文化资源为支撑，旅游者以获取文化体验、增智为目的的旅游产品；②强调旅游者的旅游体验，认为文化旅游是指旅游者为实现特殊的文化感受，对旅游资源的内涵进行深入体验，从而得到全方位的精神和文化享受的一种旅游类型。实际上，文化旅游业态即是文化产业业态与旅游产业业态二者融合产生的，而这已经在文化产业、旅游产业融合的过程中悄无声息地进行着，现在已有学者逐渐开始研究文化旅游新业态，只是存在的文献资料较少，不做赘述。

随着互联网、云计算、大数据等科学技术的不断发展与进步，"互联网+"时代的到来，对全球以及各行各业都产生了颠覆性的影响，行业及产业的发展也发生了翻天覆地的变化。旅游产业当然位列其中，"互联网+旅游"的提法也不断出现，互联网正成为旅游产业融合及其新业态发展的重要推动因素，"互联网+"对传统旅游产业带来了更多的变化。如旅游方式的变化，如很多游客不再选择传统的跟团游，而是根据自己的旅游需求，通过专业的旅游网站进行预订，满足自己的个性化需求，这也导致旅游产业的市场不断细分，以迎合消费者的个

第二章 新型城镇化背景下文化产业与旅游产业融合发展的理论基础

性化需求。旅行社的地位也发生了变化,一开始人们旅游首先想到的是传统旅行社,但是现在多数人会选择互联网,其具有去中介化的特征,实现了旅游销售业务与游客的直接对接,而各大专业旅游平台的发展,如去哪儿网、携程、飞猪旅行等,使传统旅行社更像是一个线下服务点。同时,旅行者的消费心理也发生了变化,最初人们旅游可能仅仅是为了获得身心的愉悦,而互联网的发展,移动设备的普遍应用,使旅游者更多地在社交软件,如微信、抖音等平台晒出自己的旅行过程,这体现了马斯洛需求理论,满足了人们获得认同感的需求。此外,旅游者的概念也与以往不同,在互联网背景下,旅游者不再仅仅是旅游产品的接受方,同时也可能是旅游产品的制定者,如一些旅游者在按照旅行社、专业旅游网站等推出的旅游路线进行体验的过程中,发现了新的或者更有趣、更吸引人的旅游路线,当其在微信朋友圈、微博等自媒体平台进行分享时,可能会引起其他游客的青睐,现有的旅游达人较好地体现了这一点,其为了获得旅游公司的投资、粉丝数量的增长,还会主动去寻找更多的路线,开发更好的旅游产品,可以说,旅游者从一开始的被动接受者已逐渐变为主动探索者。而互联网等技术同样对文化产业的发展带来不可逆转的改变。花建(2015b)指出,互联网尤其是移动互联网的发展,给文化产业的发展带来了如下几个方面的变化:①催生了新的文化价值链。在互联网未普及的时代,文化生产被分割为在地文化生产(如印刷包装)、在场文化生产(如会展)、在线文化生产(如数字内容)等不同门类,而互联网整合了硬件、软件、创意等要素,形成了全面感知、智慧节点、智能连接型的文化产业生产力模式,使其同时具备了一个国家和城市文化生产力发展壮大的三大因素,即多种资源的高度整合、创意人才的活力激发、多元包容的开放环境,重新打造了文化生产的价值链、文化资源的供应链以及文化服务的品牌链。②形成了新的平台服务链。随着互联互通的实现,文化产业服务平台有了资源集聚和交易配对的功能、跨界融合与集成创新功能、企业孵化和产业培育功能等,其形态也发生了较大变化,在垂直面集聚了商业流、信息流以及资金流等,同时又从平面延伸维度拓展了从设计研发、加工制造到衍生产品、国际贸易的服务链,且中国文化产业平台经济形成了两个新爆发点:一是诞生了越来越多的平台型服务样式,二是诞生了极具活力的文化创意平台型企业。③形成了新的科技研发链。文化产业通过运用大数据的采集以及分析,整合新的科学技术及创新资源,促进生态系统不断更新。④形成了新的联动产业链。即随着互联网的发展,互联互通加速,文化创意产业正在加速与制造业、数字内容产业、现代农业等相关产业深度融合。

总之,"互联网+"、物联网、大数据等高新科技的发展,无论是对文化产业还是对旅游产业都产生了巨大影响,不仅改变了产业的形态、发展方式,带来了新业态,同时也改变了产业发展的商业模式等。因此,在复杂的环境中,在新型城镇化背景下,文化产业业态与旅游产业业态的融合具有客观必然性,相关理论与文献研究也不断涌现,这从已有研究中可以看出。作为我国支柱性产业以及战略性产业,文化产业与旅游产业的业态融合研究显得尤为重要,已有的相关理论与研究文献为本书提供了理论指导和经验借鉴。

第三节 特色文化经济理论

一、区域文化产业理论

区域科学之父沃尔特·艾萨德在其代表作《区位与空间经济:关于产业区位、市场区、土地利用、贸易和城市结构的一般理论》一书中写道:"有谁能够无视经济发展的空间面貌,即超越时间的流逝,所有的经济过程依然存在于空间?对于任何经济理论而言,时间和空间二者都是至关重要的。"对于厂商和生产性活动来说,空间是一种生产性资源,其本身就能够形成某种优势。更进一步来说,当前的空间被区域经济学视为一种经济资源,作为独立的生产要素,是形成地方生产系统竞争力的重要基础元素。日常的经济活动在空间产生、成长与发展,而同时空间也影响着一个经济系统的运转效率。区域经济学作为经济学的一个重要分支,其主要分析的焦点由"空间"转至"地区",把空间作为一种经济资源,且成为进入空间发展的企业的静态和动态优势的驱动器,其被纳入地区增长模型。空间一开始并没有受到经济学家的青睐,而随着经济发展及社会进步,不得不解决很多问题,如怎样解释厂商的空间区位选择、为什么某些区域会比其他区域更发达等。区域经济学的两大理论流派则派上了用场,20世纪初的区位理论对空间活动分布的经济机理进行了论证,其在宏观层面上包括对经济活动空间分布的非均衡分析,在微观层面上包括对区位选择的研究;区域增长理论或区域发展理论则集中关注了地区经济增长以及收入的区域分布的空间特性,其对区域特性非常重视。两个分支间存在诸多交叉与融合,这时空间多样化联系这一概念出现了,这也成为一个基于特定区域内在联系的有关区域发展的可靠理论。而真正使空间经济学成为主流经济学的是 Krugman,其在1991年发表的《报酬递增与经济地理》(*Increasing Returns and Economic Geography*)一文中,提出了经典的"中心—外围"模型(Core-Periphery Model),该模型创造性地将报酬递增垄断竞争分析工具运用到空间经济研究,为之后许多空间经济学模型的提出打下了基础。

空间经济学的基本特征是把区位作为基础变量来研究,探讨空间内资源的合理配置以及经济发展情况,区位或者空间则是空间经济学与其他经济学分支或者其他理论进行区分的重要元素。同理,区域文化产业也是文化产业下的一个重要组成部分,对一定区域内的文化产业进行研究,可以对其资源的合理配置、经济的发展以及区位选择等做出贡献。区域文化产业是区域内文化及其经济共同发展而导致的结果,因此区域文化产业的发展,一方面要注重区域内的文化要素及其特性;另一方面要结合区域内的经济发展状况,综合分析文化因素等关键要素对区域文化产业的产生、成长及发展的影响。近年来,我国对区域文化产业理论的研究日渐增多。胡惠林(2005)认为,区域文化产业的空间布局运用包括依附性与趋集中性这两个规律,并指出文化产业的布局任务有:①促进区域文化产业与文化企业的趋于集中化运营,使文化生产力得到集中化的发展;②合理分散区域文化产业与文化企业,以实现文化空间经济的均衡发展;③对区域文化产业结构的个性发展规律与特点进行深入探讨。由此不难看出,胡惠林是国内较早运用空间经济学理论分析我国区域文化产业布局主题的文化产业专家,他提出了我国区域文化产业布局应采用空间布局重组与结构性调整相结合、战略产业主导与相关产业辅助相协调、非均衡发展与区域一体化相兼容、增长极建构与分阶段布局相呼应的战略。此外,也有诸多学者对区域文化产业效率(王家庭和张容,2009;张仁寿等,2011;蒋萍和王勇,2011;鲁小伟和毕功兵,2014;王学军,2015;薛宝琪,2022)、文化产业区域发展差异及其空间布局等方面进行了研究(徐萍,2007;赵喜仓和范晓林,2012;杨路明和陈丽萍,2021;秦晓楠等,2023)。

区域发展还涉及一个关键性的概念——集聚经济,这是地方发展的核心。对于文化产业而言,集聚同样占据重要地位。迈克尔·波特(1990)认为,集群是"在某一特定领域内,在地理位置上邻近、有交互关联性的企业和相关机构并以彼此的共通性与互补性相连接"。花建(2011)认为,文化产业的集聚发展是指在一个特定的区域内,以一个主导产业为核心,吸引大量彼此联系密切的企业群和相关服务机构在空间上集聚,从而形成可持续竞争优势的现象。产业集群的方法、路径、模式等是不同学者研究的重要领域。焦斌龙(2009)基于对影响区域性特色文化产业集群建设的 12 主要因素的分析认为,我国文化产业快速、健康发展的重要途径是构建区域性特色文化产业集群,并提出了我国构建区域性特色文化产业集群的整体构想。刘蔚(2007)立足于产业发展过程中存在垂直一体化、垂直分离和柔性生产三种产业组织形式,从理论上分析了文化产业的价值链、柔性生产等主题,并以好莱坞影视业集群为对象进行了案例分析。杭敏和白皓元(2014)指出,价值链的耦合与延伸推动了产业集群效益的溢出,文化产业集群的溢出效益主要包括协作效益、区位品牌效益与创新效益。空间的集中会带来集聚经济,而经济活动在空间上的集中,会带来以下几个方面的影响:①厂商或企业的经济内部性,也称规模经济,内部纯粹的生产活动在空间上的集中,即为了获得规模生产优势,厂商将所有的生产工厂集中于一个区域内,大规模的生产过程能够降低单位生产成本。②厂商的经济外部性源于同一生产部门的厂商集中位于人口稠密的区域,厂商的规模大小与数量的多少决定其效益,这也影响着地方化经济的发展以及区域范围内的供应者、劳动力、技术等。③厂商的经济外部性与部门外部性又称城市化经济,大规模的社会固定资产,如交通基础设施,广泛且多样化的中间商以及最终产品供应市场的存在等,是其产生、发展的重要因素。正因如此,才使在一个区域内的高密度集以及多样化的生成性与居住性活动得以存在,创造典型的城市环境特征。当然,空间集聚不仅会对一定区域内带来好的影响,同时也存在一些负面效应,如城市环境、拥堵、污染等。因此,协调好空间集聚、区域发展、经济增长、环境保护等各方面的关系,是区域经济展过程中必须积极面对的问题。区域文化产业的发展同样如此,当一个区域内集聚同一行业内的所有厂商,或者是同一生产部门的所有厂商,又或者是存在互补关系的多样化生产厂商时,都将对区域内各个方面带来重要影响,牵一发而动全身。如何利用空间集聚优势,使区域内资源得到合理利用,努力实现城镇规模最优,以及带动邻近区域文化经济发展,同时保证区域内交通基础设施、环境等方面,得以持续发展且与区域内经济增长关系协调、齐头并进,这是区域文化产业或者说是区域文化经济发展的前提与基础。

随着我国社会经济的快速发展,国家出台了很多新的政策,并推行了相关倡议和战略,如新型城镇化战略、"一带一路"倡议、乡村振兴战略等,这对于本书探讨新型城镇化背景下文化产业与旅游产业融合创新发展,具有重要的指导作用。花建(2015a)提出,要把握国家"一带一路"倡议和长江经济带战略的历史性机遇,构建新的文化产业空间战略布局:一方面,要打造文化产业发展的"π"形动力带,打造成为文化内外贸易的大通道、文化生产力的动力联动轴;另一方面,要根据我国是一个超大型文明国家的国情,发展多样化的文化产业区

第二章
新型城镇化背景下文化产业与旅游产业融合发展的理论基础

域模式;另外,要以周边邻国,"一带一路"连通地区,以及北美、非洲和拉美等为近、中、远三重文化辐射带,投射中国文化的正能量。由此可见,在"一带一路"倡议、新型城镇化战略、乡村振兴战略等的背景下,结合区域文化产业发展研究,是文化产业领域深化研究重点和趋势,如何结合数字经济时代背景,抓住这样的契机发展区域文化产业,包括区域文化产业该如何布局、采用什么样的发展模式、如何打造自己的区域品牌、如何利用政策与战略指引实现协同发展、推动区域文化产业结构的升级和优化等,都是在新形势下区域文化产业发展面临的重要课题。新型城镇化的发展离不开区域这一概念,而文化产业、旅游产业往往具有显著的区域特色,这是二者产生、融合的重要基础以及可持续发展的重要保障。因此,在新型城镇化背景下研究文化产业以及旅游产业融合创新发展,必须融入区域文化产业理论,已有的相关理论与研究成果为此打下了坚实的理论基础。

二、民族文化产业理论

本书认为,民族文化产业应包含两个方面:一是指一个国家、一个民族的文化产业,二是指地方性的民族文化产业。中国至今创造了5000多年的历史,为世界文明做出了巨大贡献。一个民族的文化底蕴对国家发展尤其重要,"文化是一个国家、一个民族的灵魂,文化兴国运兴,文化强民族强"。[①] 拥有影响深远的民族文化,使一个国家在全球化发展及竞争中获得更多的话语权,行使更多的文化权利,具有明显的竞争优势。因此,各国越来越重视文化软实力的发展,如我国现在不仅强调传统文化的发展,同时注重创意创新,提倡加快建设创新型国家。作为时尚先锋城市的伦敦、巴黎、米兰等,每年都会举行各种各样的时装发布会,以此打造其时尚文化,形成自我特色形象,以此来提升城市文化软实力。文化外交也变得更加频繁,如我国现阶段实施的"一带一路"倡议,就是文化外交的重要体现。总之,在全球化迅速发展的今天,民族文化在世界上扮演着举足轻重的角色,发展民族文化产业,是每个国家的自然选择,只有发达的、先进的、紧跟时代潮流的且被广大群众接受的民族文化产业,才能为国家的整体发展及国际竞争增加底气与优势,才能在文化上位于世界各民族前列,从而造成一定的影响力,成为伟大的民族。

地方性的民族文化产业对地方经济发展至关重要。对于一个较小的地区来

---

① 习近平:决胜全面建成小康社会 夺取新时代中国特色社会主义伟大胜利——在中国共产党第十九次全国代表大会上的报告 [EB/OL]. 中国政府网, http://www.gov.cn.

说，民族文化产业是其重要资源，对其合理利用与开发，不仅可促进经济增长，同时促进民族文化的对外交流与传播。我国是一个多民族国家，每个民族都有自己的文化，各种各样的节庆日、民风民俗等，都是其重要的文化资源。例如，贵州省黔西南州布依族苗族自治州，作为一个少数民族自治州，形成了多民族杂居的格局，孕育着古老的布依族、苗族、彝族、回族等少数民族，因而有很多特色的民族节日，给美丽的黔西南添加了很多独特的少数民族文化习俗和文化底蕴，如布依族的"三月三"、"六月六"、查白歌节，苗族的"二月二"走亲节、"八月八"风情节，还有被誉为"东方踢踏舞"的民族歌舞——彝族舞蹈"阿妹戚托"，以及很多少数民族特有的农耕文化、祭祀文化和音乐文化，都给贵州省黔西南州的发展带来了重要的契机。也正因为此，黔西南州首府兴义市被选为国际山地旅游大会的永久举办地，这对该地的经济发展无疑是一个重大举措，对其知名度的打造与宣传也将取得较好的效果。

目的地旅游是现在很多国家及城市发展的重点。所谓目的地旅游，简单来说就是发展本地旅游业，使该地成为游客最终旅游的目的地，而不是旅游中转地。为什么要着重发展目的地旅游？目的地旅游会带来更多的游客，而且因为是游客的旅游目的地，因此旅游时间相对延长，过夜量将会增加，这无疑确保游客消费的增加，促进当地经济增长，带动餐饮业、娱乐业等发展，并有利于实现当地人在本地就业，从而实现地方经济发展，又将发展成果持续运用到旅游目的地的打造，形成良性循环。所以，民族文化产业的发展，也应该将打造旅游目的地作为其目标，合理利用当地民族资源，深度挖掘民族文化，并且将其与现代化、个性化趋势相结合，如体验性项目，这使游客在目的地旅游中可以参与到当地民风民俗的体验中，融入当地文化生活，加深游客对旅游目的地的印象，而体验性文化旅游会促进游客更加积极地消费，目的地也可以获取更多的收益。此外，体验性活动与游客积极互动，可以从游客体验、交谈中更多地了解其对旅游目的地的感受，旅游相关者、相关部门以及建设者可以据此获得一手资料，并对其及时做出改进。当然，体验旅游因为是游客身临其境，所以无论是优点还是缺点都会放大。因此，这也对旅游目的地的建设提出了更高的要求，为游客提供高水平的体验，好的游客体验也必将获得良好的口碑，在自媒体发达的现今时代，将会通过各种渠道及媒体传播出去，从而吸引更多的游客。

随着社会生产力不断发展，互联网、大数据等技术的不断进步，人们的消费心理逐渐发生变化，个性化消费越来越成为更多人的追求，为了满足市场的变化与需求，旅游服务者也作出了相关的反应与抉择，在对市场进行细分的同时，不断开发新产品，对目标客户进行精准营销，以此占领更多的市场份额，获得更多客户。语言旅游是现在正在兴起的一种旅游方式，对于民族地区而言，少数民族语言是文化资源的重要组成部分，对语言爱好者、研究者等具有一定的吸引力，这也是语言旅游兴起的原因。现在很多少数民族逐渐失去了少数民族语言的能力，其少数语言也随之消失，这不利于民族文化产业多元化的发展，所以民族地区在发展文化产业、旅游产业时应该注重对其语言的保护与传承，保证民族地区的完整性，这无疑将加大对游客的吸引力，同时，这会是很多游客个性化旅游的一个组成部分。

以"民族文化产业"作为关键词进行检索，会发现学者对该研究不是很多，但是该理论对本书具有重要的意义，民族地区也是新型城镇化的重要对象及组成部分，因此民族文化产业如何促进新型城镇化的发展，如何与旅游产业进行融合、共同发展等，都是本书需要解决的问题。所以，民族文化产业理论是本书重要的理论基础。

三、特色文化产业理论

特色文化产业是文化产业的重要组成部分，随着国家文化产业战略不断布局，特色文化产业的相关政策也持续出台，发展特色文化产业是国家文化软实力的重要体现，是实现文化大发展、大繁荣的重要举措。2011年，党的十七届六中全会通过了《中共中央关于深化文化体制改革推动社会主义文化大发展大繁荣若干重大问题的决定》，明确提出"发展特色文化产业，建设特色文化城市"；2012年，《文化部"十二五"时期文化产业倍增计划》提出，要"挖掘各地特色文化资源，通过规划引导、政策扶持、典型示范等方法，引导特色文化产业有序集聚，发展壮大一批特色明显、集聚度高的特色文化产业基地"；2014年，文化部与财政部联合发布了《关于推动特色文化产业发展的指导意见》，指出特色文化产业是指依托各地独特的文化资源，通过创意转化、科技提升和市场运作，提供具有鲜明区域特点和民族特色的文化产业和服务的产业形态。由此可见，"特色"已成为文化产业发展的重要驱动因素。王国胜（2006）指出，特色文化是一种富有特色和地方性的文化现象，包括表层面、中层面和深层面三个维度，表层面文化是以特色或者物化形式所形成的物质文化，中层面文化是通过人的行为活动或者行为化方式所展现出来的非物质文化，深层面文化则需要通过人的意识外形态才能够体现出来。因此，特色文化产业是文化产业在特定区域空间内的表现形式，其形成的条件包括特色的文化资源、持续的市场需求、良好的国家支持政策、科学技术的创新发展等，在此基础上，文化产业不断发展，形成一定的产业规模以及区域特点，进一步发展为特色文化产业形态或业态。特色文化产业反过来又可以通过对特色文化资源的深度挖掘与开发，并运用创意创新手段对其内容进行转化，结合现代科学技术和国家支持政策，进而实现其自身的持续发展、集聚，逐渐形成规模效益及品牌效应，发挥其对周边地区的辐射带动作用，促进整体文化产业高质量发展，提升国家文化软实力发展。

地点与文化总是有着千丝万缕的联系，文化往往具有鲜明的地方性特征。当前，我国提倡城市 IP 理念实际上就是寻求城市这一地域与其文化特质的"锁定"关系。地点、文化与经济相互关联、共融共生，城市因其独特的文化而与其他城市区别开来，形成自己的特色，从而在一定程度上带动经济发展，如通过文化旅游等途径带动经济发展。同时，城市环境孕育文化，使其具有鲜明的地方特色，当一个地方的文化属性与经济秩序越浓缩于地理环境之中，它们就越享有地点垄断力量，这通过当地独特的生产过程和产品构成可以体现出来，这种垄断力量将形成城市竞争优势，提升城市竞争力，从而使文化创意产业能够挤入更广阔的国内市场甚至国际市场。正如 Molotch 所说："产品的现象与地点的积极联系产生了一种黏附于地点的垄断租金、标志以及附属于它们的品牌。并且它们逐渐成长起来，逐渐形成了地方经济的基础。好的形象为来自竞争地点的产品创造了进入的障碍。"我国 56 个民族分布在不同的地点与城市，在历史的长河中，各个民族、各个城市都孕育了具有鲜明地方特色的文化，并得以逐渐展现。比如，城市群就是其表现形式之一。中原城市群有着丰富的文化积淀和文化资源，中国自古有"逐鹿中原""问鼎中原""得中者得天下"之说，从公元前 21 世纪中国第一个王朝——夏朝到封建社会昌盛时期的宋朝，先后有 20 多个朝代的 200 多位帝王建都或迁都于此。全国八大古都（郑州、安阳、洛阳、开封、西安、北京、南京、杭州），河南占其四。其中，洛阳是 13 朝古都，开封是 7 朝古都，安阳是 6 朝古都。国家级历史文化名城共 102 座，河南有 8 座（洛阳、安阳、开封、郑州、南阳、浚县、商丘、濮阳），中华民族的祖先先后在此创造了裴李岗文化、仰韶文化、龙山文化等史前文化。一个城市的崛起不仅需要物质基础等"硬实力"的足够强大，也要有以文化为核心、以科技为基础、以生态为关键的"软实力"的全面提升。因此，一个完整的城市功能，包括硬件和软件两个部分。在一定意义上，"城镇化"的过程就是"城市文化"化的过程。城市文化是指以文化为核心、以科技为基础、以生态为关键的软实力的建设。城市是文化的产物，又是文明的生成地。城市文化是拉动"城镇化"特别是中原城市群发展的不可

第二章 新型城镇化背景下文化产业与旅游产业融合发展的理论基础

忽视的强大力量,所以在"城镇化"过程中,一定不能丢了文化,必须将文化与城镇化相结合,齐头并进,才不会丢掉城市的灵魂,拥有自己独特的个性(李庚香,2007)。因此,地方的发展、城市的形成离不开一开始就根植于此的文化,它是一个地方的特色,当对其进行合理开发及利用到一定的程度时,其会形成地方垄断力量,对外来的文化具有一定的排外性,而这也在一定程度上提升了其文化竞争力及城市竞争力;与此同时,地方性的特色鲜明的文化,当其形成一定的品牌效应时,会对越来越多的人形成吸引力,如北京的皇城文化、上海的大都市文化、长沙的娱乐文化、深圳的科技文化等,因为其特色文化而发展文化产业、旅游产业,促进城市经济的发展,再次印证了城市、文化、经济三者之间具有密不可分的关系。

　　特色文化产业发展还具有较强的正向效应。其一,有利于地方特色文化的传承与保护。特色文化产业发展离不开对特色文化的深度挖掘,而这一过程又会使更多人熟知特色文化的重要性,从而间接促进特色文化的保护和传承。其二,有利于地方经济的发展。合理开发利用地方特色文化资源,将其发展成为特色文化产业业态,从而形成地方的产业优势以及经济优势,促进经济增长及经济发展,提高城市文化竞争力和整体实力。其三,有利于促进产业融合发展,推进新型城镇化的进程。特色文化产业是一种高附加值、产业链长的产业,其与旅游产业、工业、农业等融合发展,可发挥其带动作用及溢出效益,从而促进产业结构的调整及升级,为新型城镇化的发展提供可行性强的路径选择。其四,有利于解决地方就业,并在地方经济发展中发挥了积极作用。特色文化产业的手工艺行业在带动就业方面具有优势,其良性发展可以开辟更多的就业岗位,使人们可以就地解决就业问题。此外,特色文化产业的发展,还可以满足人民日益增长的精神文化需求,拉动市场内需,同时,各民族特色文化的发展,有利于民族团结,实现中华文化的大发展、大繁荣,从而真正提高国家文化软实力,从而提高其国际形象及大国地位。由此可见,新型城镇化的发展离不开特色文化产业,其产生的效应与新型城镇化的要求有着高契合度与高协调度的特征,并为新型城镇化的发展提供了切实可行的道路。一方面,在新型城镇化进程中,要保持已有的地方特色文化底蕴,并对其进行合理利用,与其他地方区别开来,形成文化的差异化,这同时也提高了城镇的竞争力以及对外吸引力,从而促进经济发展;另一方面,城镇化的发展,也将地方特色文化进行深度挖掘并且保护传承,促进地方特色文化的不断积累、沉淀,实现地方特色文化的多元化及可持续发展。因而,特色文化产业理论构成了本书重要的理论基础。

第三章　新型城镇化背景下文化产业与旅游产业融合的进程

——基于政策的影响

第一节　政策演化主线分析

1949 年，中国的城镇化率仅为 10.64%，改革开放以来，我国社会经济不断进步，人口越趋向于集中，城镇化进程持续推进。1978 年我国城镇化率为 17.92%，2011 年是我国城镇化发展的一个重要转折点，我国大陆城镇化人口占比首次超过 50%，达到了 51.3%，2016 年城镇化率增加到了 57.35%。截至 2023 年底，我国户籍人口城镇化率达 48.3%；国家统计局发布的《2023 年国民经济和社会发展统计公报》显示，2023 年我国城乡融合和区域协调发展步伐稳健，全国常住人口城镇化率为 66.16%[①]。由此可见，我国城镇化发展步伐持续加快，取得了令世人瞩目的成就。我国城镇化不仅解决了农业、农村和农民问题与生活、生产和生态等相互交错的复杂矛盾关系，而且有助于扩大内需，调整经济结构，实现社会经济和谐稳定发展，同时对世界经济产生了重要影响。

表 3-1 列出了我国与户籍制度相关的政策文件，本书将其划分为改革开放前、改革开放后两个阶段，该政策演化主线表明我国户籍制度改革总体上经历了由严控到逐步放开的演化过程。2014 年，中共中央、国务院出台了《国家新型城镇化规划（2014~2020 年）》（以下简称《新型城镇化规划》），明确了我国城镇化发展的路径、主要目标、战略任务，确立了我国城镇化发展的总体构想。党的十九大报告明确提出"实施乡村振兴战略""建立健全城乡融合发展的体制机制和政策体系"，我国城镇化发展，从一开始的城乡二元结构逐渐转变为"城

---

① 《中华人民共和国 2023 年国民经济和社会发展统计公报》。

乡发展一体化",城乡融合发展将是新型城镇化的新趋势。党的二十大报告对促进区域协调发展作出战略部署,强调"深入实施区域协调发展战略、区域重大战略、主体功能区战略、新型城镇化战略,优化重大生产力布局,构建优势互补、高质量发展的区域经济布局和国土空间体系",并提出"推进以人为核心的新型城镇化"。促进区域协调发展,需要坚持以创新、协调、绿色、开放、共享的新发展理念为引领,以人为核心的城镇化,让新型城镇化建设站在新起点、取得新发展,并实现人的全面发展、全体人民共同富裕[1]。

新型城镇化战略的实施离不开政府相关政策的支持,无论是城镇化还是新型城镇化,我国相关政策始终与之相伴随,并随着城镇化向新型城镇化而不断变迁。如表3-1、表3-2、表3-3、表3-4所示,城镇化政策主要涉及户籍制度政策、城镇规划建设政策、经济支撑政策以及生态文明建设政策等,我们有必要对这些相关政策进行系统梳理,从而达到更加深入地认知中国城镇化进程的目的。

表3-1 我国户籍制度相关政策演变

	年份	文件名称/会议	主要内容
改革开放前	1958	《中华人民共和国户口登记条例》	将居民户籍明确划分为"农业户口"和非农业户口。公民由农村迁往城市,必须持有城市劳动部门的录用证明,学校的录取证明,或者城市户口登记机关的准予迁入的证明,各常住地户口登记机关申请办理迁出手续
	1961	《关于减少城镇人口和压缩城镇粮食销量的九条办法》	此次中央工作会议作出了大幅度精减城镇人口的重大决策,明确提出减少城镇人口和压缩粮食销量的具体目标要求。在1960年底1.29亿城镇人口的基数上,三年内减少城镇人口2000万以上;1961~1962年,城镇粮食销量争取压缩到480亿斤[2]至490亿斤,比上年度减少30亿斤至40亿斤
	1964	《公安部关于处理户口迁移的规定(草案)》	明确了对人口流动两个"严加限制"的要求,即人口从农村迁往城市、集镇的要严加限制,从集镇迁往城市也要严加限制
	1975	《中华人民共和国宪法》	将"公民迁移自由"从条文规定中剔除
	1977	《公安部关于处理户口迁移的规定》	处理户口迁移,首先要贯彻严格控制市、镇人口增长的方针,同时要保障人民群众符合国家规定的迁移。地区之间的迁移,要从全国一盘棋出发。要正确处理国家、集体和个人的关系。提出要严格控制"农转非"

---

[1] 裘勉.人民财评:推进以人为核心的新型城镇化——深入学习贯彻党的二十大精神系列评论[EB/OL].人民网,http://www.people.com.cn,2022-11-13.

[2] 1斤=500克。

续表

	年份	文件名称/会议	主要内容
改革开放后	1984	《国务院关于农民进入集镇落户问题的通知》	凡申请到集镇务工、经商、办服务业的农民和家属,在集镇有固定住所,有经营能力,或在乡镇企事业单位长期务工的,公安部门应准予落常住户口,及时办理入户手续,发给《自理口粮户口簿》,统计为非农业人口
	1985	《公安部关于城镇暂住人口管理的暂行条例》	对暂住时间拟超过3个月的16周岁以上的人,须申领《暂住证》
	1989	《临时身份证管理暂行规定》	对临时身份证申领的对象、方式及管理进行了具体的规定
	1992	《关于实行当地有效城镇居民户口制度的通知》	在小城镇、经济开发区等地可以实行当地有效的城镇居民户口制度,即可享受"蓝印户口"政策。拥有蓝印户口的人,在教育、计划生育、医疗卫生、就业、申领营业执照等方面,基本上可以享受与当地常住城镇居民户口人员同等的待遇
	1997	《国务院批转公安部小城镇户籍管理制度改革试点方案和关于完善农村户籍管理制度意见的通知》	逐步改革小城镇户籍管理制度,完善农村户籍管理制度,是国家一项重要的基础性工作,事关经济发展、社会进步和维护社会稳定的大局。明确提出了农民可以办理小城镇常住户口的条件
	2000	《中共中央、国务院关于促进小城镇健康发展的若干意见》	要改革小城镇户籍管理制度。凡在县级市市区、县人民政府驻地镇及县以下小城镇有合法固定住所、稳定职业或生活来源的农民,付费区可根据本人意愿转为城镇户口,并在子女入学、参军、就业等方面享受与城镇居民同等待遇,不得实行歧视性政策
	2001	《国务院批转公安部关于推进小城镇户籍管理制度改革意见的通知》	为户籍制度总体改革奠定了基础,要求引导农村人口向小城镇有序转移,促进小城镇健康发展,加快我国城镇化进程。明确了小城镇户籍管理制度改革的目标和原则、范围和内容以及相关工作要求
	2006	《国务院关于解决农民工问题的若干意见》	深化户籍管理制度改革。逐步有条件地解决长期在城市就业和居住农民工的户籍问题。中小城市和小城镇要适当放宽农民工落户条件;大城市要积极稳妥地解决符合条件的农民工户籍问题,对农民工中的劳动模范、先进工作者和高级技工、技师以及其他有突出贡献者,应优先准予落户。具体落户条件,由各地根据城市规划和实际情况自行制定。改进农民工居住登记管理办法
	2008	《中共中央关于推进农村改革发展若干重大问题的决定》	推进户籍制度改革,放宽中小城市落户条件,使在城镇稳定就业和居住的农民有序转变为城镇居民
	2011	《国务院办公厅关于积极稳妥推进户籍管理制度改革的通知》	提出"分类明确户口迁移政策",对农村人口已落户城镇的,要保证其享有与当地城镇居民同等的权益;对暂不具备落户条件的农民工,要有针对性地完善相关制度

第三章 新型城镇化背景下文化产业与旅游产业融合的进程

续表

	年份	文件名称/会议	主要内容
改革开放后	2012	《坚定不移沿着中国特色社会主义道路前进为全面建成小康社会而奋斗》	提出"加快改革户籍制度,有序推进农业转移人口市民化,努力实现城镇基本公共服务常住人口全覆盖"
	2013	《中共中央关于全面深化改革若干重大问题的决定》	创新人口管理,加快户籍制度改革,全面放开建制镇和小城市落户限制,有序放开中等城市落户限制,合理确定大城市落户条件,严格控制特大城市人口规模
	2014	《新型城镇化规划(2014~2020年)》	全面开放建制镇和小城市落户条件,有序放开城区人口50万至100万的城市落户限制,合理放开城区人口100万至300万的大城市落户限制,合理确定城区人口300万至500万的大城市落户条件,严格控制城区人口500万以上的特大城市人口规模,并明确规定"大中城市可设置参加城镇社会保险年限的要求,但最高年限不得超过5年""特大城市可采取积分制等方式设置阶梯式落户通道调控落户规模和节奏"
	2014	《国务院关于进一步推进户籍制度改革的意见》	统筹户籍制度改革和相关经济社会领域改革,合理引导农业人口有序向城镇转移,有序推进农业转移人口市民化
	2015	《中共中央关于制定国民经济和社会发展第十三个五年规划的建议》	提出深化户籍制度改革,促进有能力在城镇稳定就业和生活的农业转移人口举家进城落户,并与城镇居民有同等权利和义务
	2015	中央城市工作会议	要推进规划、建设、管理、户籍等方面的改革,以主体功能区规划为基础统筹各类空间性规划,推进"多规合一"。要深化城市管理体制改革,确定管理范围、权力清单、责任主体。推进城镇化要把促进有能力在城镇稳定就业和生活的常住人口有序实现市民化作为首要任务。要加强对农业转移人口市民化的战略研究,统筹推进土地、财政、教育、就业、医疗、养老、住房保障等领域配套改革
	2016	《国务院关于深入推进新型城镇化建设的若干意见》(国发〔2016〕8号)	围绕加快提高户籍人口城镇化率,深化户籍制度改革,促进有能力在城镇稳定就业和生活的农业转移人口举家进城落户,并与城镇居民享有同等权利、履行同等义务。全面实行居住证制度。推进居住证制度覆盖全部未落户城镇常住人口
	2016	《国务院办公厅印发推动1亿非户籍人口在城市落户方案的通知》(国办发〔2016〕72号)	从全面放开放宽重点群体落户限制、调整超大和特大以及大中城市落户政策等方面进一步拓展落户通道;从对农业转移人口市民化的财政支持、进城落户农民"三权"维护及其住房、基本医疗保险政策和城镇养老保险政策等方面制定和实施配套政策

续表

	年份	文件名称/会议	主要内容
改革开放后	2019	《中共中央、国务院关于建立健全城乡融合发展体制机制和政策体系的意见》	有力有序有效深化户籍制度改革，放开放宽除个别超大城市外的城市落户限制。建立健全由政府、企业、个人共同参与的农业转移人口市民化成本分担机制，全面落实支持农业转移人口市民化的财政政策、城镇建设用地增加规模与吸纳农业转移人口落户数量挂钩，以及中央预算内投资安排向吸纳农业转移人口落户数量较多的城镇倾斜政策
	2019	中共中央办公厅、国务院办公厅印发《关于促进劳动力和人才社会性流动体制机制改革的意见》	提出以户籍制度和公共服务牵引区域流动。全面取消城区常住人口300万以下的城市落户限制，全面放宽城区常住人口300万至500万的大城市落户条件。完善城区常住人口500万以上的超大特大城市积分落户政策，精简积分项目，确保社会保险缴纳年限和居住年限分数占主要比例。推进基本公共服务均等化，常住人口享有与户籍人口同等的教育、就业创业、社会保险、医疗卫生、住房保障等基本公共服务

资料来源：笔者根据相关资料整理。

由表3-2可知，我国城镇化规划建设政策主要包括国土布局相关的整体性规划政策、土地利用相关政策、城市规划建设相关政策等，这些整体规划政策和专项规划政策构成了我国城镇化新型城镇化过程中国土和城市规划以及土地利用的政策保障。新型城镇化发展离不开不同时期经济发展政策的支撑作用，如表3-3所示，不同时期中央经济工作会议、历届"人大会议"、历届"党大会议"等均在不同程度上提出了支持城镇化、新型城镇化发展的经济政策。无论是城镇化建设，还是新型城镇化建设，都离不开生态文明建设与保护，因而改革开放以来我国不同时期生态文化建设政策也直接支持和影响着城镇化和新型城镇化的推进步伐。如表3-4所示，我国生态文明建设政策主要包括环境立法、环保政策、污染治理政策和文化资源保护与传承政策等，这些生态文化建设政策与法律法规是当前我国新型城镇化顺利推进的制度保障。

表3-2 我国城镇规划建设政策演变

	年份	文件名称/会议	主要内容
国土布局相关的整体性规划政策	1981	中央书记处第97次会议	提出"搞好我国的国土整治""要搞立法，搞规划"
	2007	党的十七大报告	提出加强国土规划，按照形成主体功能区的要求，完善区域政策，调整经济布局。遵循市场经济规律，突破行政区划界限，形成若干带动力强、联系紧密的经济圈和经济带
	2010	《国务院关于印发全国主体功能区规划的通知》国发〔2010〕46号	规定了我国国土优化开发、重点开发、限制开发和禁止开发区域的明确范围，确定了"两横三纵"城镇化发展主体格局，该规划也成为我国进行国土开发和城镇规划的基础性和约束性规划

第三章 新型城镇化背景下文化产业与旅游产业融合的进程

续表

	年份	文件名称/会议	主要内容
国土布局相关的整体性规划政策	2014	中央经济工作会议	要继续深入实施区域发展总体战略，完善并创新区域政策，缩小政策单元，重视跨区域、次区域规划，提高区域政策精准性，按照市场经济一般规律制定政策。坚定不移实施主体功能区制度，使自然条件不同区域按照主体功能区定位推动发展
	2014	中共中央、国务院印发《国家新型城镇化规划(2014—2020年)》	明确了未来城镇化的发展路径、主要目标和战略任务，统筹相关领域制度和政策创新，是指导全国城镇化健康发展的宏观性、战略性、基础性规划
	2015	《政府工作报告》	对"四大板块"和"三个支撑带"发展进行了科学谋划
	2017	全国国土规划纲要（2016—2030年）	对国土空间开发、资源环境保护、国土综合整治和保障体系建设等作出总体部署与统筹安排，对涉及国土空间开发、保护、整治的各类活动具有指导和管控作用。构建"五类三级"国土全域保护格局、推进形成"四区一带"国土综合整治格局
	2021	《中华人民共和国国民经济和社会发展第十四个五年规划和2035年远景目标纲要》	第八篇专门阐述了"完善新型城镇化战略、提升城镇化发展质量"，主要从加快农业转移人口市民化、完善城镇化空间布局、全面提升城市品质等方面重点推进，坚持走中国特色新型城镇化道路，深入推进以人为核心的新型城镇化战略，以城市群、都市圈为依托促进大中小城市和小城镇化协调联动、特色化发展，使更多人民群众享有更高品质的城市生活
	2022	《国家发展改革委关于印发"十四五"新型城镇化实施方案的通知》（发改规划〔2022〕960号）	明确了"十四五"时期新型城镇化的指导思想、工作原则、主要目标，并从加快农业转移人口市民化、优化城镇化空间布局和形态、推进新型城市建设、提升城市治理水平、推进城乡融合发展等方面提出了具体的实施方案
土地利用相关政策	1986	《中华人民共和国土地管理法》	明确提出了"各级人民政府编制土地利用总体规划经上级人民政府批准执行"的要求
	1997	《关于进一步加强土地管理切实保护耕地的通知》	将耕地保护摆在重要的位置，要求"保持耕地总量动态平衡"，并开始实行土地用途管制制度，在具体实施过程中对于建设用地则采取了指标控制、占补平衡、增减挂钩等多种调控手段，以实现保护耕地和满足建设用地需要的双重目标
	1998	《中华人民共和国土地管理法（修订）》	
	2008	《全国土地利用总体规划纲要（2006~2020年）》	对新时期的土地利用做了较为系统的部署，提出要"坚持节约资源和保护环境的基本国策，坚持系统保护耕地和节约集约用地的根本指导方针，实行最严格的土地管理制度"
	2014	《国家新型城镇化规划（2014~2020年）》	提出了"实行最严格的耕地保护制度和集约节约用地制度"的总体要求，并对城镇用地规模结构调控、节约集约用地制度、深化征地制度改革做了部署规划

— 49 —

续表

	年份	文件名称/会议	主要内容
土地利用相关政策	2014	《节约集约利用土地规定》（国土资源部）	提出了"实施建设用地总量控制和减量化战略"的战略目标，努力实现全国新增建设用地规模逐渐减少，并要求将土地节约集约利用纳入地方经济社会发展总体框架和考核评价体系
	2014	《关于进一步做好永久基本农田划定工作的通知》（国土资源部和农业部）	做好永久基本农田划定工作，结合划定城市开发边界、生态保护红线，引导各地走串联式、组团式、卫星城式的新型城镇化发展之路，逐步形成合理的空间开发格局，科学控制城镇规模，推进耕地保护和节约集约用地
城市规划建设相关政策	1952	第一次城市建设座谈会	城市建设要根据国家的长期计划，分别在不同城市，有计划有步骤地进行新建或改建，加强规划设计工作，加强统一领导，克服盲目性，以适应大规模经济建设的需要。会议决定：从中央到地方建立健全城市建设管理机构，统一管理城市建设工作：①在中央成立城市建设局；②各大区由大区财委（计委）基本建设处管理城市建设工作；③要求各城市建立健全城市建设机构；④在39个重点城市成立建设委员会
	1954	第一次城市建设会议	提出城市建设的物质基础主要是工业，城市建设的速度必须由工业建设的速度来决定，认为城市建设必须集中力量，确保国家工业建设的中心项目所在重点工业城市的建设，以保证这些工业建设的顺利完成
	1958	第一次城市规划工作座谈会	是建工部组织的第一次以"城市规划"为主题的全国性座谈会，提出"应当普遍开展以大、中城市、工矿区、专区所在地为中心的规划工作"，"在大城市周围发展卫星城镇"，"新的大、中城市，必须按照社会主义的原则进行规划"
	1960	第二次全国城市规划工作座谈会	提出了用10~15年把我国城市基本建成社会主义现代化新城市的"大跃进"主张，并明确要求城市规划要体现工、农、兵、学、商五位一体，按照城市人民公社的组织形式和发展前途来编制城市规划
	1963	第二次城市工作会议	明确做好城市工作九个方面的基本要求，即进一步做好工业的调整工作、努力做好商业工作、大力发展城市郊区的农业生产、加强房屋和其他市政设施的维修、积极开展计划生育、妥善安置城市需要就业的劳动力、试办职业教育、加强城市的管理工作
	1978	第三次城市工作会议	明确了"控制大城市规模，多搞小城镇"的建设方针，决定从1979年起从工商利润中提成5%作为城市维护和建设资金，城市规划工作得到突出强调
	1980	全国城市规划工作会议	确定了"控制大城市规模、合理发展中等城市、积极发展小城市"的城市发展基本方针
	1984	《城市规划条例》	对城市规划的任务、原则和规划的编制、审批、实施管理都作了规定

第三章
新型城镇化背景下文化产业与旅游产业融合的进程

续表

	年份	文件名称/会议	主要内容
城市规划建设相关政策	1989	《中华人民共和国城市规划法》	这是我国第一部有关城市规划、建设和管理方面的法律，明确提出了"国家实行严格控制大城市规模，合理发展中等城市和小城市的方针，促进生产力和人口的合理布局"的城市建设理念
	2007	《中华人民共和国城乡规划法》	将城市规划扩展为城乡规划，为促进城乡经济社会全面协调可持续发展起到了重大的指导规范作用
	2014	中共中央、国务院印发《国家新型城镇化规划（2014~2020年）》	明确了以"以城市群为主题形态，推动大中小城市和小城镇协调发展"为主要指导思想
	2015	《政府工作报告》	提出了"制定实施城市群规划、有序推进基础设施和基本公共服务同城化"的工作部署
	2015	中央城市工作会议	尊重城市发展规律；统筹空间、规模、产业三大结构，提高城市工作全局性；统筹规划、建设、管理三大环节，提高城市工作的系统性；统筹改革、科技、文化三大动力，提高城市发展持续性；统筹生产、生活、生态三大布局，提高城市发展的宜居性；统筹政府、社会、市民三大主体，提高各方推动城市发展的积极性
	2022	住房和城乡建设部、国家发展改革委关于印发《"十四五"全国城市基础设施建设规划》的通知	提出了"十四五"时期城市基础设施建设的主要目标、重点任务、重大行动和保障措施。其中，重点任务包括：推进城市基础设施体系化建设，增强城市安全韧性能力；推动城市基础设施共建共享，促进区域与城乡协调发展新格局；完善城市生态基础设施体系，推动城市绿色低碳发展；加快发展新型城市基础设施建设，推进城市智慧化转型发展
	2023	自然资源部办公厅关于印发《支持城市更新的规划与土地政策指引（2023版）》的通知	发挥"多规合一"的改革优势，加强规划与土地政策融合，提高城市规划、建设、治理水平，支持城市更新，营造宜居韧性智慧城市。明确支持城市更新规划与土地政策的总体目标、基本原则，将城市更新要求融入国土空间规划体系，并针对城市更新特点，改进国土空间规划方法

资料来源：笔者根据相关资料整理。

表3-3 我国经济发展支撑政策演变

年份	文件名称/会议	主要内容
1961	广州中央工作会议	会议讨论并通过了"农业六十条"（草案），标志着中共中央下决心大幅度调整农村政策，由此农村形势逐步好转
1964	第三届人大一次会议	提出了农业、工业、国防和科学技术"四个现代化"的战略目标
1979	党的十一届四中全会	提出了"农业现代化"发展的目标，并要求"有计划地发展小城镇建设和加强城市对农村的支援"

续表

年份	文件名称/会议	主要内容
1994	"国家经济信息化联席会议"第三次会议	提出建设金农工程,目的是加速和推进农业和农村信息化,建立"农业综合管理和服务信息系统"
2002	党的十六大	提出以信息化带动工业化、以工业化促进信息化的新型工业化的建设目标,信息化和工业化的结合更加紧密
2004	中央经济工作会议	提出我国总体上进入了"以工促农、以城带乡"的发展阶段,将工业化、城镇化和农业现代化发展协调提到了战略高度
2008	党的十七届三中全会	将"工业反哺农业、城市支持农村、多予少取放活"作为推进农业现代化、建设社会主义新农村的主要实现途径
2010	党的十七届五中全会	明确将"工业化和城镇化深入发展中同步推进农业现代化"作为"十二五"时期的一项重大任务
2012	党的十八大	明确提出了"促进工业化、信息化、城镇化、农业现代化同步发展"的要求
2014	中共中央、国务院印发《国家新型城镇化规划（2014~2020年）》	对城镇化的产业支撑做了系统部署；要求推进智慧城市建设,提出了"促进城镇化和新农村建设协调推进"的指导思想

资料来源：笔者根据相关资料整理。

表3-4　我国生态文明建设政策演进

	年份	文件名称/会议	主要内容
环境立法方面	1979	《中华人民共和国环境保护法（试行）》	为环境法制开辟了道路,标志着我国环境保护开始步入依法管理的轨道
	1989	《中华人民共和国环境保护法》	说明我国环境保护正式步入法制化轨道,首开我国制定环境保护法律先河
	2014	《中华人民共和国环境保护法（修订）》	将"环境保护"上升为国家的基本国策,并明确了"保护优先、预防为主、综合治理、公众参与、污染者担责"的环境保护基本原则
	2015	《中共中央、国务院关于加快推进生态文明建设的意见》	提出了"资源消耗上限""环境质量底线""生态保护红线"的资源、环境、生态红线管控制度；建立生态补偿制度,通过纵向和横向补偿两个维度让生态保护者得到合理补偿
环保政策方面	1983	第二次全国环境保护会议	将环境保护确定为我国的基本国策
	1984	《关于环境保护工作的决定》	确定将环境保护纳入国民经济和社会发展计划
	1989	第三次全国环境保护会议	确定了环保目标责任制、城市环境综合整治定量考核、排污许可证、环评制度等一系列环境管理的基本制度

第三章 新型城镇化背景下文化产业与旅游产业融合的进程

续表

	年份	文件名称/会议	主要内容
环保政策方面	1996	第四次全国环境保护会议	大力推进"一控双达标"工作,并全面开展了水、空气等污染治理的"33211"工程已经退耕还林、退耕还草、保护天然林等生态修复和保护工程
	1998	《全国生态环境建设规划》	对我国生态环境建设做出了长期、全面的战略部署
	2005	党的十六届五中全会	明确提出要"加快建设资源节约型、环境友好型社会,促进经济发展与人口、资源、环境相协调"
	2007	党的十七大	强调要"把建设资源节约型、环境友好型社会放在工业化、现代化发展战略的突出位置",并提出了"建设生态文明"的口号
	2012	党的十八大	提出了"全面落实经济建设、政治建设、文化建设、社会建设、生态文明建设五位一体总体布局"的要求
	2015	《国务院办公厅关于推进海绵城市建设的指导意见》	提出"要通过海绵城市建设,综合采取渗、滞、蓄、净、用、排等措施,最大限度减少城市开发建设对生态环境的影响,将70%的降雨就地消纳和利用,提高新型城镇化质量,促进人与自然和谐发展"
	2015	中央城市工作会议	明确要求"城市建设要以自然为美,把好山、好水、好风光融入城市"
	2015	《中华人民共和国国民经济和社会发展第十三个五年规划纲要》	提出"要根据资源环境承载力调节城市规模,依托山水地貌优化城市形态和功能,实行绿色规划、设计、施工标准"
	2021	《中华人民共和国国民经济和社会发展第十四个五年规划和2023年远景目标纲要》	从完善生态安全屏障体系、构建自然保护地体系、健全生态保护补偿机制等方面提升生态系统质量和稳定性;从深入开展污染防治行动、全面提升环境基础设施水平、严密防控环境风险、积极应对气候变化、健全现代环境治理体系等方面持续改善环境质量;从全面提高资源利用率、构建资源循环利用体系、大力发展绿色经济、构建绿色发展政策体系等方面加快发展方式绿色转型
污染治理方面	2013	《大气污染防治行动计划》	计划到2017年,全国低级及以上城市可吸入颗粒物浓度比2012年下降10%以上,其中京津冀、长三角、珠三角等重点区域的细颗粒物浓度分别下降25%、20%、15%左右,使我国空气质量整体得到较大改观

续表

年份	文件名称/会议	主要内容
2013	中央城镇化工作会议	明确提出"要传承文化,发展有历史记忆、地狱特色、民族特点的美丽城镇;要保护和弘扬传统优秀文化,延续城市历史文脉"
2014	中共中央、国务院印发《国家新型城镇化规划(2014~2020年)》	明确提出了在旧城改造中保护历史文化遗产、民族文化风格和传统风貌,在新城区建设中融入传统文化元素,与原有城市的自然人文特征相协调,加强历史文化名城名镇、历史文化街区、民族风情小镇文化资源挖掘和文化生态的整体保护
2017 (文化传承方面)	《中共中央办公厅、国务院办公厅关于实施中华优秀传统文化传承发展工程的意见》	一方面,保护传承文化遗产。坚持保护为主、抢救第一、合理利用、加强管理的方针,做好文物保护工作,抢救保护濒危文物,实施馆藏文物修复计划,加强新型城镇化和新农村建设中的文物保护。加强历史文化名城名镇名村、历史文化街区、名人故居保护和城市特色风貌管理,实施中国传统村落保护工程,做好传统民居、历史建筑、革命文化纪念地、农业遗产、工业遗产保护工作。规划建设一批国家文化公园,成为中华文化重要标识。另一方面,融入生产生活。深入挖掘城市历史文化价值,提炼精选一批凸显文化特色的经典性元素和标志性符号,纳入城镇化建设、城市规划设计,合理应用于城市雕塑、广场园林等公共空间,避免千篇一律、千城一面。挖掘整理传统建筑文化,鼓励建筑设计继承创新,推进城市修补、生态修复工作,延续城市文脉。加强"美丽乡村"文化建设,发掘和保护一批处处有历史、步步有文化的小镇和村庄。大力发展文化旅游,充分利用历史文化资源优势,规划设计推出一批专题研学旅游线路,引导游客在文化旅游中感知中华文化
2024	国家发展改革委等部门关于修订印发《文化保护传承利用工程实施方案》的通知	历史文化名城和街区等保护提升。支持历史文化名城、名镇、名村和街区内部历史建筑及公有建筑修缮及抗震加固、传统街巷立面路面整治改造、配套基础设施和公共服务设施建设、消防安防设施建设、数字化展示利用设施建设等整体性保护利用。支持依托历史文化街区建设公共文化设施,完善配套基础设施和必要的公共服务设施。支持在有条件的地方改造利用历史建筑、既有建筑建设非物质文化遗产传承展示设施,包括公益性展演剧场、生产传习用房、技艺展示厅等

资料来源:中华人民共和国中央人民政府门户网站,http://www.gov.cn/;《中国新型城镇化健康发展报告(2016)》。

伴随着人口转移市民化,城镇化的发展涉及转移户口、就业保障、子女教育、城市发展规划等多方面的问题。改革开放前,我国城镇化进程有着显著的城乡二元结构特征,且农民工就业与 Piore(1979)的二元劳动力市场理论①具有较

---

① Piore 认为,一级劳动力市场以资本密集型企业为主,就业者主要是城镇居民,提供的是高工资、高福利、环境舒适、稳定的就业岗位;二级劳动力市场以劳动密集型企业为主,需要的是非熟练的员工,报酬低、稳定性差、社会地位不高,很难吸引城镇本地劳动力,具有对农村外来劳动力的内在需求。

高的匹配度，许多相关政策都是以限制人口流动为主，而在改革开放后，社会经济进步，政策逐渐放宽，人口流动逐渐增多，虽然一开始农村还是主要为城市发展服务，但是随着城镇化水平的提高，各种发展中的问题接踵而至，越来越严重的城市病、贫富差距的不断扩大、农村经济水平落户等。为此，我国城镇化政策发生了巨大转变，不再认为农村只是城市发展的附属，不再只注重城市的发展，而是注重农村与城市的协调发展，正如党的十九大报告提出，要实施乡村振兴战略，建立健全城乡融合发展体制机制和政策体系，加快推进农业农村现代化，乡村的发展同样被提升为战略性的高度，"三农"问题被作为全党工作的重中之重，农村一二三产业的融合发展已逐渐深入并成为农民增收的重要渠道，农民创新创业现象不断增多。我国城镇化从一开始的城乡二元结构走上了城乡一体化的道路。表3-1、表3-2、表3-3、表3-4所示的政策文件也表明，我国新型城镇化支持政策是促进城乡二元结构各城乡一体化的重要制度保障，无论是新型城镇化战略的推进，还是乡村振兴战略的提出，其本质目标具有一致性，即通过两大战略的协同推进，达到新型城镇化与乡村振兴的"双轮驱动"（宋芳晓，2022），以实现中国式现代化。通过梳理上述关于城镇化、城市化与新型城镇化相关政策文件不难发现，我们新型城镇化相关政策主要包括户籍制度改革政策、城镇规划建设政策、城市规划建设政策、生态文明建设政策，以及经济发展相关支撑政策等，其政策内容涉及户籍制度改革、国土空间规划、土地优化利用、城市规划与建设、城镇化产业支撑、环境保护、文化保护与传承等。由此可见，我国新型城镇化政策是一个内容丰富、涵盖行业部门广泛的制度与政策体系，其政策演化具有自上而下的强制性变迁与自下而上的诱致性变迁相结合的制度变迁特征。此外，从传统城镇化到新型城镇化，以及与之相伴随的城市化发展来看，我国新型城镇化相关政策变迁还存在较强的路径依赖性。

第二节　新型城镇化过程的阶段性分析

参考武力（2002）、左雯敏等（2017）、李刘艳和邓金钱（2024）等相关研究，本书把新中国成立以来城镇化发展分为三个阶段：城镇化探索发展阶段（1949~1977年）、城镇化快速发展阶段（1978~2011年）、新型城镇化提质发展阶段（2012年至今）。城镇化探索发展阶段是在改革开放之前，处于传统计划经济体制下，主要是由政府的行政命令来推动城镇化发展，明确优先发展重工业，并注意控制大城市规模。后面两个阶段发生在改革开放之后,随着改革开放的不断推进,我国经济体制逐渐转变,市场机制的作用不断增强,政府逐步放松经济管制、产业结构不断调整优化,城镇化政策及相关策略也在发生变化,并且城乡结构变化开始呈现新的特征。

一、城镇化探索发展阶段（1949~1977年）

1949年新中国成立之初,全国经济发展处于"一穷二白"的境地,百废待兴、困难重重。当时城镇化水平只有10.64%,在经历三年恢复和"一五"时期平稳发展、"大跃进"时期的大起大落,以及调整时期、"文革"、"三线"建设的停滞发展等阶段后,直到1978年我国城镇化水平才提升至17.92%,城市数量由132个增至193个（刘勇,2011）。

从以上变化趋势可见,本阶段我国城镇化进程呈现曲折、反复上升的特征,具有较强的政治命令色彩,这与我国当时实施的计划经济体制下政府主导的城镇化模式有关（李刘艳和邓金钱,2024）,同时其经济发展目标不清晰且经济建设没有得到足够的重视,因此城镇化发展的目标与方向也尚未明确,其重要性尚未受到足够重视。但这一阶段是我国城镇化发展的重要时期,形成了我国独有的城乡二元经济社会结构,为我国之后的城乡发展、城镇化进程奠定了二元经济社会结构基础。

二、城镇化快速发展阶段（1978~2011年）

党的十一届三中全会的召开标志着我国步入了改革开放的新征程。这一阶段的城镇化演化特征是从"就地"城镇化到"异地"城镇化,即从"离土不离乡,进厂不进城"的城镇化到"离土又离乡,进厂又进城"的城镇化。我们可以借助"S"形规律来分析该阶段我国城镇化的快速推进过程。20世纪70年代初,联合国公布的《城乡人口预测方法》从理论及实证两个层面对城市化水平与时间的关系做了形象的论证,得出"S"形规律。如图3-1所示。

即在城乡人口增长率不变的前提下,城市化水平随着时间的推移而形成一条向右上方倾斜的曲线,大致呈"S"形,且其值介于0~1。在此条曲线上有两处拐点,分别在城市化水平值0.25~0.30处和0.60~0.70处,而这两个拐点将曲线分成三部分：第一部分（第一个拐点前）,城市化水平开始起步；第三部分（第二个拐点后）,城市化水平趋于稳定；两个拐点之间则为第二部分,该部分有着如下惊人特点：城市化的速度很快,但是城市化的增长是呈减速的,即城市

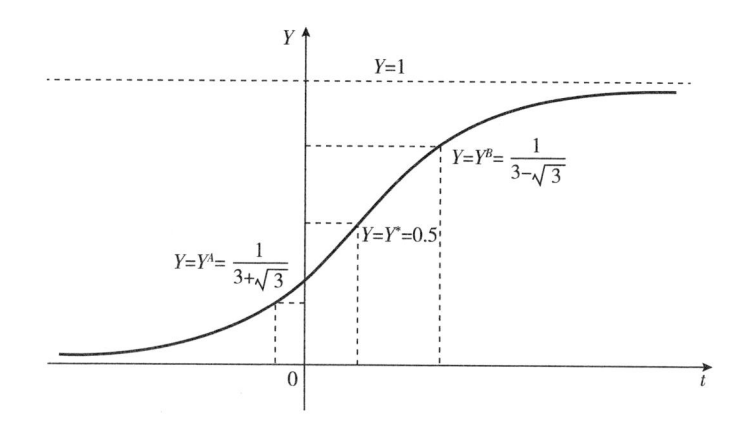

图 3-1　基于联合国《城乡人口预测方法》的城市化水平曲线（"S"形曲线）

化的增长速度（加速度）是不断下降的。中国改革开放以来的城市化发展，是对这一规律普遍性的良好印证。

1. 离土不离乡，进厂不进城（1979~1995 年）

1979 年，中国总人口为 9.7542 亿，到 1995 年则达到了 12.1121 亿，城镇人口由 1.8495 亿上升到 3.5174 亿，年均增加 1042 万人；与此同时，城镇化率也从 1979 年的 18.96% 逐渐提升到 1995 年的 29.04%，平均每年提高 0.63 个百分点[①]。城市数量也在不断增加，由 213 个增加到 637 个，建制镇数量从 2361 个增加到 17532 个。

20 世纪 80 年代，国家对进城务工稍微放开了一些，大量农村剩余劳动力涌入城市，并呈逐年增加的态势，我国进入了城乡体制转型改革的萌芽阶段。当然，之所以出现大量农村富余劳动力进城务工，这与当时农村经济体制改革密不可分。在某种程度上可以说，农村经济体制改革为城镇化纵深推进提供了物质基础和精神动力。一方面，家庭联产承包责任制提高了农业生产力，为商品经济提供了物质基础（李刘艳和邓金钱，2024）；另一方面，农村体制改革激发了农民的劳动积极性，剩余劳动力显性化（李刘艳和吴丰华，2017）。进城农民工的不断增加，给城市承载力带来了巨大的压力。1980 年，国务院批转的《全国城市规划工作会议纪要》提出城镇化发展指导方针，即"控制大城市规模、合理发展中等城市、积极发展小城市"。在这一方针引导下，我国政府调整了市镇建制，推动了城镇化进程。1984 年，党的十二届三中全会通过了《中共中央关于经济

---

① 数据来自国家统计局官方网站。

体制改革的决定》,我国发展重心从农村移回到城市;1989 年,我国颁布了《中华人民共和国城市规划法》,明确提出"严格控制大城市规模、合理发展中等城市和小城市",这促进了小城市和建制镇的迅速发展,建制镇由 1984 年的 7186 个增加到 1992 年的 14539 个,城镇人口由 2.4017 亿迅速增长至 3.2175 亿,城镇化率由 23.01% 提升到 27.47%,年均增长了 0.56 个百分点[①]。1992 年,我国确立了市场经济的目标后,乡镇企业迎来了一个新的发展时期。在政府的引导下,在市场改革、户籍管理制度逐渐放宽、更好的利民政策不断出台的背景下,乡镇企业不断崛起,以城市制造业为代表的各行各业突飞猛进,急需大量劳动力,而农村剩余劳动力刚好弥补了这一缺口,于是带有典型中国特色的"离土不离乡,进厂不进城"的模式推动着城镇化发展进程。

2. 离土又离乡,进厂又进城(1996~2011 年)

1996~2011 年,中国总量人口由 12.2389 亿增加到 13.4916 亿,城镇人口由 3.7304 亿增加到 6.9927 亿,城镇人口年均增速远远快于总人口的年均增速[②]。2011 年末,中国城镇人口占总人口的比例首次超过了 50%,达到了 51.83%。与此同时,1998~2008 年,特大城市(200 万人以上)的人口数量增加了 1 倍多,大城市(人口在 100 万至 200 万)的人口数量和中等城市(人口在 50 万至 100 万)的人口数量增幅达到三成到四成。

这一时期,我国制定和实施了城镇经发展战略及其相关政策,这在客观上也加快了城镇化发展步伐。1997 年,我国制定了城镇化发展战略;1998 年,党的十五届三中全会通过的《中共中央关于农业和农村工作若干重大问题的决定》指出,"发展小城镇,是带动农村经济和社会发展的一个大战略";2000 年,国务院通过了《关于促进小城镇健康发展的若干意见》,明确指出了小城镇发展的十个重要问题,为小城镇持续健康发展指明了道路。在各级政府对城镇化重视和积极推动建设下,1997~2003 年,建制镇由 18925 个增加到了 20226 个,城镇人口由 3.94 亿迅速增长到 5.24 亿,城镇化率由 31.9% 提升至 40.5%,年均增长 1.44 个百分点,城镇化进程进一步加速,这也是新中国成立以来城镇化速度最快的时期,同时也导致我国城乡差距不断扩大,即 1997~2003 年,城乡收入比达到了 3.23。随着城镇化的不断发展,户籍制度的改革,农民进城阻碍逐渐变小,极大地鼓舞了农民向非农产业转移,中国城镇化进入"离土又离乡,进厂又进城"的新阶段。然而,城乡二元结构尚未被打破,但是农村剩余劳动力进入城

---

①② 数据来自国家统计局官方网站。

市也不再是盲目进行，城乡间的要素流动机制形成，巨大的城乡差距促使大量农村剩余劳动力向城镇转移。与此同时，农民进入城市所面临的问题也不断积累，且越发严重，从农村转移到城市的成本也不断上升，不仅涉及机会成本，还有包括进入城市的流迁费用与城市生存费用等的直接成本与其他成本。以上各种成本的叠加，给新生代农民工①带来了巨大的压力与挑战。

三、新型城镇化提质发展阶段（2012年至今）

1978年改革开放以来，中国经济发生了翻天覆地的变化，这在很大程度上得益于城镇化的推进以及城镇化水平的持续提高。我国GDP从1978年的3678.7亿元增加到2011年的483392.8亿元，再到2023年的1249990.6亿元，人均GDP也从1978年的385元增加到2011年的36277元，再到2023年的89358元，无论是总量GDP还是人均GDP均得以迅猛增长②。与之相伴随的是城镇化率的快速提升，即从1978年的17.9152%提升到2011年的51.83%，再提升到2023年的66.1623%③。随着国民经济快速增长以及城镇化率的持续提升，我国常住人口城镇化率和户籍城镇化率之间的差距不断拉大，这主要是受到了二元户籍制度及其内含的福利政策的影响，故农业转移人口市民化问题逐渐成为新型城镇化提质发展阶段的重点和难点。

需要特别说明的是，新型城镇化与过去的城镇化还是存在明显区别的。过去的城镇化存在明显的城乡二元结构特征，在很大程度上限制了人口流动，且将农村视为城市发展的服务者，而忽视了农村发展的重要性，存在以下三个方面的不可持续性：①主要依靠劳动力廉价供给的城镇化不可持续；②主要依靠粗放式的资源消耗增长不可持续；③均等化的公共服务压低成本的城镇化方式不可持续。新型城镇化是以人为核心的城镇化，是新型工业化、信息化、农业现代化的重要引擎，既是中国式现代化建设的重要内容，也是推进中国式现代化的必然选择（张占斌，2016）。

习近平总书记指出，城乡发展不协调不平衡，是我国经济社会发展存在的突出矛盾，是全面建成小康社会、加快推进社会主义现代化必须解决的重大问题。城乡一体化是新型城镇化发展的趋势所在，是破解城乡二元结构的重要利器，是保留村庄原始风貌、传承乡村文明、耕读文明的有效途径。2013年12月，

---

① 新生代农民工是指20世纪80年代以后，在异地以非农就业为主的农业户籍人口。
②③ 数据来自国家统计局官方网站。

习近平总书记在中央城镇化工作会议上提出,"城镇化是一个自然历史过程,基本原则主要有四条:一是以人为本;二是优化布局;三是生态文明;四是传承文化"。这为我国新型城镇化建设指明了前进的道路和方向。由此可见,新型城镇化是以人为本的城镇化,核心是人的城镇化。2014年3月,中共中央、国务院印发了《国家新型城镇化规划(2014~2020年)》,对我国走以人为本、四化同步、优化布局、生态文明、文化传承的中国特色新型城镇化道路,具有重要的宏观性、战略性指导意义。党的十八大以来,我国城乡一体化发展取得了阶段性成果。党的十九大报告明确提出,"实施乡村振兴战略""建立健全城乡融合发展的体制机制和政策体系"。城乡一体化、城乡融合是城镇化发展不可逆转的趋势,新型城镇化必走之路,而县域经济的发展是今后推进城镇化发展的主要方向,如何利用其专用性资源,发展经济,实现区域发展及群体带动,走可持续发展道路,是新型城镇化将要不断动态解决的问题。党的二十大报告指出:"深入实施区域协调发展战略、区域重大战略、主体功能区战略、新型城镇化战略,优化重大生产力布局,构建优势互补、高质量发展的区域经济布局和国土空间体系。""推进以人为核心的新型城镇化,加快农业转移人口市民化。以城市群、都市圈为依托构建大中小城市协调发展格局,推进以县城为重要载体的城镇化建设。"

由此可见,2012年以来为新型城镇化提质发展阶段,我国新型城镇化正式从过去数量扩张型发展模式转向了质量提升型发展模式,突出了"以人为核心"的新发展理念和内涵本质。围绕以人为核心的新型城镇化,政府在推行户籍制度改革、城市基础设施投融资体制改革、农村产权制度改革等方面扎实推进,这一阶段的新型城镇化建设取得了显著成效。不仅户籍制度改革取得了历史性突破,取消了非农户口和农业户口的差别,而且显著增加了新移民的城镇就业机会,充分给予其平等的公共服务和公共事务权益(李刘艳和邓金钱,2024)。

第三节 新型城镇化与文化旅游产业融合过程的政策分析

党的十八大报告提出,"要推进经济结构战略性调整,必须以改善需求结构、优化产业结构、促进区域协调发展、推进城镇化为重点,着力解决制约经济持续健康发展的重大结构性问题",这凸显了城镇化在经济发展与结构调整中的重要作用。而作为经济增长的重要突破口,新型城镇化在全面建设小康社会中扮演着尤为关键的角色。2014年3月,中共中央、国务院印发了《国家新型城镇化规划(2014—2020年)》(以下简称《规划》),《规划》根据党的十八大报告、《中共中央关于全面深化改革若干重大问题的决定》、中央城镇化工作会议精神、《中华人民共和国国民经济和社会发展第十二个五年规划纲要》和《全国主体功能区规划》编制而成,共分为规划背景、指导思想和发展目标、有序推进农业转移人口市民化、优化城镇化布局和形态、提高城市可持续发展能力、推动城乡发展一体化、改革完善城镇化发展体制机制、规划实施8篇,其按照走中国特色新型城镇化道路、全面提高城镇化质量的新要求,明确了未来城镇化的发展路径、主要目标和战略任务,统筹相关领域制度和政策创新,是指导全国城镇化健康发展的宏观性、战略性、基础性规划,其主要指导思想是"以城市群为主题形态,推动大中小城市和小城镇协调发展"。

一、新型城镇化与旅游产业融合过程的政策分析

党的十八大以来,我国新型城镇化取得了较大的发展与成就,这与新型城镇化与旅游产业等融合发展密不可分,产镇融合是我国新型城镇化不断走向成功的关键路径选择。如图3-2所示,新型城镇化与旅游产业的发展关系密切,两者可以通过相关政策实现微观层面和宏观层面的全方位融合。例如,《规划》指出要"有重点地发展小城镇",即按照控制数量、提高质量,节约用地、体现特色的要求,推动小城镇发展与疏解大城市中心城区功能相结合、与特色产业发展相结合、与服务"三农"相结合。大城市周边的重点镇,要加强与城市发展的统筹规划与功能配套,逐步发展成为卫星城。具有特色资源、区位优势的小城镇,要通过规划引导、市场运作,培育成为文化旅游、商贸物流、资源加工、交通枢纽等专业特色镇。远离中心城市的小城镇和林场、农场等,要完善基础设施和公共服务,发展成为服务农村、带动周边的综合性小城镇。对吸纳人口多、经济实力强的镇,可赋予同人口和经济规模相适应的管理权。这对于具有区域特色与旅游资源的小城镇来说,无疑是一个促进经济发展及旅游产业发展的有效途径,新型城镇化为这种小城镇的发展提供了条件与保障,不仅包括资金的支持,还有公共服务设施建设等方面的支持,为小城镇旅游产业的发展搭建了较好的平台,而旅游业作为现代服务业的一种,小城镇旅游产业的发展,同时必将推动其经济增长,进而带动经济发展,反过来又有利于循序渐进地推动新型城镇化高质量发展。2014年,国务院印发的《关于促进旅游业改革发展的若干意见》明确提出,"坚持融合发展,推动旅游业发展与新型工业化、信息化、城镇化和农业现代化

相结合，实现经济效益、社会效益和生态效益相统一"；2016年印发的《"十三五"旅游业发展规划》提出，实施"旅游+"战略，推动旅游与城镇化、新型工业化、农业现代化和现代服务业的融合发展，拓展旅游发展新领域。具体而言：其一，指出"旅游+城镇化"，即完善城市旅游基础设施和公共服务设施，支持大型旅游综合体、主题功能区、中央游憩区等建设；其二，发展城市绿道、骑行公园、慢行系统，拓展城市运动休闲空间；其三，加强规划引导和规范管理，推动主题公园创新发展；其四，建设一批旅游风情小镇和特色景观名镇。由此可见，旅游业与新型城镇化融合发展，无疑为新型城镇化顺利推进提供了切实可行的方法与途径，二者相辅相成、携手共进。

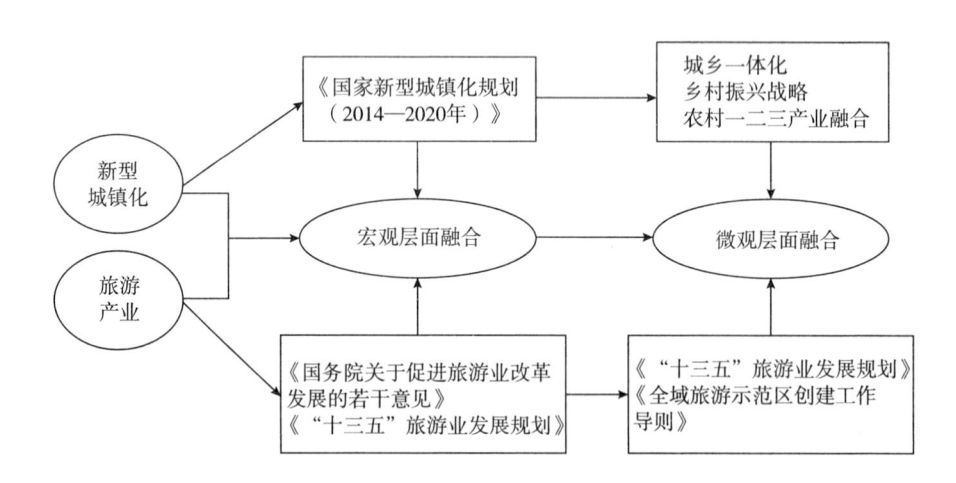

图3-2 政策引领下的新型城镇化与旅游产业融合发展过程

城乡统筹与城乡一体化是我国新型城镇化的显著特征，这与旅游产业也有着千丝万缕的联系。习近平总书记对城乡一体化进行过多次论述，如在2013年11月召开的党的十八届三中全会上，习近平总书记指出，我国经济社会发展存在着城乡发展不平衡不协调的突出矛盾，这也是全面建成小康社会、加快推进社会主义现代化必须解决的重大问题；改革开放以来，我国农村面貌发生了翻天覆地的变化，但是城乡二元结构没有根本改变，城乡发展差距不断拉大趋势没有根本扭转，要解决以上根本问题，习近平总书记强调必须推进城乡发展一体化。2013年12月，习近平总书记在中央城镇化工作会议上强调："乡村文明是中华文明史的主体，村庄是这种文明的载体，耕读文明是我们的软实力。城乡一体化的发展，完全可以保留村庄原始风貌，慎砍树、不填湖、少拆房，尽可能在原有村庄形态上改善居民生活条件。"这与2014年《国务院关于促进旅游业改革发展的若干意见》中提出的"大力发展乡村旅游"不谋而合，即依托当地区位条件、资源特色和市场需求，挖掘文化内涵，发挥生态优势，突出乡村特点，开发一批形式多样、特色鲜明的乡村旅游产品。推动乡村旅游与新型城镇化有机结合，合理利用民族村寨、古村古镇，发展有历史记忆、地域特色、民族特点的旅游小镇，建设一批特色景观旅游名镇名村。加强规划引导，提高组织化程度，规范乡村旅游开发建设，保持传统乡村风貌。旅游产业尤其是乡村旅游产业的发展，促进了县域经济、乡村经济的发展，为当地居民提供了更多的就业岗位及收入来源，有利于提高居民生活水平及收入水平，这对城乡一体化的发展具有很好的促进作用，为其提供了良好的产业基础。随着乡村旅游规模的扩大、影响力的提高，城乡一体化的进程必将不断加快，而这也有利于居民就地城镇化，农村剩余劳动力不再全部涌入特大城市、大城市等经济发达地区，实现了村域就业模式（冯娟，2014），真正达到人口城镇化，遵循以人为本的核心原则。同时，乡村文化、资源、环境等方面得到较好的保护，避免了"千村一面"的尴尬情形，特色的乡村旅游将更有吸引力，也是城乡一体化发展的有力武器。

乡村振兴战略重要决策还提出，建立健全城乡融合发展体制机制和政策体系，加快推进农业农村现代化。促进农村一二三产业融合发展，支持和鼓励农民就业创业，拓宽增收渠道。这是全面建设小康社会、全面建设社会主义现代化国家的关键。为深入贯彻落实党的十九大关于"促进农村一二三产业融合发展""构建农村一二三产业融合发展体系"的要求，2018年6月，农业农村部印发了《关于实施农村一二三产业融合发展推进行动的通知》，明确了"落实政策引导融合""创业创新促进融合""发展产业支撑融合""完善机制带动融合""加强服务推动融合"等目标任务。2016年，国务院发布的《"十三五"旅游业发展规划》提出，大力发展乡村休闲旅游产业。充分发挥乡村各类物质与非物质资源富集的独特优势，利用"旅游+""生态+"等模式，推进农业、林业与旅游、教育、文化、康养等产业深度融合。丰富乡村旅游业态和产品，打造各类主题乡村旅游目的地和精品线路，发展富有乡村特色的民宿和养生养老基地。鼓励农村集体经济组织创办乡村旅游合作社，或与社会资本联办乡村旅游企业。2017年，国家旅游局发布的《全域旅游示范区创建工作导则》明确提出"旅游+农业、林业和水利"。大力发展观光农业、休闲农业和现代农业庄园，鼓励发展田园艺术景观、阳台农艺等创意农业和具备旅游功能的定制农业、会展农业、众筹农业、家庭农场、家庭牧场等新型农业业态。因地制宜建设森林公园、湿地公园、沙漠公园，鼓励发展"森林人家""森林小镇"。鼓励水利设施建设融入旅游元素和标准，充分依托水域和水利工程，开发观光、游憩、休闲度假等水利旅游。旅游产业作为现代服务业，是第三产业的重要组成部分，并有着绿色环保的特征，发展乡村旅游，对于促进农村一二三产业的融合具有重要意义，有利于实现农村现代化，可以说以上关于乡村旅游的政策，如"旅游+农业"等，是城乡融合发展体制机制和政策体系的重要组成部分，新型城镇化与旅游产业的融合进一步走实走深，它不只停留在旅游产业与城镇化的相互发展这样的宏观层面，而是涉及乡村振兴、农村一二三产业融合、乡村休闲旅游产业、民宿、"旅游+农业、林业、水利"等微观层面。

随着新型城镇化及旅游产业融合发展实践的不断深化，很多地方政府也出台了相关政策。例如，张家界市在2018年4月发布了《张家界市全域旅游促进条例》，该条例在2018年2月28日张家界市第七届人民代表常务委员会第十一次会议上通过，3月30日湖南省第十三届人民代表大会常务委员会第三次会议批准，自2018年5月1日起实施。该条例指出："促进全域旅游，应当推进旅游与新型工业化、信息化、城镇化、农业现代化以及乡村振兴相结合，坚持政府引导、市场主导、企业主体、社会参与、行业自律、资源整合、产业融合的原则，实现本市全域旅游产业化、标准化、信息化、国际化。"这不仅与中央政策同步，还体现了地域特色，深刻体现了无论是中央层面还是地方层面，都意识到了新型城镇化与旅游产业具有不可分割的关系，要想推动城镇化的进程，发展旅游产业是其必不可少优化路径选择。由此可见，旅游产业发展不能仅仅停留在城市，如今已深入县域、乡村，这对促进新型城镇化高质量发展具有重要的现实意义。

二、新型城镇化与文化产业融合过程的政策分析

作为21世纪的新兴产业、黄金产业以及朝阳产业，文化产业具有绿色、低碳、环保等重要特征，是一个智慧型、创意型的现代产业。新型城镇化与传统城镇化相比有自己的特色，不再走城乡二元结构的老路，而是提倡城乡一体化，实现城乡融合发展、一体化发展以及互动化发展，"以人为本"是其重要核心。2014年3月16日，中共中央、国务院发布了《国家新型城镇化规划（2014—2020年）》，在第二篇第四章中明确提出：要坚持"生态文明，绿色低碳"的基本原则，强调走绿色发展、循环发展、低碳发展、集约发展的可持续道路。不难看出，文化产业与新型城镇化发展具有高度契合性，文化产业的特征符合新型城镇化对"绿色、低碳、环保、集约"的要求，因而文化产业与新型城镇化有与生俱来的联系，这决定了新型城镇化的发展离不开文化产业。一方面，文化产业

第三章
新型城镇化背景下文化产业与旅游产业融合的进程

的发展不是以牺牲乡村发展城市为代价，而是促进了"以人为核心"的新型城镇化的有效实现；另一方面，文化产业是创意性产业，必将为新型城镇化的发展带来创新，而创新要素不断积聚，使知识不断传播，增强新型城镇化的创新活力，从而实现传统产业有效升级与新兴产业的创新发展。

此外，《国家新型城镇化规划（2014—2020年）》明确指出，要坚持"文化传承，彰显特色。根据不同地区的自然历史文化禀赋，体现区域差异性，提倡形态多样性，防止千城一面，发展有历史记忆、文化脉络、地域风貌、民族特点的美丽城镇，形成符合实际，各具特色的城镇化发展模式"。"文化传承，彰显特色"是新型城镇化建设的七大原则基本之一，如何做到坚持这一原则，文化产业无疑是其最优选择，它可利用地方特色文化，将其通过有效途径转化为产业，如民俗文化产业化、工业遗址"文化+旅游"产业化等，从而促进城镇化发展。因为每个地方的文化不同，有鲜明的民族特色与区域特色，因而造就了不同的城镇化发展路径与模式，这就有效摆脱了千城一面的尴尬局面，真正做到"文化传承、彰显特色"。此外，文化产业应该且必须是新型城镇化进程的重要产业选择，它可以有效填补城镇化过程中存在的"产业空心"现象，还可以有效实现产城一体化，促进产业结构不断转型与优化。

早在2013年7月22日，习近平总书记在鄂州市长港镇峒山村考察城乡一体化时就明确指出："实现城乡一体化，建设美丽乡村，是要给乡亲们造福，不要把钱花在不必要的事情上，比如说'涂脂抹粉'，房子外面刷层白灰，一白遮百丑。不能大拆大建，特别是古村落要保护好。"可见，国家逐渐认识到文化资源对发展城乡一体化的重要性及独特性。古村落作为一种文化资源，很好地保留了传统文化风俗，是不可多得，且一旦毁灭就不能再生的文化资源，在保护好古村落的基础上，将其通过有效途径转化为文化产业，不仅有利于文化的传承与发扬，而且避免了城乡一体化的同质化现象；而产业的发展，同时也造福了当地村民。2013年12月15日召开的中央城镇化工作会议明确提出，"要传承文化，发展有历史记忆、地域特色、民族特点的美丽城镇；要保护和弘扬传统优秀文化，延续城市历史文脉"；习近平总书记在会议上发表的讲话中也提出"传承文化"是城镇化的四条基本原则之一。这为我国新型城镇化的建设指明了前进的方向，新型城镇化的发展需要传承文化，只有深厚的文化底蕴，才能增加新型城镇化的文化内涵，使其发展独具特色，从而在众多城镇建设中脱颖而出。

在新型城镇化建设的过程中关于文化的传承与发展存在许多问题，《新型城镇化规划（2014—2020年）》明确指出，"自然历史文化遗产保护不力，城乡建设缺乏特色。一些城市景观结构与所处区域的自然地理特征不协调，部分城市贪大求洋、照搬照抄，脱离实际建设国际大都市，'建设性'破坏不断蔓延，城市的自然和文化个性被破坏。一些农村地区大拆大建，照搬城市小区模式建设新农村，简单用城市元素与风格取代传统民居和田园风光，导致乡土特色和民俗文化流失"。由此可见，在很多城镇化建设过程中，由于只注重建设性，一味追求大都市建设，照搬其他城市甚至其他国家的建设风格，而丢失了自己的文化，失去了自我特色与灵魂，城镇化建设特色迷失，失去了文化个性，从而导致城镇个性化的消失，这无疑是当前很多城镇在进行新型城镇化建设过程中无法避免且常有的问题。因此，《新型城镇化规划（2014—2020年）》在第十八章第三节明确提出："注重人文城市建设。发掘城市文化资源，强化文化传承创新，把城市建设成为历史底蕴厚重、时代特色鲜明的人文魅力空间。注重在旧城改造中保护历史文化遗产、民族文化风格和传统风貌，促进功能提升与文化文物保护相结合。注重在新城新区建设中融入传统文化元素，与原有城市自然人文特征相协调。加强历史文化名城名镇、历史文化街区、民族风情小镇文化资源挖掘和文化生态的整体保护，传承和弘扬优秀传统文化，推动地方特色文化发展，保存城市文化记忆。培育和践行社会主义核心价值观，加快完善文化管理体制和文化生产经营机制，建立健全现代公共文化服务体系、现代文化市场体系。鼓励城市文化多样化发展，促进传统文化与现代文化、本土文化与外来文化交融，形成多元开放的现代城市文化。"这给新型城镇化在文化方面的建设提出了鲜明的要求，也是解决城镇化建设文化个性缺失的重要举措。文化是一个城市建设发展的根，只有发掘本土的文化资源，对其进行传承并创新，才能真正体现城镇的人文底蕴，实现城镇IP，从而增强其经济发展的竞争性。某些县域和乡镇存在着传统的文化产业，其主要是传统手工艺产品生产与制作，这在城镇化的建设中是不可忽略的重要文化资源，应积极采取措施对其进行引导，进行专业化分工并扩大生产规模，形成产业集聚。在此基础上，再进行一定的文化宣传，从而形成文化名镇，发展手工业制作体验、休闲参观等新业态，并逐步进行商业模式创新，这不仅实现了文化的传承与创新，也促进了新型城镇化的发展。此外，还可以利用当地文化生态资源，在保护的基础上，开展生态旅游、文化娱乐休闲旅游等。例如，张家界市很好地利用了张家界国家森林公园和天门山国家森林公园，打造了两大旅游景点，用各种大项目带动其发展（如国际森林保护节、黄龙音乐季等），实现了新型城镇化与文化产业、旅游产业的融合发展。2015年中央城市工作会议指出：要加强城市设计，提倡城市修补，加强控制性详细规划的公开性和强制性；要加强对城市的空间立体性、平面协调性、风貌整体性、文脉延续性等方面的规划和管控，留住城市特有的地域环境、文化特色、建筑风格等"基因"，这是对《新型城镇化规划（2014—2020年）》中"人文城市建设"的延续，城镇化建设只有做到以上要求，才能独树一帜，别具风格，且体现深厚的文化内涵。

《新型城镇化规划（2014—2020年）》还提出要"完善公共就业创业服务体系，加强农民工职业技能培训，提高就业创业能力和职业素质。加大农民工创业政策扶持力度，健全农民工劳动权益保护机制。实现就业信息全国联网，为农民工提供免费的就业信息和政策咨询"。2015年，国务院出台的《关于大力推进大众创业万众创新若干政策措施的意见》也明确指出："拓展城乡创业渠道，实现创业带动就业。支持返乡创业集聚发展。结合城乡区域特点，建立有市场竞争力的协作创业模式，形成各具特色的返乡人员创业联盟。引导返乡创业人员融入特色专业市场，打造具有区域特点的创业集群和优势产业集群。深入实施农村青年创业富民行动，支持返乡创业人员因地制宜围绕休闲农业、农产品深加工、乡村旅游、农村服务业等开展创业，完善家庭农场等新型农业经营主体发展环境。完善基层创业支撑服务。加强城乡基层创业人员社保、住房、教育、医疗等公共服务体系建设，完善跨区域创业转移接续制度。健全职业技能培训体系，加强远程公益创业培训，提升基层创业人员创业能力。引导和鼓励中小金融机构开展面向基层创业创新的金融产品创新，发挥社区地理和软环境优势，支持社区创业者创业。引导和鼓励行业龙头企业、大型物流企业发挥优势，拓展乡村信息资源、物流仓储等技术和服务网络，为基层创业提供支撑。"这是对《新型城镇化规划（2014—2020年）》中关于公共就业创业服务体系，加强农民工职业技能培训的补充和完善，是更加具体化的行业化的政策，这推动了城镇化创业与创新，有利于城镇产业的发展与集聚，实现产城互动、产镇融合，从而使城镇更好地发挥其对周边城市乡村的辐射带动作用，且促进当地人口就业，实现就地城镇化，同时，创新要素的集聚，为知识在城镇的传播提供了良好的渠道与路径以及平台，提高人们的文化水平与素质，真正体现了"以人为核心"的城镇化。

图3-3给出了新型城镇化与文化产业融合关系及其作用过程，新型城镇化既是区域经济发展的驱动力，又是彰显和传承地方文化特色的物质载体和实现手段，而文化产业不仅是国民经济的战略性支柱产业，同时也是地区经济特色化发展的重要驱动力，新型城镇化与文化产业协同推进则是实现"产镇融合"的优化路径选择，其有机融合发展将确保文化传承的有序性和可持续性。

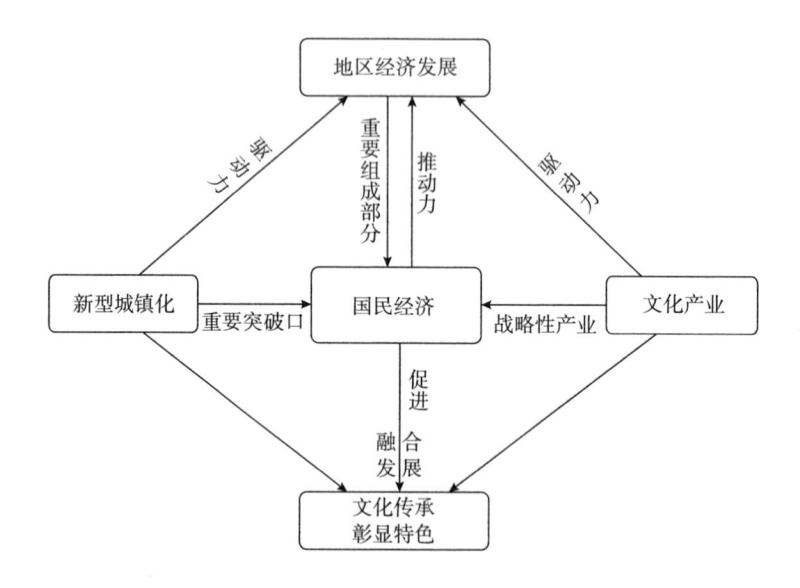

图 3-3 新型城镇化与文化产业融合发展过程

总之，新型城镇化建设是我国经济发展的重要突破口，而文化产业和旅游产业均为我国战略性支柱产业，且文化产业与旅游产业具有天然的融合、共生等重要特性，不仅新型城镇化与旅游产业可以单独实现融合发展，而且新型城镇化文化产业也可以单独实现融合发展，这是"产镇"融合在新型城镇化过程中的重要表现形式，更为重要的是，新型城镇化与文化产业以及旅游产业可以实现三者融合、共生和创新发展。

第四章　新型城镇化与文化旅游产业的融合机理

第一节　新型城镇化背景下文化产业与旅游产业的融合逻辑

一、文化旅游产业融合过程及其关系

产业融合是与产业分化相对而言的概念，是指本来各自独立的产业，其产业边界逐渐模糊甚至消失，从而使独立的产业之间相互交叉、渗透，融合而产生新业态、新产业的动态变化发展过程。作为一种新经济现象，在经济全球化、"互联网+"、物联网、大数据等迅猛发展的宏观背景下，产业融合现象已成为大趋势，融合现象也频繁发生，其已成为各产业寻求新发展的新渠道、新路径，并受到企业界与学术界的广泛关注。产业融合最早出现在20世纪70年代，信息领域与通信产业的数字技术变革使信息通信产业实现融合。由此可见，产业融合最早是从技术创新开始的，技术是产业融合的关键点。

文化产业与旅游产业实现融合创新发展具有良好的现实基础和丰富的理论依据。旅游业是被世界所公认的"永远的朝阳产业"，多数国家将旅游产业作为其经济发展的重要组成部门，把旅游业纳入其国民经济发展规划中。旅游业是与拉动需求、提升供给相一致的产业，它与众多行业都存在紧密关系。无论是对投资，还是对消费以及出口都有巨大的拉动作用，是我国经济新常态下的关键增长点，是经济发展强有力的"加速器"。我国旅游产业快速发展，因其具有高度关联性特征，因而跨界融合、跨产业融合等现象早已出现。旅游业跨界融合表现在相互渗透和交叉，其与服务业、制造业和农业进行产业融合，从而使融合后的产业兼具旅游业的特征，与原有的旅游业形成既替代又互补的关系（杨颖，2008）。

徐虹和范青（2008）从系统论视角出发对旅游产业融合进行了分析，认为在开放的旅游产业系统中，旅游产业融合使系统内各要素在扩散过程中实现产业要素间相互竞争、协作以及共同演进，从而形成一个新兴产业。由此看来，要素和业态融合对旅游产业竞争力提升起到了促进作用。

文化产业同样被定义为我国的"黄金产业"与"朝阳产业"。国家统计局社会科技和文化产业统计司、中宣部文化改革发展局共同编写的《中国文化及相关产业统计年鉴2023》数据资料显示：2021年全国文化及相关产业增加值为52385亿元，占GDP的比重为4.56%；按产业类型划分，文化制造业、文化批发和零售业、文化服务业的增加值分别为13687亿元、5190亿元、33508亿元，占全国文化及相关产业增加值的比重分别为26.1%、9.9%、64.0%。从上述统计数据不难发现，我国文化及相关产业稳步增长，文化及相关产业结构相对合理，有效促进了我国经济结构转型升级和可持续发展。自党的十八大以来，习近平总书记关于文化产业工作的重要指示不断增多，而文化部和旅游部也积极开展文化产业相关工作，在立法规划、数字文化产业、特色文化产业、融合发展等方面都取得了较好的工作进展，使文化产业发展的全新局面得以呈现。党的十九大报告明确指出："坚定文化自信，推动社会主义文化繁荣昌盛。文化是一个国家、一个民族的灵魂。文化兴国运兴，文化强民族强。没有高度的文化自信，没有文化的繁荣兴盛，就没有中华民族伟大复兴。要坚持中国特色社会主义文化发展道路，激发全民族文化创新创造活力，建设社会主义文化强国。"党的二十大报告在提到繁荣和发展文化产业时指出："坚持把社会效益放在首位、社会效益和经济效益相统一，深化文化体制改革，完善文化经济政策"，"健全现代文化产业体系和市场体系，实施重大文化产业项目带动战略"，"坚持以文化塑旅、以旅塑文，推进文化和旅游深度融合发展"。由此可见，我国文化产业稳步发展与政府的重视以及相关政策的支持是分不开的，而且关于文化产业与旅游产业的融合发展也越来越得到重视。一方面，关于文化与相关产业融合发展的政策文件相继出台。2014年，国务院发布了《关于推进文化创意和设计服务与相关产业融合发展的若干意见》，明确提出"要推进我国文化创意与设计服务等高端、新型服务产业与实体经济如何发展，促进我国由以往的制造大国向创造大国转变"。这是推进文化产业与实体经济如制造业融合的有力政策，并出现了动漫产业园、工业设计等业态。2022年，《文化和旅游部、自然资源部、住房和城乡建设部关于开展国家文化产业和旅游产业融合发展示范区建设工作的通知》提出了国家文化产业和旅游产业融合发展示范区建设指南、申报指南和评价指标体系，为我国文化产业与旅游产业高质量融合创新发展提供了实施和评价标准。另一方面，修订和完善文化及相关产业分类标准，为文化与相关产业融合发展提供了统计制度基础。2018年，国家统计局印发了《文化及相关产业分类（2018）》，这是在《文化及相关产业分类（2012）》基础上进行修订的，但是其原有的文化产业定义没有发生改变，即为社会公众提供文化、娱乐产品和服务的活动，以及与这些活动有关联的活动的集合。《文化及相关产业分类（2018）》将其分为9个大类，43个中类，146个小类，文化核心领域由1~6大类组成，分别为：①新闻信息服务；②内容创作生产；③创意设计服务；④文化传播渠道；⑤文化投资运营；⑥文化娱乐休闲服务。而文化辅助生产和中介服务、文化装备生产、文化消费终端生产三大类组成了文化相关领域，具体情况如表4-1所示。

表4-1 我国《文化及相关产业分类（2018）》的主要内容

领域	大类	中类
文化核心领域	新闻信息服务	①新闻服务；②报纸信息服务；③广播电视信息服务；④互联网信息服务
	内容创作生产	⑤出版服务；⑥广播影视节目制作；⑦创作表演服务；⑧数字内容服务；⑨内容保存服务；⑩工艺美术品制造；⑪艺术陶瓷制造
	创意设计服务	⑫广告服务；⑬设计服务
	文化传播渠道	⑭出版物发行；⑮广播电视节目传输；⑯广播影视发行放映；⑰艺术表演；⑱互联网文化娱乐平台；⑲艺术品拍卖及代理；⑳工艺美术品销售
	文化投资运营	㉑投资与资产管理；㉒运营管理
	文化娱乐休闲服务	㉓娱乐服务；㉔景区游览服务；㉕休闲观光游览服务
文化相关领域	文化辅助生产和中介服务	㉖文化辅助用品制造；㉗印刷复制服务；㉘版权服务；㉙会议展览服务；㉚文化经济代理服务；㉛文化设备（用品）出租服务；㉜文化科研培训服务
	文化装备生产	㉝印刷设备制造；㉞广播电视电影设备制造及销售；㉟摄录设备制造及销售；㊱演艺设备制造及销售；㊲游乐游艺设备制造；㊳乐器制造及销售
	文化消费终端生产	㊴文具制造及销售；㊵笔墨制造；㊶玩具制造；㊷节庆用品制造；㊸信息服务终端制造及销售

资料来源：根据国家统计局印发的《文化及相关产业分类（2018）》整理所得。

文化产业与旅游产业都有其相对明确的边界，包括产品边界、技术边界、业务边界、市场边界等，各个产业内的企业之间既存在竞争关系，又存在合作关系，这种"竞合"关系的存在，也反映出文化产业与旅游产业具有融合创新发展的重要基础。当然，文化产业与旅游产业的融合发展，是一种良性互动发展的过程，是与经济社会发展和人类认知能力提升分不开的。随着经济社会发展、技术的进步，特别是伴随着互联网发展、体验经济的兴起、数字经济时代的到来，文化产业与旅游产业逐渐走向深度融合，二者在融合过程中共同进步、协同发展、融合创新。正如 Hacklin 等（2010）所指出的那样，产业与产业之间的传统边界正在模糊，企业和产业层面同时展开了产业融合，其过程主要包括知识融合、技术融合、应用融合和产业融合。产业的边界处及交叉处往往是产业融合时常发生的地方，这种融合使原有产品的特征及市场需求发生一定的改变，导致企业之间竞争合作关系发生变化，从而致使产业边界的模糊化和柔性化。

  文化产业与旅游产业两者之间具有天然的耦合性，文化赋予了旅游产业发展的灵魂，旅游在一定程度上是体验不同文化、寻找文化以及寻找文化差异化的探索过程与体验过程。随着社会经济的发展，人们的收入水平逐渐提高，消费水平也相应提升，体验经济应运而生，游客在进行旅游行程的选择时，不仅仅停留在以往的基本层面的旅游需求，而是更加注重精神的享受、灵魂的探索与追求，于是文化的需求不断增长，而文化产业与旅游产业融合产生的新型业态——文化旅游，其作为一种与以往旅游不同的、较新的以及含有较高知识水平的旅游形态，日益受到旅游从业者及旅游者的关注。从全球范围来看，超过一半的旅行都与活态文化、建筑遗产以及艺术息息相关。据世界旅游组织统计，文化旅游在全球所有旅游活动中占40%，欧洲有超过50%的旅游活动都是由文化旅游拉动的，美国30%的国内游客在选择旅游目的地时，被当地的某种艺术、文化遗产事件或者活动所吸引（石艳，2012），20世纪90年代末，就有一项关于外来旅游者的类似研究发现，大约有37%的游客认为，参观遗产地在到英国旅游的决策中具有重要作用（纽里克，2000）。英国的文化和旅游相结合发展表明，文化和旅游二者密不可分，文化是灵魂，旅游业态以及其产品的竞争力实质皆为文化的竞争。文化旅游将随着当下经济的发展越发焕发生机，旅游传播也因此成为国家形象的重要载体（童清艳和 Liang Tao Shan，2018）。国内旅游、出境旅游以及入境旅游是世界各国现代旅游业的三大重要支柱，而其具有一个最显著的特征——基于人类创造的遗产，大部分的全球旅行都包含着文化内容，每年都有数以百万计的人在参观文化吸引物、遗产节事活动和历史场所，而文化也成为人们选择旅游目的地的重要考量因素。由此可见，文化产业是旅游产业的灵魂，与此同时，旅游产业是文化产业的最佳载体，是文化交流的重要中介，它向旅游者提供了了解历史和其他社会现实生活的一种个人体验机会，从而促进文化的传播，使文化资源向资本化与产业化转化，实现文化所含有的经济价值，提高文化在经济发展中的重要地位，从而真正增强国家文化软实力并提升文化自信。如图 4-1 所示。

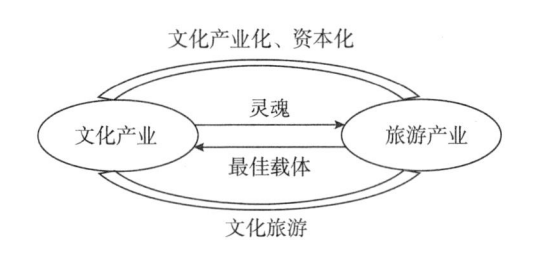

图 4-1 文化产业与旅游产业的关系

二、新型城镇化进程与文化旅游产业周期理论

联合国经济与社会事务部人口司发布的《世界城市化展望报告》指出："目前全球超过 50 万人口的城市中，有 1/4 在中国，这说明中国城镇化建设取得的成就举世瞩目。中国已进入城镇化加速时期。预计到 2050 年，世界城镇人口将再增加 25 亿，而且绝大部分增加的城镇人口将集中在亚洲和非洲。未来城镇人口增加最多的是印度、中国和尼日利亚。到 2050 年，这三个国家将分别增加 4 亿、3 亿和 2 亿城市人口。"中国科学院发布的《中国城市群发展报告》称："中国正在形成 23 个城市群，尤其是长三角大都市连绵区、珠三角大都市连绵区、京津冀大都市连绵区，这三个特大型经济群正在逐步形成。"据国家统计局数据显示，截至 2022 年末，中国全部地级及以上城市数达到 297 个；其中，城市市辖区年末总人口为 400 万以上的地级及以上城市数为 23 个。2022 年末总人口数为 141175 万，城镇人口为 92071 万，城镇化率为 65.2176%。2022 年，城镇居民人均可支配收入为 49283 元，比 2012 年增加了 25156 元，年均实际增长率为 6.957%[①]。可见，随着我国城镇化进程和都市圈建设深入推进，城镇居民可支配收入水平稳步提升，说明我国新型城镇化建设步入高质量发展新阶段。

从城镇化进程来看，城镇化建设是经济发展的动力和必要过程，同时又是经济发展的必然结果。经济发展水平决定着城镇化建设的进程和水平，而城镇化建设所引起的经济外部效应又推动着经济发展，二者相互联系，即彼此制约、互为因果、同步进退。城镇化往往意味着更多的人口、更多的就业机会和更舒适的生

---

① 数据来自国家统计局。

活环境。稳步推进新型城镇化建设步伐，既是当前人民群众对于美好生活品质追求的迫切需求和重要保障，也将进一步促使中国经济高质量发展的重大战略举措。

产业生命周期理论是以产品生命周期理论发展而来的，其分为初创期、成长期、成熟期以及衰退期四个阶段。从产业生命周期理论来看，我国文化旅游产业正处于初创期到成长期的过渡阶段，正加快进入成长期。在这一阶段，文化旅游产业领域通过自身不断的营销、宣传、创新、创意和创业，经过消费者的前期使用与推广，以其自身具有的文化底蕴、旅游特色等特点，受得了人们的欢迎，占据了一定的市场，其市场需求将不断上升，因而产业相关者将大量涌入，无论是在资本方面还是在人力等方面，其都将拥有较好的资源，从而推动文化旅游产业在成长期的快速发展。因此，二者的融合发展不是单方面的原因，而是两者发展所需共同决定的，融合是新型城镇化与文化旅游产业发展的必然结果。

第二节 新型城镇化与文化旅游产业融合的影响因素

一、技术创新与市场需求

产业融合最开始是由技术创新引起的。技术创新是由于技术出现新的构想，经过研究、开发以及对技术进行组合，并将其运用到实际行业或产业中，并使其产生经济效益、社会效益的一种动态性和商业化的全过程活动，它是一种技术与经济相结合的产物。通信技术的发展，以信息技术为代表的新技术不断推广以及广泛使用，互联网的迅速发展，个人电脑普及，云计算、大数据、物联网、人工智能等高新技术的推进，使产业融合不断出现在电影、广告、出版、音乐等文化产业行业部门，可以说，产业融合与信息技术的发展以及数字技术的不断进步密切相关。文化产业与旅游产业的融合，不仅是文化产业与旅游产业天然的耦合性推动其融合发展，也是技术创新驱动和市场需求拉动相结合而促使其不断融合，两者的共同作用使文化旅游这一新业态的出现，从而推动文化产业、旅游产业的协同发展，同时又满足了人们对文化旅游的市场需求，图4-2简要给出了文化旅游新业态形成的技术创新过程及其作用路径。

第四章 新型城镇化与文化旅游产业的融合机理

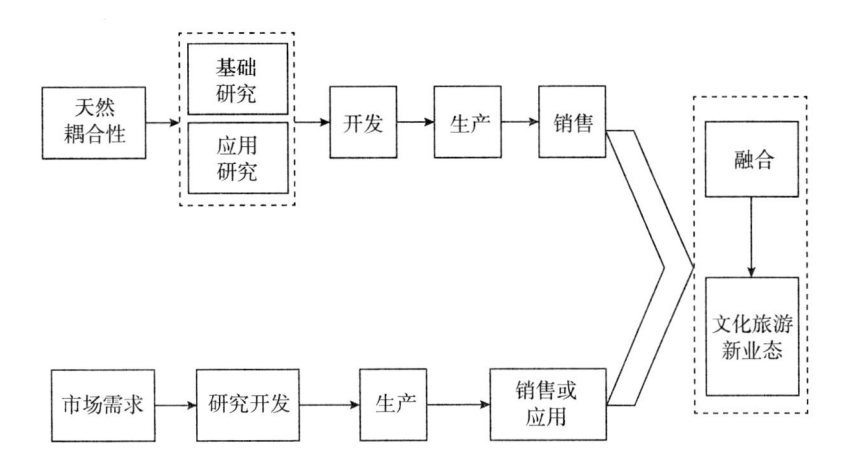

图 4-2 文化旅游新业态形成的技术创新路径

技术创新在新型城镇化与文化旅游产业融合发展中发挥着重要作用。随着新型城镇化的持续推进，我们对其概念、特征、本质内涵有了更为深入的认知。新型城镇化不仅是以人为核心的城镇化和高质量的城镇化，而且是城乡协调发展并注重特色内涵及科学发展的城镇化。"传承文化，彰显特色"是新型城镇化发展进程中出现的新任务以及必须遵循的原则。而文化旅游这一种新型业态无论是在产业特征，如绿色、低碳、有丰富文化内涵等，还是在能较好满足人们日益增长的物质文化需要的市场需求上，都能达到这两个方面的要求，从而达到新型城镇化发展的要求。因此，新型城镇化与文化旅游产业发生融合，一方面是结构性变动推动了两者融合发展，即新型城镇化进程中的技术，如产品、工艺等要素结构以及联结方式发生了变动，而这种技术要素结构、联结方式变动与文化旅游产业发展产生的变动相结合，两者相互交融，出现新的产品、工艺、技术要素、联结方式等，使新型城镇化与文化旅游产业得以融合发展。另一方面是新型城镇化进程不断加快，对其发展提出了新的要求，如绿色环保、低碳、环境保护、生态保护、文化传承、以人为本等，这就出现了新的市场需求和社会需求，从而使生产需求发生了变化，新型城镇化不再是过去的城乡二元结构的城镇化，不再是过去农村服务城市的城镇化，而是城镇与农村并重、城乡协调发展、互动发展、城乡一体化的新型城镇化。因此，新型城镇化的发展要谋求新的出路，用新的产品或者是成果来满足当下人们对新型城镇化的不同的市场需求及社会需求，因而这促进了其与文化旅游产业的融合。所以，新型城镇化与文化旅游产业融合发展是由技术创新与市场需求的共同作用而引发的；与此同时，在融合过程中，各环节之间以及创新、市场需求和技术进展之间还存在着交互作用的关系。

二、政策扶持

新型城镇化进程的加快，与以往城镇化相比发生了巨大变化，以人为本是新型城镇化发展的核心，而原有城镇化在不同发展阶段均存在一些问题和不足，如重工轻农、重城轻乡、粮食安全隐患、环境污染、社会不公平、不重视文化、农民工户籍、社会福利保障问题（李习纯，2015；李小静，2019）。因此，为适应不同时期新型城镇化以及文化旅游产业融合发展的需要，政府出台了一系列相关扶持政策。无论是《新型城镇化规划（2014—2020年）》，还是《党的十九大报告》《党的二十大报告》《"十四五"新型城镇化实施方案》《中华人民共和国国民经济和社会发展第十四个五年规划和2035年远景目标纲要》和《国家新型城镇化规划（2021—2035年）》等，都在不同程度上阐述了新型城镇化、文化产业与旅游产业优化发展的政策措施。特别是近几年召开的中央城市工作会议等，出台的相关扶持政策越来越重视文化元素，深刻意识到文化的重要性，并将其纳入新型城镇化发展的重要组成部分，并有意通过政策推动新型城镇化进程中文旅产业的融合发展。所以，我国自上而下推行的新型城镇化政策、文化产业政策和旅游产业政策，加速推动了新型城镇化与文化旅游产业的融合发展，为接下来新型城镇化的发展指明了方向，并提供了一条有着集约型、节约型、环保型、低碳型、智慧型等特征的新型道路。未来新型城镇与文化旅游产业的融合发展，仍然离不开国家政策的继续指引与推动，相信在国家政策的支持与坚实保障下，二者的融合发展成效必将取得更大的成效。

三、知识扩散

知识的扩散是指知识创造或者知识重构中所产生的新知识，往往会引发更大范围的组织学习和变化（和金生等，2005）。就知识扩散的广度而言，知识扩散存在范围广泛，不仅包括组织内部的知识扩散，还包括组织与组织之间的知识扩散。过去由于产业间交流互动较少，知识的扩散往往产生于产业内。当前，随着产业发展加速提档升级、技术更新迭代加快，特别是知识经济、信息经济、数字经济和文化经济等新经济时代的到来，知识的跨产业、跨行业扩散不断加剧。在某种程度上，产业融合实际上就是产业与产业之间知识的扩散，跨产业的知识运用就是其突出表现，而产业间知识基因的不断交叉、渗透、融合，导致了产业融合的出现与发展。

第四章 新型城镇化与文化旅游产业的融合机理

新型城镇化的概念、特征及其理论内涵是不断丰富和完善的,并随着实践发展而呈现出新的特征与属性。作为一种"新知识",新型城镇化理念需要国家政策重视和引导,并加大对公众的宣传,使新型城镇化相关概念和"以人为本"的理念得以扩散并深入人心。同时,文化旅游产业所具备的知识要素与知识体不仅适用于其本身的发展,同时与新型城镇化的发展也相适用,而新型城镇化也同样具备文化旅游产业发展所需的一些知识要素与知识体,即新型城镇化与文化旅游产业知识要素与知识体能够相互适用,形成对新型城镇化以及文旅产业均具有价值的抽象知识,从而为新型城镇化与文化旅游产业融合创新发展提供新动能,推动"产镇融合""产业融合"中的知识扩散,同时又反作用于其融合发展。此外,随着市场竞争力的不断加强,使知识扩散不断强化。无论是新型城镇化发展,还是文化旅游产业的融合发展,都力图拥有更多的知识要素与文化资源,从而在产业发展中拥有相对竞争优势。除了以上两点,还有一个重要的因素,即知识往往是从水平高的向水平低的一方进行扩散。随着新型城镇化、文化旅游产业的发展,人们受教育程度的逐步提高,出现了对物质精神文化的更高需求,同时也意识到新型城镇化的新特征,因而人们不再像过去那样盲目追求城镇人口数量的增加,也不再只粗略地进行观光旅游,文化内涵、以人为本成为更多人解读的方向,这些知识的不断扩散,使新型城镇化与文化旅游产业融合发展成为必然,从而出现了新的供给与需求。

四、资源支撑

1. 资本资源

哪里有市场,哪里就有资本。因为资本总是利润所驱使的,盈利的行业指引着资本的流向。文化产业就是当代的"黄金产业"和"朝阳产业",其资本流入不断增多。而旅游产业作为成熟的且是世界各国发展的重要支柱产业,无疑会吸引大量的资本投入。文化旅游作为一种新型业态,越来越受到全世界文化旅游爱好者的追捧,处于初创期到成长期的过渡阶段,因而大量相关者进入该产业,资本随之不断流入,文化旅游服务者也想方设法开发新产品来满足人们的需求,同时增强企业的竞争力与生命力,因此其资本是相对充裕的。此外,国家鼓励推动新型城镇化的发展,无论是在政策上还是在资本上都大力扶持。因此,可以说新型城镇化与文化旅游产业的融合发展,是现今资本流向的重要领域。因而,要注意完善投融资渠道,合理分配资本,以充足的资本保障其发展,这是促进新型城镇化与文化旅游产业融合的重要因素。

2. 文化旅游资源

文化赋予旅游以内涵。文化具有很强的地域性、历史性以及民族性特征。在长期发展的过程中，各地区、各民族都积累了有着鲜明特色的文化资源，其不仅包括传统的文化资源，也包括现代的文化资源。而随着旅游业的发展，体验经济的出现，使旅游市场出现了新的需求，文化旅游就这样产生了，这促使区域丰富的文化资源与旅游产业相融合，形成新的资源要素——文化旅游资源。文化旅游资源为新型城镇化的发展提供了资源基础，一个地区如果有丰富的文化旅游资源，则可形成规模经济，出现产业集聚，从而促进新型城镇化加快发展，并使新型城镇化发展具有更多、更深厚的文化内涵，有效实现新型城镇化与文化旅游产业的融合发展，发挥其对周边城镇与乡村的辐射带动作用。

五、人才的推动

人才是一个国家发展的主体，是推动行业、产业发展的最重要的因素，其素质的高低以及数量的多少直接影响着新型城镇化与文化旅游产业融合发展能否顺利推进。因而，新型城镇化与文化旅游产业的融合要保持鲜活的生命力，必须要有人才的支撑，这是其基础前提以及重要保障。新型城镇化与文化旅游产业融合发展，对复合型人才的需求较高，这样的人才不仅要具有一定的文化底蕴，还要有一定的技术储备。只有这样，在新型城镇化与文化旅游产业融合发展中做出来的产品、服务、营销等，才会有深刻的文化内涵，同时又不缺乏专业性，从而更好地吸引文化旅游者。与此同时，在人才选择上还必须注重创意人才的引进。产业融合发展离不开创新、创意，只有好的创意才能开发出好的符合市场需求的产品，从而更好地促进新型城镇化与文化旅游产业的融合发展。此外，还需要专门的新型城镇方面的专业人才，这类人才对新型城镇化应有着深刻的理解，对其进程与自身特点把握得更为准确，并可以在新型城镇化与文化旅游产业融合发展过程中给予专业性的意见与建议，从而使新型城镇化更有地域特色，更具文化内涵，同时又能有效促进文化旅游产业的快速发展，以更好地满足社会及市场的需求。总之，高素质的复合型人才是保障新型城镇化与文化旅游产业融合发展的重要基础，在人才的选择上，要注重其文化与创意水平，要注重培养与引进创意、文化、新型城镇化等方面人才。

除了以上详细分析的几个重要因素，还有许多因素影响新型城镇化与文化旅游产业的融合发展。市场供需的变化，旅游者需求的变化，消费者行为、消费结构的变化，环境的变化等，都影响着新型城镇化与文化旅游产业融合发展。此外，在新型城镇化与文化旅游产业融合发展过程中，不仅存在积极因素，同时还有存在消极因素，如融合过程中矛盾与冲突，供需不平衡等，这会导致产业融合水平、产业组织、产业布局等一系列的矛盾和问题，同时可能会引起体制、机制、政策等外在的诸多矛盾，这些矛盾共同作用，无疑会对新型城镇化与文化旅游产业融合发展产生一定的阻碍作用。因此，在新型城镇化与文化旅游产业融合发展的过程中，需找出这些矛盾的内外关联，解决矛盾，从而使其良性融合和优化发展。

第三节 新型城镇化背景下文化产业与旅游产业融合的系统结构

一、系统经济理论的来源

关于系统的定义，美籍奥地利理论生物学家 Bertalanffy（贝塔朗菲）作为一般系统论的奠基人，首先将系统论运用在生物学的研究中，认为系统是"由相互作用的若干元素所组成的复合体""处于一定的相互关联中并与环境发生关系的各组成部分（要素）的总体（集合）"。昝廷全（2002，2003，2011，2015，2018）从20世纪80年代就开始探索系统经济，并形成了系统经济学理论框架，认为系统经济理论主要包括系统需求理论、系统生产理论、市场系统理论、资源位理论、系统产权理论、制度拓扑模型、特征尺度理论、基于粗交流的博弈论等。根据昝廷全和金雪涛（2007）提出的系统经济学理论，经济系统是指由一组经济元及其之间的相互联系共同构成的有机整体，并可以描述为：

经济系统 = ({经济元}，{经济元之间的关系})

由经济元构成的集合 {经济元} 又可以称为经济系统的硬部，经济元之间的关系构成的集合 {经济元之间的关系} 则可称为经济系统的软部。所以，经济系统又可以描述为：

经济系统 =（硬部，软部）

昝廷全（2002）将产业经济系统形式化定义为：

产业系统 = ({产业i | $i=1, 2, \cdots, n$}，{产业i和产业j之间的关系 | $i \neq j$, $i, j = 1, 2, \cdots, n$})

$\quad\quad\quad$ = ({G_i | $i = 1, 2, \cdots, n$}，$f \subset G^2 \times W$)

$\quad\quad\quad$ =（硬部，软部）

其中，G 为产业集合，W 为广义权重。说明该产业系统由硬部和软部两大块构成，硬部又是由不同产业构成的集合，软部则是由不同产业之间的关系构成的集合，产业系统的软部即产业结构，也就是说，可以将不同产业之间的关系构成的集合定义为产业结构。不难看出，我们通常所说的产业融合主要发生在产业经济系统中，而产业经济系统就是由国民经济中不同产业部类构成的集合，产业融合不仅发生在产业系统软部，而且其硬部也存在由量变到质变的融合，这也是新旧产业发生迭代关系的内在原因。由此可见，系统是具有相互关联的整体事物或者要素的集合体，一个系统的运行应该是一个整体、一个集合，整体性是其基本属性，此外还具有结构性、组织性、层次性、目的性、联动性、衍生性等特征。系统论与电子计算机、信息学、运筹学等日益渗透、紧密结合，系统论的研究方法被越来越频繁地运用到某一具体学科、具体领域的研究中，文化产业与旅游产业的融合发展同样适用，而从系统理论深入发展形成的系统经济学理论更是为新型城镇化背景下文化产业与旅游产业融合创新发展提供了理论来源，文化产业与旅游产业的融合不仅是文化旅游产业经济系统中软部的融合，即产业结构层面的融合、调整优化，而且还包括其硬部的融合，文化旅游新业态的出现就是其硬部和软部深度融合的产物。

二、文化产业与旅游产业融合创新的系统属性

产业是随着社会生产力发展、社会分工而出现的，是具有某种同类属性的具有相互作用的企业经济活动组成的集合或系统，同一产业的经济活动均具有某些相同或者相似的性质。它既不是指某一企业的某些经济活动或者所有经济活动，也不是指部分企业的某些经济活动或者所有经济活动，而是指具有某种同一属性的企业经济活动的总和。基于此，何谓旅游产业，就是与旅游市场相关的企业集合，如旅游公司、旅游餐饮、旅游景区等统一归为旅游产业，其具有的同一属性都是围绕旅游产业吃、住、行、游、购、娱六大要素展开经济经营活动。顾名思义，文化产业是将文化进行产业化，围绕文化进行生产、销售，促进市场消费，使其发挥经济效益的产业，其同一属性是围绕"文化"这一要素进行创意策划、制作生产、消费、反馈等，与此相关的企业统一归为文化产业。文化产业与旅游产业的融合，催生了文化旅游新业态的出现，这一业态又进一步促进了文化产业与旅游产业的深度融合，如文化旅游产品的生产、文化旅游市场的占有、文化旅游资源的开发、文化旅游消费者的挖掘等。可见，文化旅游新业态是联结文化产业与旅游产业的重要链条，与此相关的要素都归入文化旅游新业态，这无疑促成了文化旅游产业的产生及出现。而以上提到的文化旅游产品的生产、文化旅游市场的占有、文化旅游资源的开发、文化旅游消费者的挖掘等要素，则是组成文化旅游产业集合体的要素，因此文化旅游产业既是一种产业系统，又是一种创新系统，即文化旅游产业融合创新系统。文化旅游产业本身是一个融合型产业，加上旅游产业、文化产业本身的交叉性较强、涉及学科领域广的特征，使文化旅游产业有着复杂性、要素组成的多元性、影响条件的多样性、涉及相关行业广泛性等特点。因此，需将系统论与文化旅游产业这一领域相结合，对其进行系统的分析。

文化旅游创新系统同样具有一般系统所有的特点——整体性、结构性、层次性、开放性。一个系统一定是一个整体，整体性是系统的基本特征；而系统是有一定的结构的，不是混乱不堪的，同时又分层次发展，在此发展过程中，不断与外界联系，形成一个开放性的动态持续发展系统。除了以上特征，系统还具有组织性、目的性、联动性等特点。文化旅游产业要充分利用文化产业与旅游产业的现有行业以及产业资源、特性，对其进行系统整合，从而推进该系统向前发展，构建一个在文化旅游产业的产品设计与生产、文化旅游产业投融资、文化旅游产业空间布局、文化旅游产业营销、文化旅游产业品牌打造等环节相互协调、互动发展的一个健全的文化旅游产业系统，突破原有的束缚与障碍，实现系统内部各要素的高度同一性、系统化以及整体化，并运用文化旅游融合创新系统推动文化产业、旅游产业以及文化旅游产业的创新、永续发展。

1. 文化旅游融合创新系统具有整体性

文化旅游融合创新系统是基于文化旅游产业而形成的，该系统具有明显的整体性，它融合了文化产业、旅游产业中的诸多因素，而这些因素处于整个系统下的各个子系统中。如文化旅游产业市场这一个子系统，要基于文化产业、旅游产业市场的融合，对文化旅游市场进行具体的分析，得到文化旅游产业市场的具体状况，这样才能更好地进行市场挖掘与开发。而这样的一个个子系统构成了文化旅游融合创新系统，它们有着各自的功能与作用，既相对独立、不可替代，又相互联系、密不可分。

2. 文化旅游融合创新系统具有结构性

文化旅游融合创新系统具有结构性属性，它将文化产业、旅游产业间的技术经济通过技术创新→技术融合→产品融合→业务融合→市场融合→空间融合的路径，使文化产业与旅游产业相联系起来，并产生深度融合，从而形成了文化旅游产业。文化旅游产业作为一个新兴产业，我们需要深刻理解文化旅游融合创新系统的结构性特征，积极抓紧契机寻找其独特的创新发展商业模式，努力使之成为现今国家发展新经济中的新增长点，争取更多发展的机会与空间，并成为中国新经济新动能的重要发展对象，从而提升文化旅游产业综合竞争力，借助新型城镇化载体，推动文化产业、旅游产业以及文化旅游产业互动协调向前发展，实现国家经济增长和产业结构优化。

3. 文化旅游融合创新系统具有层次性

系统的层次性是指存在于系统中的各要素在系统结构中所表现出来的多层次状态的特征。文化旅游融合创新系统也具有层次性，在该系统中的各要素相互作用并依据一定的关系组成了较文化旅游融合创新系统的次一级的系统，即通常意义上的子系统，而子系统里面所有的要素又可组成更次一级的系统，它们这样组成了文化旅游融合创新系统，所有的系统总是处于该系统阶梯下的一环，并在自己的位置上发挥着各自的作用。例如，文化旅游产业模式是该系统的一个子系统，而其下面还有一般模式、商业模式两个次一级的子系统；又如，文化旅游产业类别是该系统的一个子系统，组成该子系统的次级子系统又有工业旅游、文化遗产旅游、影视旅游等。此外，根据文化旅游融合创新系统中各要素所处的地位以及发挥的功能作用，还可以将文化旅游产业分为文化旅游核心领域、文化旅游外围领域以及文化旅游相关领域。

由此可见，文化旅游融合创新系统是由多个子系统与次级子系统构成的，具有显著的层次性，层次不同，其属性、结构以及功能也不同，它们依照自身的属性与功能，执行着系统为此分配的任务，在系统不断发展的过程中，不断调整其层次性，如把低层次中已经具备高层次属性和功能的要素调到高一级的层次，从而实现文化旅游融合创新系统层次在内容与形式上真正统一，保证其相对稳定性和动态平衡性。

4. 文化旅游融合创新系统具有开放性

文化旅游融合创新系统作为一个整体，其有着独立性以及封闭性的特征，但同时又具有开放性的属性，该系统处于一定的社会环境、行业环境、经济环境中，其产生、发展离不开周围环境的影响、制约或推动。文化旅游融合创新系统与环境中的其他系统进行着市场信息的交换，还有资金的相互流动以及许多物质的共用。如许多房地产业将大量资金投资于文化旅游产业，使资金从房地产这一系统流入文化旅游融合创新系统，或者文化旅游产业利用已有的公共基础设施进行发展等，这些都体现了文化旅游融合创新系统的开放性。正是由于系统的开放性，才能促使系统合理利用资源，实现系统从简单向复杂、从低级向高级的优化

第四章 新型城镇化与文化旅游产业的融合机理

动态发展。

5. 文化旅游融合创新系统具有目的性

系统的目的性体现在以下两个方面：①系统自身存在的需要——维持系统有序、稳定的结构，以保证系统无论是在外力还是在内力的影响下都能够保持稳定向前发展而不会崩溃、瓦解；②目的性还指一个系统存在的最终目的与追求以及其想要达到的最佳状态，因此目的性可以说是贯穿于系统发展的整个过程，总倾向与总趋势是系统发展的集中体现。文化旅游融合创新系统的目的性，同样涉及这两个方面。不仅要追求系统在动态发展过程中维持稳定，从而保持自身相对不变，即不会崩溃、瓦解，还要追求文化旅游产业的发展，从而提高其产业综合实力，同时竞争力也随之提高，有效实现规模效益、外部效益，使其最终成为我国经济发展的重要支撑点，力争成为我国新经济新动能的增长极。

6. 文化旅游融合创新系统具有联动性

文化旅游融合创新发展的联动性与开放性有一定的相似之处，但又有不同之处。相似点是联动性同样体现在文化旅游融合创新发展与其所处环境、其他系统是相互联系、相互影响的，不同之处则体现在开放性是指该系统与其他系统信息、资源、资本等的相互交换与共用，而联动性更偏向于文化旅游融合创新系统的发展，推动其他系统的发展，即文化旅游产业发展壮大，产业集聚，实现市场规模扩大，带动周边的其他产业发展，实现更多、更优的要素流动，从而使各系统、各产业之间联动发展，共同进步。

7. 文化旅游融合创新系统具有动态性

文化旅游融合创新系统的动态性包括两个方面：一是系统具有调节性，不仅对该系统外的其他系统具有一定的调节作用，同时系统本身也存在着自我调节的能力与属性，在系统发展过程中，不断调节系统内各要素所处位置，使其充分发挥自有的功能，以适应环境的变化，推动产业的发展；二是系统具有繁衍性，随着文化旅游产业的发展，可能面临着产业空间布局、消费者需求、外部政策环境变化等多种问题，系统因此将不断调节自己，以解决出现的问题，在这个过程中，可能会出现新的要素和能级，这使该系统具有了繁衍性和延伸性。文化旅游融合创新系统的调节性与繁衍性是相互影响、互动发展的，当系统出现调节时，可能就伴随着繁衍性的出现，而系统产生繁衍性、延伸性时，系统必须经过自我调节，以达到不断完善，促进系统发展，产业进步。

第四节　新型城镇化与文化旅游产业融合的作用机理

　　文化产业与旅游产业都有其相对明确的边界，包括产品边界、技术边界、业务边界、市场边界等，各个企业之间没有存在明确的竞争关系。而随着经济的发展，技术的进步，如互联网的发展、体验经济的兴起等，促使文化产业与旅游产业出现融合，且二者在融合的过程中共同进步、协调发展。产业边界处及其交叉处往往是产业融合时常发生的地方，这种融合使原有产品的特征及市场需求发生了一定的改变，导致企业之间竞争合作关系发生变化，从而使产业边界模糊化。文化产业与旅游产业两者之间具有天然的耦合性，文化赋予了旅游产业发展的灵魂，旅游的过程在一定程度上是体验不同文化、寻找文化以及寻找文化差异化的探索过程与体验过程。同时，国内及国际旅游产业是文化产业的最佳载体，是文化交流的重要中介，它向旅游者提供了一种了解历史和其他社会的现实生活的一种个人体验机会，从而促进文化的传播，使文化资源向资本化与产业化转化，实现文化所含有的经济价值，提高文化在经济发展中的重要地位。而新型城镇化关乎我国民生大事，深刻影响甚至带动经济发展，在新时代必须寻找更好的且更适应发展新趋势的渠道与路径，而与文化旅游产业这一新型业态相结合、融合发展，是一个良好的开始，文化旅游产业所带来的创新要素，其所创造的巨大就业空间，以及带来的良好的经济效益，无疑对新型城镇化的发展有着很好的推动作用。因此，新型城镇化与文化旅游产业融合是发展的必然选择，是二者健康良好发展的必要方法与手段。融合机理作为二者融合发展的重要组成部分，也是指导新型城镇化与文化旅游产业融合健康良好发展的重要因素。下面就新型城镇化与文化旅游产业融合发展的机理进行分析，主要包括四个方面：产业创新链、虚拟产业链、产业价值链、实体产业链[①]。

一、技术创新与市场需求——产业创新链

　　在工业经济时代，产业融合最开始是由技术创新引起的，技术融合往往发生在不同产业边界处，并通过革新技术的扩散和外溢而攀升至更高层次的技术进步。技术融合是产业融合发生的前提基础，而共性技术是产业间技术融合的基础

---

① 本部分内容已发表在《长沙大学学报》2019 年第 6 期。

条件（贾卫峰等，2020）。技术创新是由于技术出现新的构想，经过研究、开发以及对技术进行组合，并将其运用到实际行业或产业中，并使其产生经济效益、社会效益的一种商业化的动态的全过程活动。技术创新离不开市场需求，中国新型城镇化进程中文化产业与旅游产业融合发展是以技术创新为引擎，其产镇融合和产业融合中所涉及的技术融合起到了至关重要的作用，而文化旅游产业共性技术又是我国新型城镇化与文旅产业融合中实现技术融合的基础条件。近年来，互联网、大数据、云计算、人工智能、区块链等新兴技术日益融入经济社会发展各领域的全过程，2022年中共中央办公厅、国务院办公厅印发的《关于推进实施国家文化数字化战略的意见》提出，从"供给侧、需求侧，以及资源端、生产端、消费端和云端"构建国家文化大数据体系，这将从文旅产业技术融合的共性技术、总体技术创新与市场需求匹配等方面圆满解决在新型城镇化进程中文化产业与旅游产业融合创新发展问题。事实上，我国已在数字文博、数字文旅、数字公共服务、沉浸式演出、网红城市、城市漫步、古装旅拍等领域进行了文化和旅游融合创新实践尝试。文化产业与旅游产业的融合，一方面是文化产业与旅游产业天然的耦合性推动其融合发展，另一方面是技术进步以及市场需求拉动其不断融合，三个方面的共同作用促使文化旅游新业态的出现，从而推动文化产业、旅游产业的发展，同时也满足了人们对文化旅游市场的需求。市场、社会需求的变化以及技术进步，使新需求、新技术出现，这就导致了创新要素的产生，只有不断创新，才能满足人们的新需求，同时又促进新技术的发展与进步。而创新不仅出现在开始的时候，还贯穿于文化产业与旅游产业融合的每个阶段及每个细节。创新是文化产业与旅游产业融合的基础以及必要因素，直接促进了技术的有效融合，而在产品融合、业务融合、市场融合中，更加离不开创新，创新的运用，促使出现新的产品、新的业务、新的市场，从而在产品需求层面、业务层面以及市场层面满足社会需求，具体情况如图4-3所示。同时也促进了二者融合发展，形成文化旅游新业态和新兴产业，并逐渐实现市场规模扩张，出现市场规模一体化，这无疑将提高文化旅游产业的规模效益与产业竞争力，实现文化旅游产业的永续发展。

二、"互联网+"与数字技术——虚拟产业链

"互联网+"时代的到来和数字技术的发展，产业商业模式不断创新，使新业态不断出现。文化产业是一个"轻实体"产业，近年来发展迅速，在产品设计、品牌等方面有较高的附加值，当与其他产业进行融合时，能有效地将这些优

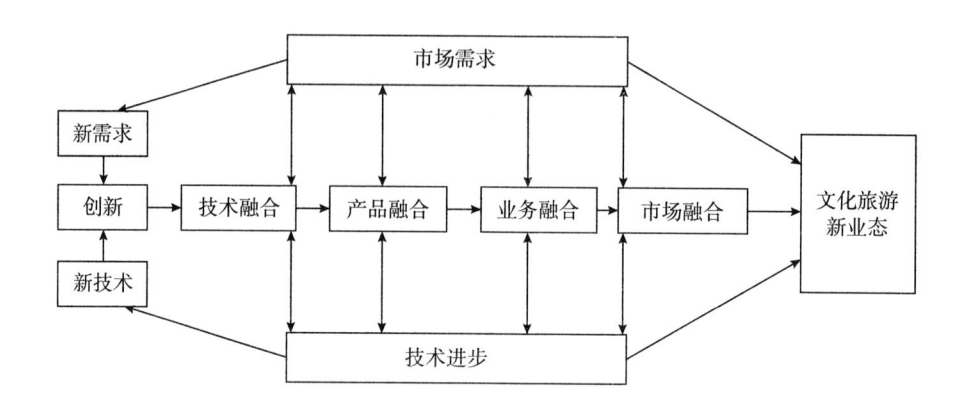

图 4-3　文化产业与旅游产业融合创新链

势发挥出来，从而提高产业、产品附加值。随着信息技术的发展，"互联网+"给旅游产业带来了翻天覆地的革命性的变化，旅游信息化已成为不可阻挡的趋势，如传统旅行社向线上交易的去中介化转化，在线旅游交易逐渐发展并走向成熟，去哪儿网、携程、飞猪旅行等电子商务企业与平台迅速发展，深深动摇了传统旅游产业商业模式。文化产业与旅游产业之间天然的耦合性，一方面，文化产业赋予旅游产业灵魂，并予以创意支持，这不仅可以丰富旅游产业的文化内涵，也能实现在线旅游交易平台旅游产品的创新与多样性发展；另一方面，旅游产业为文化产业化、创意的实现提供了切实可行的途径，两者的融合，形成具有高度附加值的新兴产业业态——文化旅游产业。

三、产业价值与价值创造——产业价值链

文化产业被誉为永久的"黄金产业"，有不可估量的产业价值，包括但不限于文化价值、经济价值、社会价值等。旅游产业是世界各国经济来源的重要组成部分，其产业价值已得到较好的发挥，对一个国家的经济贡献率呈增长趋势。两者的融合发展，是对产业价值链的结构与重组。随着社会经济的发展，人们的消费需求变得更加多元化，消费结构逐渐改变，使供应商价值链、企业价值链、核心渠道价值链以及最后的购买者价值链都发生了深刻变化，这反映了产业创造价值链的过程，是产业价值链的一个完整组织形态。同时，消费结构的调整促使国家内需结构，这又必将导致产品结构的变化，使传统产业价值链发生相应改变，以适应产业融合、创新以及数字技术的发展，从过去单一、短小的产业价值链变为更加多元、更具活力、上下游关联更长的产业价值链。文化产业的文化要素、

智力要素、知识要素与旅游产业的产品要素相融合,在产品设计、销售渠道、品牌打造、虚拟平台等进行多点融合,促使新型业态的多点形成,创新商业模式,形成新的经济增长点,创造产业价值,实现产业价值的乘数效应。

四、产品分工与产业升级——实体产业链

模块化是将系统进行分解和整合的过程,模块化体现了新产业结构的本质。其中,将一个复杂的系统或过程按照一定的联系规则分解为可进行独立设计的半自律性的子系统的行为,是"模块的分解化";而按照某种联系规则将独立设计的子系统(模块)组合起来,构成更加复杂的系统或过程的行为,是"模块的整合"或"模块的集中化"。旅游产业由食、住、行、游、购、娱六大要素组成,旅游目的地、旅游交通、旅游娱乐等环节组成了横向旅游产业价值链。文化产业是由创意策划、制作生产、文化传播、文化消费等各价值模块相互组成而构成的纵向的产业价值链。因此,与横向旅游产业价值链相对应的各环节、各企业构成了产业链的节点,如旅行社、旅游产品供应商等实体企业与文化产业中的创意策划、制作生产、研发等方面进行融合,尽量使"微笑曲线"向两端延伸,构建相关大中小企业之间的产业链、技术类以及创新链的协同发展体系,使实体企业提高其附加值,实现经济效益,促进产业升级。

第五节 新型城镇化背景下文化产业与旅游产业融合的效应与特征

一、融合效应

在文化产业与旅游产业融合的过程中,企业发挥了关键作用。当然,作为重要的创新主体,企业主要是为了追求经济效益从而进行创新活动。可以说,在某种程度上,文化产业与旅游产业的协同创新是其实现融合发展的本质特征,同时也是融合得以深入发展的前提与基础。不断地创新与融合,使文化旅游产业新业态层出不穷,并发展成为新兴产业,而其产业规模不断扩大,又进一步出现产业集聚,实现文化旅游产业集聚经济效应。例如,旅游交通工具之一的邮轮,随着产业融合发展,形成"普通旅游交通→邮轮旅游→邮轮旅游主题化"的发展路径,这也可以看作一种新的商业模式。由此可见,产业融合的结果涉及多种方

面，其效应也是如此，包括产业结构调整效应、创新性优化效应、竞争能力提升效应、区域经济发展效应（区域经济发展的倒"U"形曲线）、产业联动发展效应等一系列效应。

1. 产业结构调整效应

文化产业和旅游产业融合是由创意技术或服务创新引起不同系统主体相互作用而使系统向同一方向运动或汇合的过程与结果（程锦等，2011）。文化产业与旅游产业的融合发展离不开创意技术进步以及文化科技的推动，同时为了适应消费者的消费需求、消费习惯的变化，而进行服务创新，导致两个系统中的要素相互渗透、交叉、融合，引起文化产业和旅游产业范畴的泛化，从而推进文化旅游产业系统不断创新、发展与进步，一方面促进了文化产业结构和旅游产业结构的变迁发展，另一方面也促进了文化旅游产业结构不断向高级化演化。

文化产业与旅游产业的融合发展，除了文化产业、旅游产业以及文化旅游产业自身的产业结构调整效应，对国家第一产业、第二产业、第三产业同样具有产业结构调整效应。在新型城镇化的进程中，以人为本是其发展的核心，过去污染严重的工业、制造业等，只能不断创新、摒弃老旧的发展观念才可以适应新时代的要求。文化旅游产业加入新型城镇化发展队列，是当前中国实施"产镇融合"、"产城融合"、推进经济高质量发展的重要动能。随着新型城镇化中文化产业、旅游产业、文化旅游新业态的不断发展壮大，逐渐形成了产业集聚，从而扩大产业规模，既能实现物质时代的规模经济，又能实现当前数字经济和文化经济时代的范围经济，从而使新型城镇化中第三产业不断发展壮大，在新型城镇化过程中实现绿色环境保护、文化旅游产业发展、绿色消费倡导以及绿色文化弘扬。同时，新型城镇化发展积极引入清洁能源、生物医药、旅游商品、新型建材等几大新型产业，并积极与数字文化产业、文化旅游产业、数字创意经济等实现融合创新发展，使第二产业的"微笑曲线"向两端延伸，提升其产业附加值，实现产业优化发展，并逐渐改变城镇化发展方式，改变新型城镇化中第二产业构成内容。此外，随着产业融合的不断深入，新型城镇化必然出现一二三产业的融合发展，无论是文化旅游产业与第一产业的融合，如休闲观光农业产业园，还是第二产业与第一产业的融合，如农产品加工制作，或第二产业与第三产业的融合，都将产生"1+1>2"的产业融合效应。而这样的效应，对一个区域的新型城镇化第一产业、第二产业以及第三产业均有重要的调节作用，多个新型城镇化产业结构的调整优化，最终必将引起一国三次产业结构的调整优化升级，从而更好地适应新时代发展的需要，同时也必将促进一国经济实现高效率且可持续发展。

2. 创新性优化效应

创新是产业融合的本质,文化产业与旅游产业的融合离不开技术创新这一基础条件,文旅科技进步是其融合的内在动力。只有不断通过技术创新求变来适应市场、社会需求,满足消费者需求,才能确保文化产业、旅游产业以及二者融合产生的文化旅游产业具有持续的竞争力,实现长远发展。产业融合最开始是由技术创新引起的,文化产业与旅游产业的融合,使产业边界模糊化,二者相互吸收且融合对其有利的因素,改变了原有产业的一些特点与属性,如产品、服务等,从而产生新的市场需求。在此基础上,技术创新的不断出现与演进,同时伴随着业态变革、组织创新、商业模式创新等,使文化产业、旅游产业以及二者融合产生的新型业态所形成的新兴产业——文化旅游产业,都朝着更加优化的方向演进,其附加值也随之提升,其产业创新能力也不断增强,用新的产品、新的服务、新的商业模式等来适应新时代新变化,最终变成更具创新力、更加高级化的可持续发展产业。

3. 竞争能力提升效应

产业融合是在经济全球化、高新技术迅速发展的社会背景下,为了提高产业生产率和产业竞争力而出现的一种创新型发展模式和产业组织形式(厉无畏,2002)。文化产业与旅游产业的融合,是当前产业融合发展的必然趋势,无论是对旅游产业还是对文化产业的发展,都将产生深远的影响。

文化产业与旅游产业的融合,不仅产生了诸多的新业态,如工业旅游、养生旅游、教育旅游、文化旅游等,同时也改变了文化产业、旅游产业的增长方式,二者融合使相互吸收了彼此的一些要素,导致产业投入要素的变化,如创意、资本、技术、文化等要素的共享与共用,扩大了资源利用范围,提高了资源利用效率以及资源配置效率,从而提高了单位要素产出效率,实现了经济增长方式的转变。因为融合发展,文化产业与旅游产业在技术、产品、市场等各方面发生融合,实现技术创新、组织创新与产业创新,丰富了文化产业与旅游产业的内涵,形成具有丰富的产品内涵,同时拓展了具有新功能的新产品、新服务、新模式等,这不仅满足了市场的新需求,同时对文化产业、旅游产业原有的产品也具有一定的补充作用。通过产业融合,旅游产业利用文化产业的创意创新来提高其产品附加值,同时使其产品文化内涵更加丰富,从而形成一定的品牌影响力,而文化产业利用旅游产业来实现文化传播以及文化资本化,这无疑提高了各产业的价值,竞争力也随之得到提升。

新型城镇化与文化产业、旅游产业以及文化旅游产业的融合发展,为国民经济发展提供了广阔的空间与平台，在新型城镇区域内，通过产业融合，可形成"产镇融合"创新示范区，实现物资、人力、技术、公共设施等共享共用，提高资源配置效率，从而降低部分生产成本与交易成本，最终实现范围经济与外部经济，而通过范围经济、外部经济使文化产业、旅游产业、文化旅游产业发展空间不断得到拓展。此外，新型城镇化的区域性与这些产业融合，使其差异性得以凸显，从而提高了新型城镇化特色及其产业竞争力。

4. 区域经济发展效应

区域属性是新型城镇化的重要属性和基本特征，是与其他地方城镇相区别开来的重要因素，无论是文化产业、旅游产业还是文化旅游产业的发展，都离不开创新，同时差异性、特色性等是其相互竞争的重要属性，新型城镇化与文化产业、旅游产业以及文化旅游产业的融合，其区域属性无疑为各产业提供了良好的基础与创意元素，推动各产业差异化发展，以吸引特定的消费者群体，从而巩固自身的细分市场。

在工业化进程中，各地区有着不同的区位优势，同时资源禀赋也不尽相同，而且经济基础差异甚大，具有理性经济人属性的企业主体追求更多的是其自身的经济利益，这就导致了各种生产要素必然向平均利润高的地区和产业转移并积聚，从而使区域之间经济发展水平差距不断拉大，而当到达一定的水平时，即图4-4中的拐点处，则会产生滴落效应与扩散效应，发达地区生产成本增加，利润也随之减少，欠发达地区的生产要素成本低，这一优势逐渐显现出来，在政府政策的支持与引导下，使生产要素向这些地区转移，最终缩小地区差距，这就是区域经济发展的倒"U"形曲线。

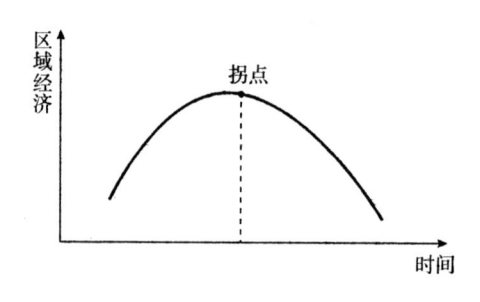

图4-4 区域经济发展的倒"U"形曲线

在新型城镇化的进程中，东部地区已逐渐实现以信息化为主的工业3.0体系以及以智能化为主的工业4.0体系，而中西部地区与之相比还存在很大的差距，

第四章 新型城镇化与文化旅游产业的融合机理

但是却有着生产要素成本低的优势,同时区域属性也是其优势之一,在国家相关政策支持和积极引导下,一些产业逐渐向这些地区转移,同时国家倡导产业融合,如农村一二三产业融合发展以及乡村振兴战略等,为新型城镇化的发展以及区域经济的发展提供了坚实的保障,即发展进入了倒"U"形曲线的右侧。新型城镇化与文化产业、旅游产业以及文化旅游产业的融合,各产业利用区域属性以及低成本优势进行创意创新,实现企业的发展以及产业规模的扩大,并同时改变新型城镇化原有的发展方式,实现以人为本的城镇化和就地城镇化,有效促进城乡统筹以及城乡一体化,最终实现区域经济协调发展。

5. 产业联动发展效应

在产业融合发展的大背景下,文化产业与旅游产业的融合是我国现阶段的重要倡导,文化和旅游融合须坚持"宜融则融、能融尽融"的发展思路。近年来,旅游产业已成为我国的支柱性产业,并有着强大的经济价值,选择该产业与文化产业融合,是其巨大的动力价值决定的,而且在区域经济发展中,有着较强的区域综合发展协调能力。因此,在新型城镇化发展过程中,尤其是中西部地区,文化产业与旅游产业的融合扮演着不可或缺的角色,是我国新型城镇化建设的重要推动力之一。当前,我国新型城镇化发展,不再是过去以工业化为主要动力的旧城镇化,而是以消费产业带动的城镇化,即内需型产业带动城镇化,是"以人为本"的新型城镇化。文化产业与旅游产业的融合,使城镇成为游客的集聚地,带动地区消费,形成消费集聚,同时与城镇、农村原有产业相融合,带动产业发展,实现农民身份的转变,其不再是单纯的农民,而是兼具服务性质或者生产加工性质,易于提高其收益能力与水平。坚持产业融合、产镇融合,促进乡村与文化产业、旅游产业融合发展,以产业为依托,从而形成产业集聚,实现农民就地城镇化。同时,文化产业与旅游产业的融合,也促使旅游产业从最初的观光游览层次,逐渐向文化层次、体验层次的文化旅游产业转型升级。通过新型城镇化各方面与文化产业、旅游产业及文化旅游产业的融合,真正实现产业联动发展及区域产业联动发展,并慢慢向周边地区渗透、辐射,带动城镇周边地区的发展。

除了上述的各个效应,文化产业与旅游产业的融合还有很多其他方面的效应,如经济效益、文化效应、消费效应、延展效应等,其涉及面广泛而深远,很多学者对其进行了研究,本书不再赘述。

二、融合特征

在新型城镇化的背景下,在文化产业与旅游产业的融合过程中,旅游产业依托城镇丰富的区域特色资源、旅游资源等，文化产业则在"文化—经济"一体化的背景下，依托城镇的特色文化资源、文化要素，从而实现新型城镇化与文化旅游产业的融合，并在此过程中，释放其强大的融合效应，逐渐完善城镇基础公共设施、产业发展配套服务设施等，为消费者提供更好的服务，满足消费者的需求，同时带动区域经济发展，推动新型城镇化进程，促进区域文化旅游产业提升。文化产业与旅游产业融合有以下特征：

1. 内涵丰富

文化产业与旅游产业的融合，产生文化旅游这一新型业态，逐渐发展形成文化旅游产业，为旅游产业注入了丰富的文化内涵与文化要素，使旅游市场不再是单纯的观光、休闲度假，更多的是对某一种文化的探索与文化体验，具有更高的层次与水平，实现从最初旅游产业的"食、住、行、游、购、娱"向"食、住、行、游、购、娱、养、教、文"的转变与提升，让消费者体验文化旅游的价值与境界，使文化旅游业成为旅游者的新型消费，同时也提高了旅游者的文化内涵。例如，张家界市下辖的旅游旺县——慈利县，利用其多彩的民俗文化资源，为旅游增添了神秘魅力，其诸多传统的节日，如南山桃花节、五雷山"三月三"传统庙会、板板龙灯节、"走千年茶马古道"等，使旅游者来到慈利县与土家族民俗文化邂逅，体验土家民俗文化，引起游客共鸣，这也为其文化注入了新的活力，使民俗文化实现活态化发展。

2. 竞合并存

文化产业与旅游产业融合产生文化旅游产业，融合过程中各要素相互吸收、借鉴，在产品、业务、市场、技术、模式等各方面相互支持，共同进步，这本身就是一种合作关系。但是其形成的新的文化旅游产业对文化产业、旅游产业而言具有一定的威胁，各产业之间存在着激烈的竞争关系，加上文化旅游产业作为一个新兴产业，各企业包括但不限于文化产业、旅游产业等都积极加入这个市场，想成为"第一个吃螃蟹的人"，这无疑使文化旅游产业本身就存在巨大的竞争性，但因为文化旅游产业本身是一个有着较强综合性特征的产业，其复杂性、交叉性等特征又决定了其发展必然同时存在合作性与协调性。

3. 复合引领

随着文化产业与旅游产业的融合，要素不断增多，如食、住、行、游、购、娱、养、教、文等基本运营要素，信息、科技、人才、资本等发展要素，以及人文环境、资源环境、休闲环境、交通环境等环境要素，集合这些要素为一体的文化旅游产业，不再是只有单一的观光产品以及单一的发展模式，而是利用新资源、新体系、新角度、新模式等实现了从单一向复合型产业的转变与提升，实现了集观光、休闲、商务、会展、体育、文化、养生、乡村旅游、度假等于一体的多种发展模式，在观光旅游的基础上，积极结合城镇资源与特色，大力发展商务旅游、休闲旅游等，运用"旅游+""文化+"，满足市场的需求，实现人气的聚集，同时在政策的引导下，以及创新创意的支持下，聚集商气、文气，最终聚集产业发展以及衍生产业发展。

文化旅游产业作为复合型产业，有着很强的引领作用，随着产业规模不断扩大，外部经济效应逐渐得以显现。在新型城镇化某一特定区域空间，其将带动注重环境、体验等的生态产业、运动产业、养身业、文化产业、手工艺产业、旅游金融、保险以及休闲房地产业等多个产业的发展，整合全部资源要素，提高产业水平与新型城镇化水平，从而占领更大的市场，吸引更多的文化旅游者以及有各种需求的市场消费者。

4. 创新转化

产业发展与技术创新是全球各国都无比重视的两大主题，如德国实施工业4.0计划，美国则推出了再工业计划与互联网计划，我国也意识到产业发展与技术创新的重要性，认识到产业发展和技术创新同步推进对于国民经济高质量发展所起到的重要作用。如果真正做到了产业发展和技术创新的协同推进，并实现其良性融合发展，这必将改变我国经济增长方式，优化经济结构，推动转换经济增长动能。为此，我国从中央到地方都积极出台各项配套性的具体政策，范围广且密度大，将产业发展和技术创新作为重要工作任务努力加以推进。

在新型城镇化背景下，文化产业与旅游产业的融合，新型城镇化与文化旅游产业的融合，无疑与产业发展与技术创新的核心任务高度契合，是实现这双重任务的重要环节与关键组成部分。文化产业与旅游产业融合产生的文化旅游产业，是新经济的重要组成部分，其一直伴随着创意与创新，并且可以有效将创新转化为其产业发展能力。与此同时，在新型城镇化中的文化产业与旅游产业的融合，不仅涉及这两个产业，还伴随着文化产业、旅游产业与其他产业的融合，其中尤为重要的是与制造业的融合，通过融入技术、文化等要素，提高传统制造业的附加值，实现产品质量以及全要素生产率的提升，通过技术创新，实现高端生产设备、核心零配件等自主研发生产，从而有效促进创新转化为产业发展能力，创新转化为制造业等实体部门的永续发展能力，使我国经济发展真正拥有自主创新能力体系以及创新和产业融合能力体系，在创新、产业融合的背景下占据全球产业的制高点，同时占据全球经济发展的制高点与话语权。

文化产业与旅游产业融合，不仅有内涵丰富、竞合并存、复合引领、创新转化等特征，还有着高效性、主题性等特征，不仅提高了文化资源的价值，实现了文化产业化、文化经济化发展，同时促进了旅游产业的提质升级，既有经济效益，又有社会效益、文化效益等；同时它还有着多要素、多节点进行融合的特征，集文化、创意、技术、市场等要素，在文化产业价值链与旅游产业各环节、各部门进行融合，如旅游商品与文化产业价值链的融合，对于旅游目的地来说，旅游商品最重要的不是实物价值，而是一种虚拟价值，是对其特定区域文化的概括与传达，文化特色是旅游商品的根本（姚新根等，2004）。旅游商品企业在设计、制作、宣传推广、品牌打造等各方面有效利用文化产业价值链，以市场需求为导向，创造出属于自己的旅游商品市场。

　　总之，在全球技术创新与产业融合发展的大背景下，文化产业与旅游产业融合发展是应趋势而生的，是经济发展的必然选择，是适应社会需求与市场需求的必然结果。文化产业与旅游产业具有天然的耦合性，是二者融合的基础条件，同时技术创新、市场需求等推动了二者融合，使文化产业、旅游产业所涉及的多要素投入该融合过程，催生了一系列新业态，形成文化旅游产业。融合有着内涵丰富、竞合并存、复合引领、创新转化、高效性、主题性强等特征，产生了一系列效应，包括但不限于产业结构调整效应、创新性优化效应、竞争能力提升效应、区域经济发展效应（区域经济发展的倒"U"形曲线）、产业联动发展效应等，实现将创新转化为产业发展能力，推动产业的高质量、高层次、永续化发展。

第五章　新型城镇化背景下文化产业与旅游产业的融合机制

第一节　新型城镇化背景下文化产业与旅游产业融合的外在动力机制

产业融合是社会发展到一定阶段的产物，是生产力不断进步、产业边界逐渐模糊甚至消失的结果，并促使经济体内形成了一种具有内驱力的新业态。因此，文化产业与旅游产业的融合，是社会经济发展的产物，是产业分工不断细化、专业化，产业种类不断增多，组织结构越来越复杂化，产业要素依赖路径逐渐降低的复杂过程。显然，文化产业与旅游产业融合创新发展既是文化旅游等新业态得以涌现的重要原因，同时也是文化产业与旅游产业实现产业结构合理优化、高级化、数智化的必由之路。

对于我国文化产业与旅游产业融合的动力机制，一些学者已经做了相关研究。尹莉和臧旭恒（2009）从消费需求升级的视角分析了产业融合，认为来自需求方的巨大推动力，会使企业和产业不断打破原来的边界，快速响应消费需求，并有利于世界范围内的资源最优配置，形成产业融合。赵黎明（2011）从经济学视角分析了产业融合，指出文化旅游产业基于内部推力和外部压力，会形成产业融合的持续性发生机制。刘雪婷（2011）认为，文化产业与旅游产业融合的根本动力是文化旅游需求的提高，而旅游资源观助推文化旅游产业融合发展，同时技术革新为文化旅游产业融合提供助力，制度条件是外界支撑力。张俊英和马耀峰（2016）以青海互助为例，探讨了民族地区旅游产业与文化产业融合的动力机制，认为企业是内在驱动力、文化旅游需求是拉力、政府主导是推力、科学技术是支撑力。本书基于新型城镇化背景，认为文化产业与旅游产业融合的动力机制包括外在动力机制、内在动力机制、约束机制、组织保障机制四个方面。外在动力机制对经济自主发展起到了不可替代的作用，对于文化与旅游产业融合发展系统而言，其外在动力机制主要包括政策引导机制和外部市场环境。

一、政策引导机制

2018年4月，文化和旅游部正式挂牌，这既是深化党和国家机构改革的重大举措，又是文化产业与旅游产业融合在政治上的重要体现与标志性事件。在此之前，国家已出台了一系列政策来引导文化产业与旅游产业融合发展。如表5-1所示，2009年出台了《文化部、国家旅游局关于促进文化与旅游结合发展的指导意见》，这可以说是第一份关于文化旅游融合发展的政策文件。此后，包括党的十八大、党的十九大、党的二十大均提到要促进文化和旅游融合发展。2022年发布的《文化和旅游部、自然资源部、住房和城乡建设部关于开展国家文化产业和旅游产业融合发展示范区建设工作的通知》更是明确了国家文化产业和旅游产业融合发展示范区的申报指南和建设指南，从部门协同、资金与政府投资工具统筹等方面给予政策扶持，并结合城镇低效用地再开发和国土空间规划支持文化产业和旅游产业项目合理用地。文化和旅游部、工业和信息化部等部门先后印发了《关于推动在线旅游市场高质量发展的意见》《关于加强5G+智慧旅游协同创新发展的通知》等，持续推进文化和旅游信息化、数字化建设，不断丰富"5G+智慧文旅"应用场景，进一步释放旅游消费潜力，助力在线旅行预订市场高质量发展。由此可见，政策引导机制是我国文化产业与旅游产业融合发展的重要动力机制，国家对文化产业和旅游产业融合发展的政策引导正一步一步走向具体化、标准化和可操作性，《文化和旅游部、自然资源部、住房和城乡建设部关于开展国家文化产业和旅游产业融合发展示范区建设工作的通知》的发布和实施是其重要标志。总而言之，国家的政策是文化产业与旅游产业融合发展的重要引导机制，是二者融合发展的最重要的外在激励机制之一，有了政策的支持与引导，文化产业与旅游产业融合发展之路才能更加顺畅，问题才能得到更好、更快的解决。

表5-1　文化产业与旅游产业融合的相关政策文件

年份	政策文件	性质/内容
2009	《文化部、国家旅游局关于促进文化与旅游结合发展的指导意见》	第一份关于文化旅游发展的政策文件
2017	《国家"十三五"时期文化发展改革规划纲要》	明确提出要发展文化旅游，扩大休闲娱乐消费

第五章
新型城镇化背景下文化产业与旅游产业的融合机制

续表

年份	政策文件	性质/内容
2018	《国务院办公厅关于促进全域旅游发展的指导意见》	提出要推动旅游与科技、教育、文化、卫生、体育融合发展；文化方面，要科学利用传统村落、文物遗迹及博物馆等文化场所开展文化、文物旅游，推动剧场、演艺、游乐、动漫等产业与旅游产业融合开展文化体验旅游
2018	《深化党和国家机构改革方案》	决定将文化部与旅游局合并，组建文化和旅游部，并于4月8日正式挂牌
2022	《文化和旅游部、自然资源部、住房和城乡建设部关于开展国家文化产业和旅游产业融合发展示范区建设工作的通知》	明确国家文化产业和旅游产业融合发展示范区的申报指南和建设指南；从部门协同、资金与政府投资工具统筹等方面给予政策扶持
2022	《文化和旅游部关于推动非物质文化遗产与旅游深度融合发展的通知》	坚持以文塑旅、以旅彰文，推动非物质文化遗产与旅游在更广范围、更深层次、更高水平上融合

二、外部市场环境变化

1. "互联网+"时代的到来

2015年3月，《政府工作报告》首次提出了"互联网+"行动计划。"互联网+"指的是利用专用信息通信技术以及互联网平台，把互联网与传统行业结合起来，创造新的发展生态。[①]"互联网+"已成为传统产业创新效率提升的重要驱动力。这种新一代信息技术为旅游产业在更大范围内进行融合提供了空前的机遇，同时为文化产业与旅游产业的融合带来了巨大的空间。无论是产业融合，还是文化产业与旅游产业融合，其实质都是创新，以"互联网+"等为代表的信息技术为文化产业融合与旅游产业提供了先进的技术以及巨大的推动力，为二者融合发展、实现"要素驱动—投资驱动—创新驱动"提供了可行性路径。

"互联网+"是信息技术发展到一定阶段而出现的，是信息技术发展的最新表现形态。李晓华（2016）从五个层面对"互联网+"的内涵进行了界定，认为可以从四个方面去理解"互联网+"：①"互联网+"是互联网技术与其他领域的结合；②"互联网+"是在信息网络技术进一步发展的基础上形成的，主要是云计算、大数据、物联网、移动互联网的发展为互联网向其他领域的渗透与融合奠

---

① 阿里研究院.2015年3月"互联网+"研究报告［EB/OL］.http://i.aliresearch.com/img/20150312/20150312160447.pdf，2015-03-12.

定了基础；③"互联网+"已成为重要的发展趋势甚至是一种通用目的技术；④"互联网+"已成为决定产业竞争力水平的关键，是世界各国力求推动的领域。"互联网+"是以大数据、云计算、物联网等为代表的新一代信息技术，它与各产业、行业与部门进行融合、渗透，从而改变相关的生产经营模式等，有着涉及范围广、持续改进并同时为产业等创造新价值的特征与属性（张伯旭和李辉，2017）。可以说，它是一种大范围的技术扩散，是一种不断改进的动态发展过程。

"互联网+"的发展，对旅游产业、文化产业带来了巨大影响。2024年3月22日，中国互联网络信息中心（CNNIC）发布了第53次《中国互联网络发展状况统计报告》（以下简称《报告》）。《报告》显示，截至2023年12月，我国网民规模达10.92亿人，较2022年12月增长了2480万人，互联网普及率达77.5%，较2022年12月提升了1.9个百分点；我国城镇地区互联网普及率为83.3%，较2022年12月提升了0.2个百分点；农村地区互联网普及率为66.5%，较2022年12月提升了4.6个百分点。互联网在加快推进新型工业化、发展新质生产力、助力经济社会发展等方面发挥重要作用。以沉浸式旅游、文化旅游等为特点的文娱旅游正成为各地积极培育的消费增长点。截至2023年12月，在线旅行预订的用户规模达5.09亿人，较2022年12月增长了8629万人，增长率为20.4%。5G与各行各业的融合正加速推进我国数字建设进程，为经济社会发展注入新动能。"5G+智慧文旅""5G+智慧交通"得到快速发展。

由此可见，中国网民规模庞大，与"互联网+"时代发展相契合，互联网为旅游产业信息在线化的发展奠定了坚持的基础。随着5G时代的到来，互联网也进入了千家万户，旅游消费者通过网络，从手机、PC、平板等各端口与渠道获取信息、了解信息、分享信息、发布信息等。为了实现利润最大化，旅游企业不断挖掘线上旅游者，采取措施主动融入线上发展，如建立专门的门户网站、开发App等，与线上旅游消费者实时对接、互动，从而促使信息在线化的实现。"互联网+"的发展，有着去中介化的效果，随着获取信息更加便利，信息不对称性问题得到了有效缓解，消费者可以通过互联网找到更加满意的产品，满足自己的消费需求，同时旅游服务相关者，如旅游企业、酒店、旅游目的地等通过互联网能够更加便利地了解旅游消费者需求，可以直接接触到消费者，为其提供满意的服务。

在"互联网+"背景下，文化产业与旅游产业融合创新发展得以顺利推进。一方面，"互联网+"为文化产业与旅游产业融合创新发展提供了强大的推动力，使其在融合发展过程中纳入信息在线化、数字化模块,并成为其中的重要组成部分。另一方面,文化产业和旅游产业的组织结构朝扁平化、网络化方向发展,有效地促进了生产者与消费者的及时互动,便于了解消费者心理变化以及需求变化,及时、准确地做出经营决策,以消费者为导向,生产出更多的产品,以满足消费者差异化、多元化、精众化、个性化的需求。

2."新经济"的再次兴起

2016年,《政府工作报告》重提"新经济",使"新经济"再次进入人们的视野。"新经济"与传统经济模式差异显著,其摒弃了标准化、规模化、模式化、效率化、层次化的特点,以科技创新、信息技术、服务业为主导,追求个性化、差异化、速度化。新经济已成为国民经济增长的新动能。

事实上,"新经济"一词早在1983年就已经出现,是由《时代周刊》的一篇封面文章提出的,旨在用"新经济"来对重工业向以技术为基础的经济转型的描述,而"新经济"的真正流行得益于《商业周刊》杂志主编Shepard。Shepard(1997)指出:"新经济是指实际GDP大幅度增长,公司运营利润上升,失业率低,通货膨胀率低,进出口之和占GDP的比例上升,GDP增长中高科技的贡献度比重上升。"2001年互联网泡沫的破灭,新经济也随之销声匿迹。然而,随着信息技术的发展,如云计算、大数据、物联网、移动互联网等通用目的技术集群的形成,这些重大的技术创新使"新经济"再次出现在人们面前,并成为世界各国瞩目的焦点,是各国经济中投资最多、创新最活跃,同时也是增长速度最快的领域。新科技是"新经济"发展的最根本的动力,在"新经济"引领下,大数据、云计算等新科技与其他产业进行深度融合,从而推动产业发展并实现驱动因素的转换,并在此过程中促使业务创新,如产品形态、业务流程、产业业态、商业模式等发生颠覆性的变革,同时改变产业的组织形式,其生产方式、生产组织、治理机制以及劳资关系等。在这样的大背景下,加上政策引导机制的作用,我国文化产业与旅游产业不断得以融合创新发展,充分利用新科技,不断转变经营方式,以目标市场为出发点,同时积极探索新的商业模式,如长尾模式、免费模式、平台模式等,从而用更好的方式为消费者创造价值、传递价值,并实现文旅企业自身的价值。

第二节 新型城镇化背景下文化产业与旅游产业融合的内在动力机制

一、文化要素的内在驱动

文化产业与旅游产业的融合,形成新型业态——文化旅游,并发展成为新兴产业——文化旅游产业,文化旅游产业有着多元化的文化构成基本要素,如山水文化、建筑文化、民俗文化、历史遗址遗迹、工业文化、工艺艺术等,围绕这些文化构成的基本要素,文化产业与旅游产业也不断进行融合创新,滋生了很多文化旅游产业新业态。可以说,文化要素是新型城镇化背景下文化产业与旅游产业融合发展的最本质的内在驱动力。

我们可以借助张家界市慈利县文化旅游产业融合发展进行说明。"溇澧好风光,慈姑多风情",张家界市慈利县位于武陵山脉东部边缘,有着"中国温泉之乡""中国最美休闲旅游度假名县""湖南省旅游强县""湖南省旅游扶贫示范县"的美誉。慈利县苍山耸翠、碧水流韵,高山峡谷、溶洞地缝、温泉漂流、丹霞地貌等自然景观数不胜数,古镇老街、红色遗址、百年书院、道教圣地等历史文化古迹随处可见。近年来,慈利县以"一中心、一龙头、两走廊、四板块"为定位,紧紧围绕"旅游旺县"发展战略,实施旅游项目带动,打造旅游品牌,加速推进全域旅游发展,张家界"三星拱月、全域旅游"中的"东之星"冉冉升起。

如表 5-2 所示,随着各项规划的不断出台,慈利县对新型城镇化、文化旅游产业发展等作出了明确的规划和安排。《慈利县国民经济和社会发展第十四个五年规划和二〇三五年远景目标纲要》明确提出了"五化同步"和"六县战略",即推进农业农村现代化、新型工业化、全域旅游化、城镇化、信息化,以及实施生态立县、农业稳县、工业强县、旅游旺县、商贸活县、城镇兴县,并在战略定位中强调"大力推进传统工业升级改造、大力发展战略性新兴产业,促进产业融合发展,打造大湘西域绿色经济发展强县"。从实践发展来看,政府、企业和社会各界积极投身于全域旅游的建设中,2013~2016 年,慈利县旅游人次从 303.1 万增加到 705.2 万,旅游总收入也随之增加,从 18.11 亿元增长到 93.96 亿元。旅游产业成为全县产业发展的重要组成部分,旅游产业所带来的经济收入则是慈利县重要的经济来源,为慈利县产业结构的调整做出了重大贡献。

表5-2 2014年以来慈利县旅游产业发展规划

年份	规划名称
2014	修订完善《慈利县旅游业发展(2010-2025)总体规划》
2015	《慈利县旅游产业"十三五"发展规划》
2016	《中共慈利县委、慈利县人民政府关于促进全域旅游发展的意见》
2021	《慈利县国民经济和社会发展第十四个五年规划和二〇三五年远景目标纲要》

近年来,慈利县利用其拥有的众多文化构成基本要素,积极打造了具有慈利特色的文化旅游吸引物系统。例如,利用慈利县积极投资开发山水文化,成功促使张家界大峡谷玻璃桥、万豪养生中心、禾田居酒店及生态农庄等项目落地。已完成投资推进大峡谷玻璃桥、梦蝶庄精品酒店、冰雪世界、水世界、红岩岭户外休闲运动公园等8个重点旅游项目,拓展了四十八寨、苗市黄花溪、南山坪拉磨谷、丹霞地貌红岩岭、大峡谷户外运动基地等15条精品线路。利用民俗文化、民族文化、建筑文化等,以创建"全国旅游强县"为目标,先后推出了一批展示田园风光、土家风情、民族传承等内容丰富的旅游产品;开发了省级特色旅游名村6个,5星级乡村旅游点4家,4星级乡村旅游点1家,3星级乡村旅游点4家。旅游经济就是"旅游+X","旅游+"成为慈利县产业发展新趋势,通过产业融合,旅游业将全面渗透到经济各行各业。将旅游与农业相结合,释放原始乡野的魅力,吃农家饭、住农家屋、干农家活、享农家乐,成为城里人度假的好去处。慈利将分散的景点和美丽乡村建设串联成璀璨的项链,加快实现了从"景点旅游"向"全域旅游"转变。旅游产业还带动了农副产品的热销,"秋收"系列葛产品、"云雾王"茶叶、"洞溪七姊妹"辣椒等农业产业打出品牌,南山坪蟠桃、苗市丑柑、溪口金秋梨刚上市就被抢购一空。将旅游与文化结合,触动游客神经,以达到共鸣,多彩的民俗文化为旅游增添神秘的魅力,旅游为文化注入了新活力。南山桃花节、五雷山"三月三"传统庙会、板板龙灯节、"走千年茶马古道,感受土家民俗文化"等节会被精心打造成多元化旅游品牌,备受周边游客的青睐。与此同时,慈利县大力发展红色文化旅游,深入挖掘红色文化内涵。先后出版了《慈利革命斗争史》《慈利党史100年》《中国共产党慈利历史(二卷)》《红军长征在慈利》等图书,通过交流研讨会、座谈会、外出考察调研等

形式推进红色文化资源开发利用，让红色基因融入了血液、让红色精神助力慈利县文旅融合发展。依托深厚的红色文化底蕴和丰富的红色旅游资源，建设红色文化教育、研学基地，打造红色文旅小镇和精品路线，提升红色旅游吸引力、影响力和综合效益。

"旅游+""文化+"已成为慈利县文化旅游产业融合发展的新趋势，通过旅游产业与其他产业的融合发展，实现了旅游产业向其他产业的融合、渗透，从而带动其他产业的发展壮大，促进经济增长，实现"旅游+"的乘数效应。由此可见，区域文化旅游产业发展应积极发掘独具地域特色的山水文化、建筑文化、历史遗迹、民俗文化、红色文化等，合理利用这些文化构成的基本要素，打造对现今旅游消费者有强大吸引力的文化旅游吸引物系统。因此，文化构成的基本要素无疑是文化产业与旅游产业融合的重要内在驱动因素，只有合理且高效整合文化构成基本要素，才能实现文化产业与旅游产业的有效融合，推动文化旅游产业高质量发展。

二、产业转型升级

产业转型升级是产业自身演化及其结构优化调整的客观要求。对于新型城镇化背景下文化产业与旅游产业融合发展而言，文化产业转型升级、旅游产业转型升级都是二者实现融合创新发展的内在动力机制。下面将重点以旅游产业为例来说明产业转型升级这一内在动力机制的作用过程。随着国民经济的发展，旅游产业也不断发展。2016年，全域旅游推动旅游经济实现较快增长。国内旅游市场持续高速增长，入境旅游市场平稳增长，出境旅游市场增速进一步放缓。2017年，国内旅游市场高速增长，入出境市场平稳发展，供给侧结构性改革成效明显。2018年，国民旅游消费需求旺盛，全域旅游聚焦美好生活，旅游与文化、创意、科技的融合创新备受关注，品质提升与绩效改善趋势越发显现。据文化和旅游部2020年、2021年和2022年《文化和旅游发展统计公报》数据显示，2020~2022年，全年国内旅游人数分别为28.79亿人次、32.46亿人次、25.3亿人次，比上年同期分别上升了-52.1%、12.8%、22.1%，国内旅游收入分别为2.23万亿元、2.92万亿元、2.04万亿元，同比分别上升了-61.1%、31.0%、30%。由上述数据不难发现，受多种因素的影响，我国旅游产业发展逐步由注重数量型增长转变为重视质量型发展转变，冰雪旅游、文化遗产旅游、红色文化旅游、体育旅游、智慧旅游、数字旅游等新业态不断涌现，积极推进旅游产业与文化及相关产业融合发展，落实旅游服务质量提升计划，完善文化和旅游市场新型监管机制。

旅游产业优化发展离不开相关参与主体，游客主体的消费需求变化，必将引起旅游产业转型与升级。"如果把第三次浪潮比作一枚硬币，知识经济是朝上的一面，体验经济就是朝下的一面。上面代表生产，下面代表需求；上面代表产业结构调整，下面代表需求结构调整。市场经济条件下的新经济，必须上下翻个，从以生产为中心，转向以需求为中心；从以厂商为中心，转向以用户为中心"（姜奇平，2002）。于是，旅游业供给侧结构性改革随之产生，以挑战旅游产业的总量与结构，实现满足国内外游客需求的目的，不仅要注重量的增加，还要实现质的提升，达到调整供给侧结构、补充旅游供给短板的目的。全域旅游正成为旅游供给侧改革的重要突破口。2018年11月25日，文化和旅游部发布了《关于提升假日及高峰期旅游供给品质的指导意见》，明确鼓励国有、集体、个体、外资等多种经济成分参与全域旅游产品开发，引导企业不断延伸产业链、提升价值链。大力推进旅游业供给侧结构性改革，坚持全域旅游发展方式，通过实施"旅游+"战略，扩大产品供给，打造产品品牌，提高产品质量。加大旅游新业态建设，着力开发文化体验游、乡村民宿游、邮轮游艇游、自驾车房车游等。因此，为了满足游客的市场需求，旅游产业必须不断进行改革，实现旅游产业的结构优化，旅游产业由观光向休闲、度假、会展、商务旅游转变，产业结构由单一向多元化、特色化转变，开发模式由粗放型、数量型向集约型、环保型、质量型转变，产业功能由经济功能向文化功能、生态功能等综合性功能转变，从而实现旅游产业转型升级（桑彬彬，2014）。此外，随着互联网经济的发展，产业集聚开始向虚拟产业集聚转型，摆脱了传统的产业集聚地理空间边界的束缚。随着信息技术的发展，产业集群将产业内部各企业之间的距离逐渐缩短，这导致产业集群无论是在形成过程中，还是在演化路径上，都发生了本质的变化，由过去的演化路径，即"数量集中—质量提升—研发和品牌创新主导"向"平台主导—社区化运作—无边界发展"的虚拟产业集群演化路径转变。在这样的新形势下，文化产业与旅游产业融合发展也不再只注重传统的实体企业的发展，同时也着重发展线上平台，实现向虚拟产业集群转型。

三、文化游客发生变化

文化旅游产业优化不仅要关注供给侧结构性改革，通过企业创新等内生驱动力量来实现其融合和优化发展目标，需求侧也是值得重视的重要的内在动力机制因素。2014年，国务院印发的《关于促进旅游业改革发展的若干意见》明确指出，加快旅游业的发展要坚持融合发展的理念。旅游产业融合指的是旅游产业与其他产业或旅游产业内不同行业之间相互渗透、相互交叉，最终融为一体，逐渐形成旅游新业态的动态发展过程（何建民，2011）。旅游产业具有高度的产业关联性，其产业涉及范围广泛，已有研究表明，旅游产业与110个产业和行业相互关联，并在发展的过程中，随着发展阶段的不同，会与其他产业发生不同的融合现象（程晓丽和祝亚雯，2012）。正是因为旅游产业具有关联性强且综合性高的特征，使旅游产业与其他产业相互关联，具有与其他产业共同发展的优势，这为文化产业与旅游产业的融合发展奠定了基础。

从文化旅游参与主体的文化游客视角来看，改革开放40多年以来，中国经济发生了翻天覆地的变化。2017年，党的十九大报告强调，中国特色社会主义进入新时代，我国社会主要矛盾已经转化为人民日益增长的美好生活需要和不平衡不充分的发展之间的矛盾。2018年12月，习近平总书记在庆祝改革开放40周年大会上的重要讲话中指出：现在，我国是世界第二大经济体、制造业第一大国、货物贸易第一大国、商品消费第二大国、外资流入第二大国，我国外汇储备连续多年位居世界第一，中国人民在富起来、强起来的征程上迈出了决定性的步伐。由此可见，中国经济在快速发展，人均收入也越来越高，随之而来的就是人民更加富裕，人们可支配的闲暇时间越来越充足，对美好生活的需要以及精神产品的需求势必逐渐增加。旅游业经过多年的发展，也取得了良好的成绩，现已成为我国经济发展的支柱性产业，旅游者也不再是过去普遍的大众消费者，单一的旅游观光已很难满足其内在需求，已经转向文化的体验、精神的探索等方面，文化旅游消费需求更加多样化，同时又具有差异化与个性化。此外，随着教育的不断普及、知识水平的不断提高，现在的旅游者受教育程度得到了极大提升，以中青年为主的文化游客有较高的文化水平。因此，文化游客发生了巨大变化，而旅游产业作为一种消费导向型产业，必须以消费者的消费需求为导向，促使旅游产业与文化产业融合发展，以适应文化游客需求的变化，旅游产业链中的各企业应主动利用文化产业中的各元素，在产品研发、设计、制作等方面下足功夫，以延伸产业链、扩宽产业面，用更多的融合型文化旅游产品、旅游新业态、新模式来满足文化游客的各种内在需求。

第三节 新型城镇化背景下文化产业与旅游产业融合的约束机制

一、体制机制约束

《辞海》给"体制"一词作出了明确的解释,认为体制是指国家机关、企事业单位在机制设置、领导隶属关系和管理权限划分等方面的体系、制度、方法、形式等的总称。管理学角度的体制指的是国家机关、企事业单位的机构设置和管理权限划分及其相应关系的制度(桑彬彬,2014)。我国文化产业与旅游产业融合发展在一定程度上受到体制机制的约束。随着改革开放的持续推进,我国经济已由计划经济体制向市场经济体制转变,各种新的经营管理理念不断出现,这极大地开阔了人们的视野,但传统计划经济体制仍然在一定程度上制约着文化旅游产业领域的改革开放,也难免会影响文旅产业融合创新发展。在推动经济发展的进程中,全国各地都非常重视文化旅游,不断出台促进文化产业和旅游产业融合发展的政策。然而,由于受到传统观念的影响,对文化产业与文化事业的关系缺乏深入认识,所以各级政府在推动文化产业与旅游产业融合发展时,或多或少会受到认识误区、体制机制约束、产业管制等因素的影响,很多实力较强的中小企业无法进入文化旅游产业领域,从而导致因政府在文化旅游产业领域资金投入不足,而错失文化产业与旅游产业融合创新发展的大好机会。文化旅游产业投资不足、供给结构不合理,特别是文化旅游市场中具有多元化、个性化、数字化等融文化科技于一体的稀缺文化旅游产品,难以满足消费者的需求,而供求不平衡等结构性矛盾问题的出现反过来会阻碍文化旅游市场的发展。在这样的背景下,现代文化企业、旅游企业制度改革推进较为缓慢,少数文化旅游行业部门难以在市场化改革与计划管理协调上真正做到得心应手,部分文化旅游景点依旧缺乏独立自主的经营权。与此同时,政府相关管理机构对市场变化不够敏感,致使由政府投资入股兴办的文化旅游企业开发的景区,会在不同程度上出现经营管理不善、经济效益低下等问题。因此,我国文化企业、旅游企业上市公司比较少,且大多数是国有性质,并且缺少在全球有巨大影响力的大型文化旅游企业集团。

从表5-3可以看出,我国文化体制改革起步较晚,在很长一段时间里,政府政策都将重点放在文化事业上,这也导致我国文化产业发展在某种程度上受到限制,难以真正实现文化领域的改革开放。因而,我国当前文化市场体系和文化产业系统的运行还面临不少难题,而其与旅游产业的融合发展也面临一定的困难。尽管如此,我国深化改革开放的决心从未变化,文化领域改革开放也在逐步推进,从文化事业为主到文化产业与文化事业并举发展,从传统文化产业到数字文化产业,特别是文化产业与旅游产业等相关产业融合发展,均得到了不同时期文化产业政策与法规的支持,文化改革深层次领域体制机制阻碍也逐步缓解。党的二十大报告明确指出:"坚持把社会效益放在首位、社会效益和经济效益相统一,深化文化体制改革,完善文化经济政策。实施国家文化数字化战略,健全现代公共文化服务体系,创新实施文化惠民工程。健全现代文化产业体系和市场体系,实施重大文化产业项目带动战略。"这为我国文化产业与旅游产业融合创新发展破解体制机制约束提供了政策支持,同时也为构建和完善现代文旅产业体系和市场体系提供了政策依据。

表 5-3 我国文化体制改革进程

年份	体制改革和政策文件	内容
2002	党的十六大报告	厘清文化产业与文化事业的关系,首次提出"积极发展文化事业和文化产业"
2003	以深圳为代表的9个地区和35个文化单位成为文化体制改革试点	试点地区和单位积极培育市场主体、深化内部改革、转变政府职能、建立市场关系
2006	《"十一五"时期文化发展规划纲要》	有利于加快我国文化建设、推动文化体制改革
2009	《文化产业振兴规划》	标志着文化产业已上升为国家战略性产业
2011	《中共中央关于深化文化体制改革推动社会主义文化大发展大繁荣若干重大问题的决定》	加快发展文化产业,推动文化产业成为国民经济支柱性产业;进一步深化改革开放,加快构建有利于文化繁荣发展的体制机制,重点提到深化国有文化单位改革、创新文化管理体制
2012	《国家"十二五"时期文化改革发展规划纲要》	要构建现代文化产业体系,推动文化产业跨越式发展,使之成为新的经济增长点、经济结构战略性调整的支点、转变经济发展方式的重要着力点,为推动科学发展提供重要支撑
2015	《关于加快构建现代公共文化服务体系的意见》《国务院关于大力推进大众创业万众创新若干政策措施的意见》	一定程度上促进了我国文化产业发展,为我国文化产业发展指引了新道路
2016	《文化部"一带一路"文化发展行动计划(2016-2020年)》	坚持文化对外开放战略布局,发挥政府引领统筹作用,加强与共建"一带一路"国家和地区政府间文化交流;准确把握"一带一路"倡议精神,全方位提升我国文化领域开放水平

续表

年份	体制改革和政策文件	内容
2018	《国务院办公厅关于印发文化体制改革中经营性文化事业单位转制为企业和进一步支持文化企业发展两个规定的通知》	从公司制股份制改革、国有文化资产管理两个方面对继续推进国有经营性文化事业单位转企改制作出了相关规定；从财政税收和投融资等方面提出深化文化体制改革，促进文化企业发展的规定
2021	《"十四五""一带一路"文化和旅游发展行动计划》	深入开展文化和旅游领域更大范围、更宽领域、更深层次的务实合作；推动"一带一路"文化和旅游发展，构建全方位发展新格局

资料来源：根据中国政府网、文化部、文化和旅游部网站资料整理。

总之，由于受计划经济体制的影响，刚开始时政府对文化产业、旅游产业的管理较为严格，呈现条块分割、多部门管制的尴尬局面，并且在很多情况下是几个部门职权范围相互重复，于是各自为政的状况时常出现。然而，文化产业与旅游产业本身就有着跨产业、跨部门的属性，涉及范围广，因此各种审批手续复杂，不利于文化产业与旅游产业融合发展。随着我国改革开放的深入推进，文化对外开放有序推进，阻碍文化产业与旅游产业融合发展的体制机制问题逐步得到解决。因此，随着文化和旅游等领域体制机制改革深入推进，我国文化事业、文化产业和旅游产业融合发展必将更加优化和高级化。

二、人才障碍

文化产业与旅游产业融合发展离不开人才支撑。由于文化和旅游产业涉及经济学、管理学、社会学、艺术性、传播学、历史学、文化学等多个学科领域，因此文旅产业融合发展需要专业能力强、知识面广的交叉型和复合型的高素质人才。人才是产业发展要素中最重要的组成部分之一，既是推动文化产业、旅游产业以及二者融合创新发展的重要保障，也是文化产业与旅游产业融合创新发展的重要加速器。因此，文化产业与旅游产业融合创新发展，需要大量既熟知文化旅游产业，又具有创新创意能力的高端人才。显然，当前我国文化产业与旅游产业融合创新发展存在高端人才供给不足等问题。

一方面，人才的培养存在一定的限制。我国文化产业起步较晚，高校人才培育存在许多问题，学科体系尚不健全。如一些高校将文化产业仅限制在文化遗产学，在开设的课程上也有很大的局限性，很多课程出现重复现象，并且教材相对陈旧，没有紧跟数字经济时代发展的步伐，且与社会实践存在脱节现象。学科定位仍不太明确也是当前存在的问题之一。不少高校虽然申请到了开设文化产业专业的资格，甚至还有了硕士学位点，但是却将有着管理、艺术等属性的文化产业学科放入历史、文学等学院，对专业缺乏良好定位，且不能整合全校资源联合培养文化旅游管理、文化旅游经济等相关人才。除此之外，缺乏对学生的实践培养，有很多开设文化产业管理专业的高校甚至没有缺乏校外实习基地，也很少与其他高校、文化旅游研究机构等开展学术交流，这不利于学生学以致用，更不利于学生拓展学术视野。

另一方面，对文化产业专业人才培养缺乏足够重视。我国自上而下对文化产业和旅游产业融合发展越来越重视，但对于文旅交叉融合的复合型人才培养还缺乏足够重视。高校、地方相关行业部门等对文化产业和旅游产业融合型人才培养还持观望的态度。例如，在高校招生就业压力不断加大的环境下，不少备案招生文化产业管理专业的高校开始停招本科生，而旅游管理专业本科生的招生与就业也存在一定困境。

第四节　新型城镇化背景下文化产业与旅游产业融合的组织保障机制

在文化产业与旅游产业融合发展过程中，需要采取多层次、全方位举措，以确保其得以融合创新发展。为此，需要我们在正确认识文化产业与旅游产业融合创新发展的基础上，采取积极的态度，做好文旅融合创新发展保障措施，为文化产业与旅游产业融合发展提供切实可行的保障机制。

一、组织协调保障机制

2018年，文化部和国家旅游局合并组建为"文化和旅游部"，属于国务院重要组成部门，这是国家促进文化产业与旅游产业融合发展的重大举措。文化和旅游部的主要职责第二条的内容为：统筹规划文化事业、文化产业和旅游业发展，拟订发展规划并组织实施，推进文化和旅游融合发展，推进文化和旅游体制机制改革。第十一条的内容为：指导、管理文化和旅游对外及对港澳台交流、合作和宣传、推广工作，指导驻外及驻港澳台文化和旅游机构工作，代表国家签订中外文化和旅游合作协定，组织大型文化和旅游对外及对港澳台交流活动，推动中华文化走出去。"文化和旅游"已经密不可分，是国家推动文化产业、旅游产业融合的重要表现之一，文化旅游产业将是未来国家产业发展的重要组成部分。促进

第五章
新型城镇化背景下文化产业与旅游产业的融合机制

文化产业与旅游产业的融合，促进文化旅游产业融合创新发展，将是我国制定产业发展规划、对外展现文化自信的重大趋势和不可缺少的可行性渠道。文化和旅游部成立后，也对文化、旅游产业融合发展做出了诸多决策。国家统计局调查显示，当前国内景区门票价格"太高""偏高"的占72.3%。国家发展改革委价格司有关负责人指出："近年来，一些知名景区的游客人数已开始下降。越来越多的人用脚投票，表明高票价已制约、影响了我国旅游消费增长，成为迫切需要解决的问题。"因此，2018年7月，国家发展改革委印发了《关于完善国有景区门票价格形成机制降低重点国有景区门票价格的指导意见》（以下简称《指导意见》），明确提出通过开展定价成本监审或成本调查、剥离门票"额外负担"等措施，在2018年9月底前切实降低一批重点国有景区门票价格。"当前，我国已经进入大众旅游新时代，文化和旅游融合翻开新篇章，旅游业成为全国很多地区的重要支柱产业。结合世界旅游发展规律和我国实际情况，此次指导意见有助于加快旅游综合经济转型升级"。由此可见，文化旅游消费选择已成为我国老百姓生活水平稳步提升的重要体现，他们在物质生活得到满足之后，开始追求精神文化和旅游休闲生活。此次重点国有景区门票降低举措不仅能够满足更多消费者群体的旅游体验需求，并能进一步满足不同消费者群体对文化旅游品质的追求。与此同时，本书认为，《指导意见》是通过文化产业和旅游产业融合发展促进文化旅游产业结构调整和优化升级的重要举措，通过供给侧结构性改革来满足需求侧多元化、高端化、数字化等文化旅游需求。从而促进文化旅游产业链优化和经济社会全面发展。2009年1月，文化和旅游部发布了《美术馆藏品登记著录规范》《美术馆藏品二维影像采集规范》《演出安全第8部分：舞台监督及通讯安全》《演出用专业音响设备音质主观评价方法》《演出场所电脑灯具通用技术要求》5项推荐性文化行业标准，并自2019年6月1日起实施。此外，2018年，文化和旅游部还在全国范围内组织开展旅游市场秩序专项整治"利剑行动"，重点规范出境游、边境游、一日游等市场秩序，严厉打击不合理低价游和非法经营旅行社业务等突出违法行为。同时，文化和旅游部也开展了文明旅游"为中国加分，百城联动"专题活动，要求各地旅游主管部门加强宣传教育工作，引导广大游客理性消费、文明出游，自觉抵制不文明行为。与此同时，文化和旅游部还要求旅游企业严格落实文明旅游主体责任，导游、领队要切实担负起文明旅游引导员、志愿者的职责，积极传递正能量，自觉维护国家形象。

文化旅游企业中存在许多中小企业，这些中小文化旅游企业与诸多中小企业一样，也存在"融资难"等问题。2019年1月9日，国务院常务会议决定对小微企业推出一批新的普惠性减税措施。一是大幅放宽可享受企业所得税优惠的小型微利企业标准，同时加大所得税优惠力度，对小型微利企业年应纳税所得额不超过100万元、100万~300万元的部分，分别减按25%、50%计入应纳税所得额，使税负降至5%和10%。调整后优惠政策将覆盖95%以上的纳税企业，其中98%为民营企业。二是对主要包括小微企业、个体工商户和其他个人的小规模纳税人，将增值税起征点由月销售额3万元提高到10万元。三是允许各省（区、市）政府对增值税小规模纳税人，在50%幅度内减征资源税、城市维护建设税、印花税、城镇土地使用税、耕地占用税等地方税种及教育费附加、地方教育附加。四是扩展投资初创科技型企业享受优惠政策的范围，使投向这类企业的创投企业和天使投资个人有更多税收优惠。五是为弥补因大规模减税降费形成的地方财力缺口，中央财政将加大对地方一般性转移支付。这些针对性强的政策措施对于很多规模较小、资金困难但同时又兼具发展潜力、无限创意的文化旅游企业来说，无疑是一个利好消息。促进文化产业与旅游产业的发展，文化和旅游部在行动，国家在行动，国家相关组织部门自上而下的政策举措是引导、激励和确保文化产业和旅游产业融合创新发展的制度保障，而相关职能部门、组织管理部门则是促进文化旅游产业融合创新的重要组织保障。

二、业态融合组织保障机制

文化产业、旅游产业等相关协会组织的存在，也为文化产业与旅游产业的融合创新发展提供了坚实的基础。成立于2013年6月29日的中国文化产业协会，是经国务院批准、民政部登记的全国性社会团体，是文化产业领域的国家级协会，其会员均为国内优秀的文化企事业单位，如清华大学国家文化产业研究中心、总政歌剧团、阿里巴巴、深圳腾讯、北京银行等，这些企业涉及文化旅游、文化金融、动漫游戏等广阔领域，其影响力与引领示范作用不可小觑。2018年8月，中国文化产业协会和北京朝阳区共同牵头倡议，联合了中国传媒大学等高校和智库机构、全国23个城市（城区）相关部门、近100家老旧厂房改造转型园区，共同发起的全国老旧厂房保护利用与城市文化发展联盟在北京正式成立，这有利于促进区域文化产业与文化事业发展，在城市更新转型等方面有着重要的示范带头作用。2018年12月成功举办了京津冀文旅精品项目推介会，推动三地文旅产业领域优势互补与融合发展，搭建了三地文旅产业互动的平台，对三地文旅产业的发展开拓了合作渠道，有效促进三地文旅产业共享、共荣、共赢发展。

中国文化旅游摄影学会成立于2015年4月，是具有独立法人资格的国家一级学会，协会的宗旨是：以摄影为主题、以文化旅游为依托、以促进摄影艺术与文化旅游的融合为目的，发挥摄影工作者和爱好者的主力军作用，汇聚社会各方面力量，推动文化旅游摄影事业繁荣发展，丰富人民群众精神文化生活。该协会构建摄影艺术与文化旅游产业沟通的渠道，为各种旅游景区提供形象策划、景区宣传、产品推介等服务，在一定程度上促进了文化旅游融合发展，为文化、旅游产业的持续健康发展做出了一定贡献。此外，各地区也积极构建文化旅游产业相关协会，如中国长城学会文化旅游管理委员会，以"长城"为魂，构建长城文旅战略新引擎；以"文化+旅游+生态+智慧+康养"为发展理念，激活长城沿线丰富的资源，积极推动全域旅游，通过"文化体验+经验商业+游客互动+生态环保+健康养生"的业态共生、人群共享，形成完整的产业链条，促进长城沿线文化旅游经济的全面发展。2018年8月，甘孜藏族自治州康定市成立了中国第一个马文化旅游发展协会，在政府和相关职能部门的指导下，用文旅发展推动马匹的定向繁育和改良，快速促进牧民共同致富。

由此可见，在已有存在的专业行业协会中，其不仅有国家级的协会、学会，还有地方的、区域的协会，这对于文旅融合创新发展来说，有利于促进文化产业、旅游产业融合，是促进文旅融合新业态的重要组织保障机制。

总之，文化产业与旅游产业的融合，其融合机制是必不可少的，是二者融合过程的缺一不可的重要组成部分，它不仅有政策引导机制、外部市场环境变化等外在动力机制，还有文化构成基本要素、产业转型升级、文化游客等内在动力机制，同时还包括体制障碍、人才障碍等约束机制，当然还包含组织协调保障机制、业态融合组织保障机制等，这些机制共同作用，相互协调、相互促进，在动态发展过程中不断磨合、调整，用适度的组合来促进文化产业与旅游产业融合创新发展。

第六章 新型城镇化背景下文化产业与旅游产业的融合模式

"模式"一词源于拉丁文。《辞海》对"模式"定义为：一般指可以作为范本、模本的式样。凡是从具象实物模型向抽象理论模型发展和变化而形成的各种管理制度和社会结构的存在形式，都可以将其称为模型或模式。美国学者比尔和哈德格雷夫认为，模式的本质是对现实的高度抽象概括，是基于理论而得出的相对简化的形式。

总之，模式可以被视为"系统内部或系统之间各相关要素之间的组合方式以及运作流程的范式"。模式主要包含目标、功能及机制三个要素。产业融合是传统产业发展进程中的产物，它的发展是实现产业结构优化升级的一种重要方式，在产业结构调整和产业经济理论中占据重要地位，同时它也是助推资源型城市转型的得力助手。通常来讲，产业融合模式就是产业针对特定对象进行的具有某种特色的融合方式和融合特点的概括性描述。

第一节 新型城镇化背景下文化产业与旅游产业融合模式类型划分

一、基于融合动因的类型划分

根据融合动因的不同，可以将融合模式分为三类：一是旅游产业跨越原有的产业边界与文化产业发生联系，对文化产业进行改变的过程；二是文化产业跨越原有的产业边界与旅游产业发生联系，对旅游产业进行改变的过程；三是旅游产业与文化产业同时跨越产业边界，旅游产业与文化产业同时改变彼此的过程。以旅游产业改变文化产业的形式进行产业融合时，旅游产业的无形要素向外延伸，旅游产品的功能同时进行扩展，从而形成新型旅游产品和旅游服务，最终形成新型的产业业态（朱海艳，2014）。而以文化产业改变旅游产业的形式进行产业融合时，文化产业的无形要素同样向旅游产业进行延伸，对旅游产业进行了改造和创新，实现了旅游产业链的某一环节或者某一功能的创新，最终形成新型产业业态。以旅游产业与文化产业相互改变的形式发生产业融合，最终的结果是上述两种融合形式产物的综合。

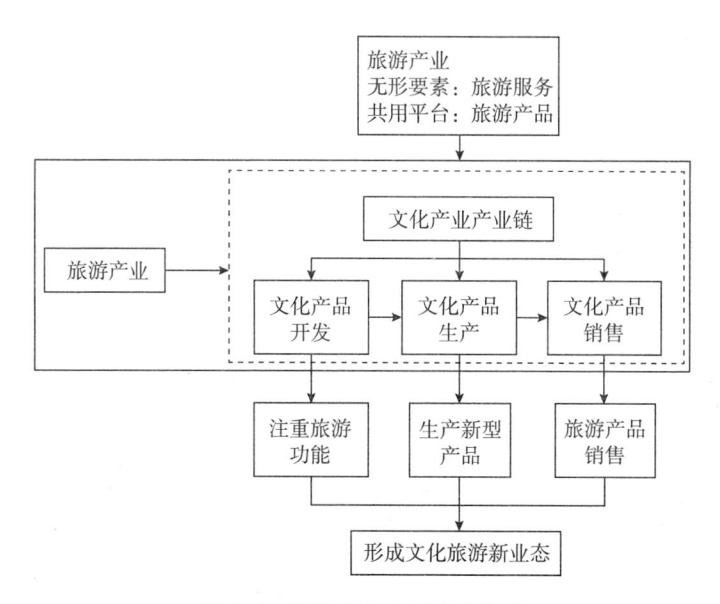

1. 旅游产业主导融合模式

旅游产业主导融合模式，是指以旅游产业改变文化产业的形式进行产业融合的模式，具体是指旅游产业中的旅游服务等无形要素通过旅游产品这一共用平台，主动跨越旅游产业的边界，与文化产业发生联系，改变文化产业链的各环节，形成新型文化旅游产品和新型产业业态的融合模式。

如图 6-1 所示，旅游产业主导融合模式的产生过程具体表现为：旅游产业改变文化产业链中的"开发—生产—销售"三个环节，使文化产业在开发环节上更加注重旅游功能方面的开发；在生产环节上，通过延伸原有的旅游产品的功能、扩宽原有的旅游产品的种类，从而达到形成新型旅游产品的目标；在销售环节上，逐渐以销售旅游产品为主，营销方式逐渐向旅游者倾斜。这种融合模式不仅打破和削弱了文化产业自身原有的产业链，并且越加强化了其旅游功能，在此过程中逐渐形成新产业链，具备旅游产业和文化产业双向功能则是这一新产业链的鲜明特征（邵东波，2018）。随着融合的不断深入，旅游产业功能在新型产业

图 6-1 旅游产业主导融合模式

链中逐渐取代文化产业的部分功能甚至全部功能，从而使产业链慢慢向旅游产业倾斜，最终形成以旅游产业为主导的产业链形式。因此，旅游产业主导融合模式的结果是形成了新型旅游产品和新型产业链。

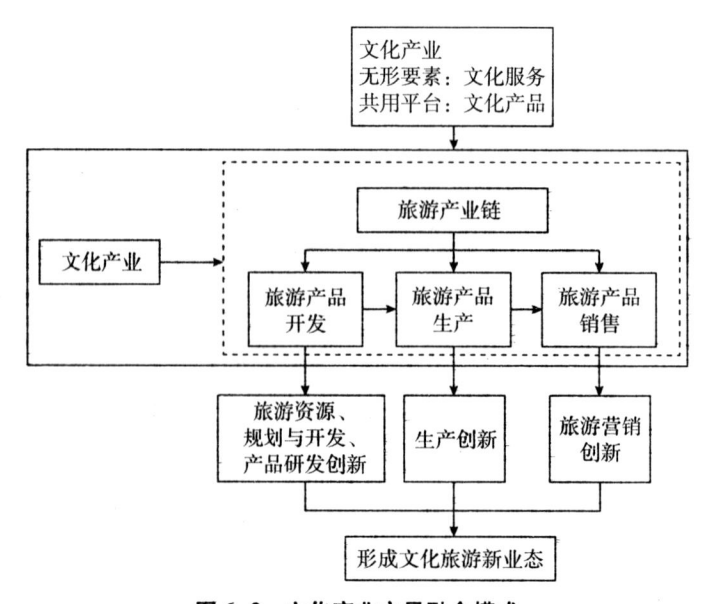

2. 文化产业主导融合模式

文化产业主导融合模式指的是通过文化产业改变旅游产业的融合发展过程，具体指文化产业跨越原有的产业边界，其无形要素通过文化产品这一共用平台使旅游产业发生改变，最终使旅游产业链中的某一个环节或者某一功能发生变化的融合过程。

文化产业主导融合模式的动因是文化产业的无形要素作用于旅游产业链，从而使旅游产业得以融入文化要素而实现高质量发展。在这一融合过程中，文化产业占据主导地位，带动旅游产业发展，从而实现两者的融合。通过共用平台，文化产业中的无形要素作用于旅游产业链中的"开发—生产—销售"三个环节中的某一环节，使其得以融入文化产业的部分功能，从而促使这一环节实现创意和创新发展。文化产业主导融合模式，最终的结果是旅游产业链中的部分环节甚至是全部环节实现创新发展，如图6-2所示，其结果将促进旅游产品研发、旅游资源规划与开发、旅游营销等各方面得到创新发展。随着产业融合的不断深入，这些环节上的创新达到一定的程度，最终使旅游产业得以变革，形成文化旅游新业态，从而更好地满足文化旅游者的需求。

图6-2 文化产业主导融合模式

3. 旅游产业与文化产业互为主导融合模式

旅游产业与文化产业互为主导融合模式是介于旅游产业主导融合模式和文化产业主导融合模式之间的一种融合模式，是指旅游产业与文化产业相互改变的融合过程：一方面，旅游产业中的无形要素旅游服务通过旅游产品这一共用平台，跨越旅游产业的界线，与文化产业发生联系，改变文化产业链中的某一环节；另一方面，文化产业中的无形要素通过共用平台，跨越原有的文化产业界线，与旅游产业发生联系，对旅游产业链中的某一环节进行改造和创新。当然，这两个过程是同时进行的。如图6-3所示，与前两种融合模式不同的是，旅游产业与文化产业互为主导融合模式的动因来源于双方，而且双方在相互融合过程中处于势均力敌，即旅游产业与文化产业中的无形要素同时跨越自身的产业界线，从而促进旅游产业与文化产业的相互融合。旅游产业与文化产业互为主导融合模式的融合过程是上述两种融合模式的综合。一方面，旅游产业中的无形要素即旅游服务通过旅游产品这个共用平台，跨越旅游产业的界线，将旅游功能融入文化产业链中的"开发—生产—销售"三个环节某个环节或者某几个环节。另一方面，与旅游产业改变文化产业类似，文化产业也将其功能和特性融入旅游资源开发、旅游产品研发、旅游产品制作和生产、旅行社营销、旅游景区营销等多个环节。旅游产业与文化产业互为主导融合模式最终的结果是旅游产业、文化产业两大产业链的改变和创新，两大产业实现融合发展，最终形成兼具旅游产业、文化产业两大产业特色、特征、功能的文化旅游新业态。

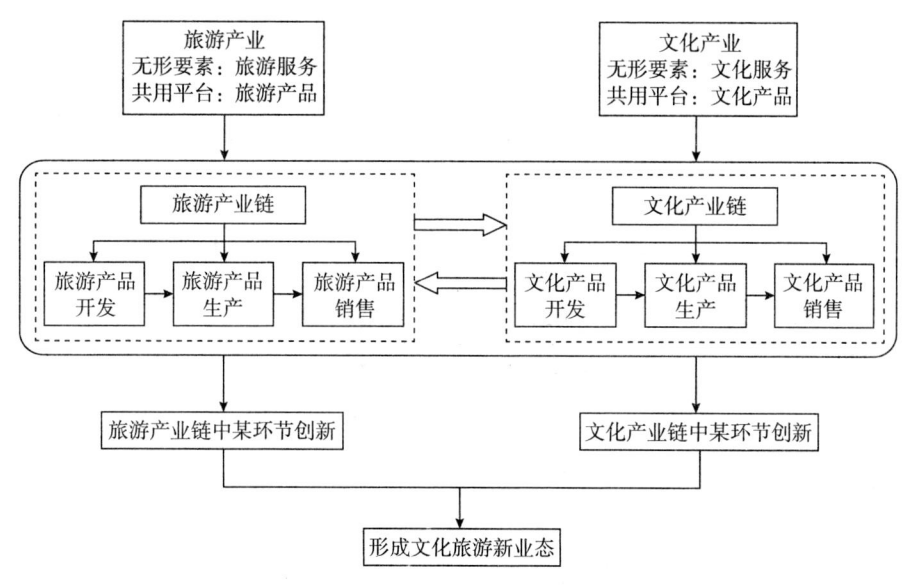

图6-3　文化产业与旅游产业相互融合模式

二、基于产业链节点的类型划分

以产业链的四个主要链节点(资源规划与开发、产品生产、产品销售、产品消费)为主线(栗悦和马艺芳,2013),以生产技术、产品、业务以及市场四个融点为切入点,在融合过程中不断优化、创新,形成四种融合模式,分别是产业链在资源规划与开发节点的融合模式、产业链在产品生产节点的融合模式、产业链在产品销售节点的融合模式、产业链在产品消费节点的融合模式。

1. 产业链在资源规划与开发节点的融合模式

在资源规划与开发节点上,融点主要是生产技术,其融合过程就是生产技术的融合。如图6-4所示,旅游产业中的景区规划开发、基础设施建设、旅游地城镇规划建设等为其提供了融合要素,文化产业分类下的文化创意产业、文化设备制造等设计制作企业,以及旅游产业中的旅游规划与开发企业则成为此种融合模式的重要融合载体与平台,逐渐形成了文化旅游资源规划与开发企业,此类企业主要以规划开发技术为主。具备技术、工艺、设备等的文化制作企业,通过技术投资、转让、咨询等与旅游景区规划与开发、旅游城镇环境建设与规划等结合起来,在增加旅游产品文化内涵的同时,实现了旅游产品深度加工和流通的附加值,文化的技术含量以及文化产业的附加值都得到了提升,并实现旅游产业与文化及相关产业相关的经济效应(栗悦和马艺芳,2013)。

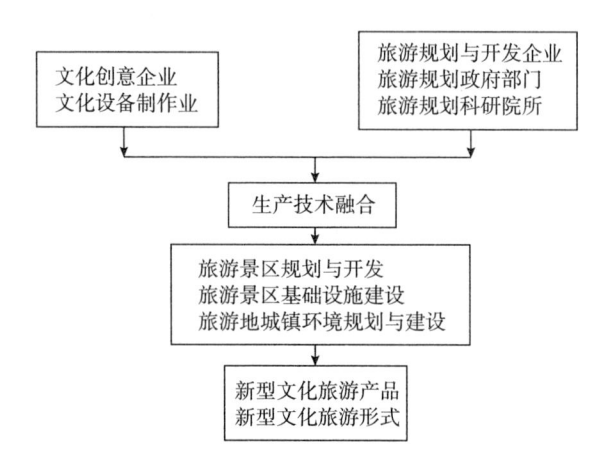

图6-4 产业链在资源规划与开发节点的融合模式

2. 产业链在产品生产节点的融合模式

在文化产业与旅游产业融合过程中，该融合模式体现在两个产业的产业链产品生产节点上的融合，产品生产节点充当其融点。如图6-5所示，影视制作、动漫制作、文娱项目制作等文化产品生产企业，与旅游产品生产企业进行融合，二者的产品生产节点则成为融合的载体，文化产品与旅游产品则成为其融合要素（栗悦和马艺芳，2013），催生出了一批新兴文化旅游企业，主要涉及旅游影视业、动漫旅游节庆、旅游美食等。而文化生产企业通过文化产品与旅游产品创新重组的形式，形成了一大批新型文化服务业，不仅拓展了旅游业的内涵和市场发展空间，而且满足了文化旅游者日益多元的消费需求。同时促进了传统文化、非遗技艺等的内涵延伸与传承保护。

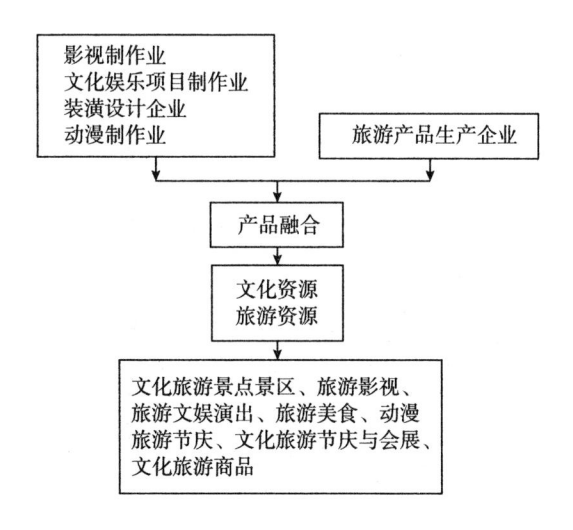

图 6-5　产业链在产品生产节点的融合模式

3. 产业链在产品销售节点的融合模式

文化产业与旅游产业在产品销售节点的融合，其业务是主要融点。如图6-6所示，传媒业、编辑出版印刷企业等营销服务企业和旅行社、咨询服务公司等旅游中介企业，为其提供融合载体，以旅游产品和服务批发、零售和网络销售为融合要素，逐渐形成一批文化旅游企业。例如，以文化旅游宣传和营销为主的文化旅游宣传出版企业，其特点是用同一个运作平台进行文化旅游产业的对外宣传与推广，较大程度地增大了文化旅游企业的宣传力度，拓宽了文化旅游企业的宣传渠道，促进了文化旅游企业核心竞争力的提高，同时这些业务也成为文化产业与旅游产业新的经济增长点。

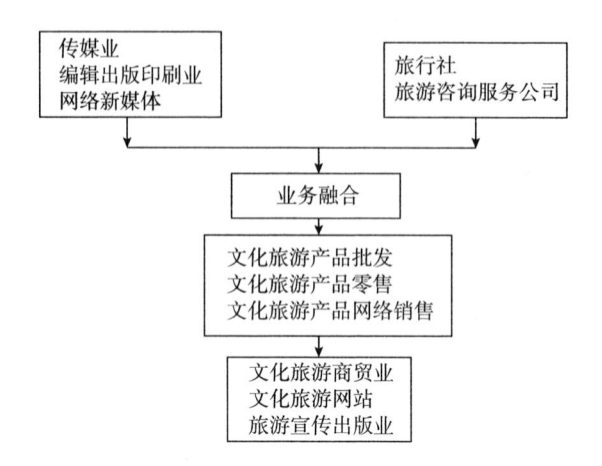

```
┌─────────────┐        ┌─────────────┐
│  传媒业      │        │  旅行社     │
│编辑出版印刷业│        │旅游咨询服务公司│
│ 网络新媒体   │        │             │
└──────┬──────┘        └──────┬──────┘
       │                      │
       └──────────┬───────────┘
                  ▼
             ┌─────────┐
             │ 业务融合 │
             └────┬────┘
                  ▼
         ┌──────────────────┐
         │ 文化旅游产品批发 │
         │ 文化旅游产品零售 │
         │文化旅游产品网络销售│
         └────────┬─────────┘
                  ▼
         ┌──────────────────┐
         │ 文化旅游商贸业   │
         │ 文化旅游网站     │
         │ 旅游宣传出版业   │
         └──────────────────┘
```

图 6-6　产业链在产品销售节点的融合模式

4. 产业链在产品消费节点的融合模式

如图 6-7 所示，产业链在产品消费节点的融合模式下，市场是该类融合模式的融点，融合的载体则是与之相关的企业，如文化市场营销企业和旅游产品销售企业等，市场开发、资本运营等是融合要素，通过市场与资源的整合，促使区域知名度提高、有市场影响力的品牌，从而提升文化产业与旅游产业的核心竞争力，同时助推文化旅游产品形成、文化旅游品牌构建。总之，文化旅游不断发展，并通过多元渠道将文化旅游产品传递给旅游者，从而满足消费者的精神文化需求。

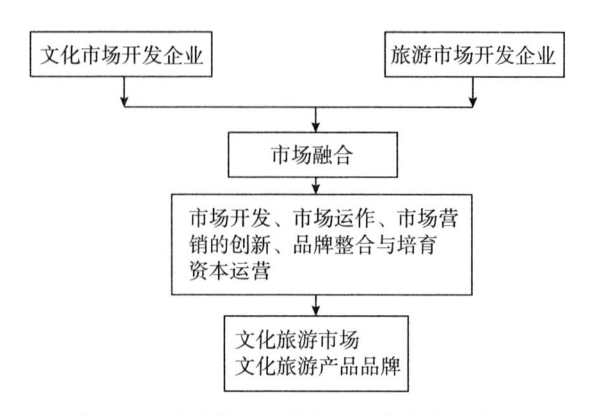

```
┌──────────────┐        ┌──────────────┐
│文化市场开发企业│        │旅游市场开发企业│
└──────┬───────┘        └──────┬───────┘
       │                       │
       └───────────┬───────────┘
                   ▼
              ┌─────────┐
              │ 市场融合 │
              └────┬────┘
                   ▼
      ┌──────────────────────────┐
      │市场开发、市场运作、市场营 │
      │销的创新、品牌整合与培育   │
      │资本运营                   │
      └────────────┬─────────────┘
                   ▼
         ┌──────────────────┐
         │ 文化旅游市场     │
         │ 文化旅游产品品牌 │
         └──────────────────┘
```

图 6-7　产业链在产品消费节点的融合模式

第六章
新型城镇化背景下文化产业与旅游产业的融合模式

第二节　新型城镇化背景下文化产业与旅游产业融合发展的一般模式

一、延伸型融合模式

延伸型融合模式是指各产业间经济活动通过功能的互补与延伸，打破原来产业的边界，促进产业融合的实现，延伸出现在产业链的各个环节与节点（李洋洋，2010；雷波，2012）。通过延伸式融合，原有产业能够被赋予新的附加功能和更多的市场竞争力，以此形成新的融合型产业体系。

因此，产业延伸模式融合要求人们不仅要将目光投向文化产业和旅游产业所能覆盖的范围之内，还要尽可能多地向对方产业部门延伸拓展，以丰富文化产业和旅游产业的内涵、扩大文化产业和旅游产业的市场供给水平。在实现文化产业和旅游产业更好发展的路径选择上，可以根据文化产业和旅游产业的产业特殊性，不断寻求文化产业和旅游产业间的延伸融合发展。显然，这类发展模式是通过产业延伸的方式来实现两大产业的延伸融合，主要是文化创意产业将其产业价值链延伸到旅游产业，凭借文化创意产品的强大吸引力重新建造出不同文化创意主题的公园，专门从旅游效益中获得以经济收益为主的经营方式，这是文化创意产业与旅游产业融合的重要方式。通过有效运用这种模式，可以将民族文化旅游资源向文化产业进行延伸，利用多种手法将旅游资源"活态化""动态化""数字化"，打造多元化并具有创新的旅游产品，以丰富民族旅游目的地的旅游产品内容，提升旅游目的地的吸引力与生命力。

二、重组型融合模式

产业重组式融合是指发生在具有紧密关联的不同产业之间，使原本各自独立的产品或服务在某一共同利益的刺激下，通过重新组合的方式融为一体的整合过程（辛欣，2013；魏红妮，2013）。重组型融合，就是打破了文化产业与旅游产业原有的价值链，提取其中的核心价值环节，经过资源的整合和产业的重组，构建新的文化旅游产业链，而这种新的产业链同时兼具了文化产业与旅游产业的特质。文化旅游产业的重组融合是实现区域文化旅游产业融合发展的首要路径，其具体而言有两种实现方式：一是文化旅游在内容上的融合，这是文化旅游融合的初级形式；二是文化旅游产业在商业模式上的融合，这是文化旅游产业融合的高级内容。

产业重组式融合最突出的表现就是通过节庆和会展两大产业活动的重组方式实现两者的融合，主要借助于各种节庆展会设施平台吸引大量人流、物流与信息流，从而带活举办地的旅游经济。该种模式的精心策划与有效市场运作，能够凝聚地方民族文化精华，能让游客在短时间内了解旅游目的地的文化特色，提升旅游目的地知名度，增加游客的文化体验。特别是文化演艺旅游产品的推出，能有效延长游客的停留时间，从而提升其经济价值，增强了游客对旅游目的地的了解和留恋感。在产业重组式融合模式下，以节庆展会为平台，将文化与旅游两大产业的资源、产业活动进行重组与整合，打造各种文化创意体验旅游活动或项目，并创造全新的文化旅游产业形态，从而通过有效地销售和传播文化旅游产品，提升举办地的旅游形象，推动两大产业快速、健康和可持续发展。

三、渗透型融合模式

产业融合的实质是创新，在技术创新的驱动下，旅游和文化产业的价值链环节全部或部分渗透到另一产业中（李洋洋，2010）。旅游和文化产业价值链环节相互交融，由于新型产业融合了原产业的价值链内涵，因而具有更强的产业增值能力。渗透性产业融合模式主要分为旅游产业向文化产业渗透和文化产业向旅游产业渗透两种（魏红妮，2013）。

1. 旅游产业向文化产业渗透融合

这种融合方式主要就是利用景点的知名度来打造文化旅游产品或服务。最具代表性的便是深圳的动漫科技园，借助动漫产业的表现手法和高新技术手段，通过动漫产业的传播方式和营销渠道来推广真实的景点。以旅游景点所在的自然和人文空间为动漫产业和网络游戏的载体，使自然和枯燥的旅游资源动态化，使虚拟抽象的动漫产品和网络游戏具体化、生动化。

2. 文化产业向旅游产业渗透融合

文化产业向旅游产业的渗透融合主要是各种成熟的动漫等文化产品凭借其内容和市场优势，借助高新技术手段和管理创新的契机，融合参与性、娱乐性、体验性、文化性和休闲性等创新理念，开发出包含各种主题的旅游景点景区。因为景点景区包含的主题较多，涵盖的内容也相当丰富，因此这对旅游产业和文化产业融合的程度要求较高。文化产业向旅游产业渗透融合是三种融合类型中融合程度最高的，其典型代表便是国际上的迪士尼乐园以及中国深圳的华侨城。迪士尼正是依靠动画片的内容优势、知名度、广泛的传播渠道以及广泛的市场优势并借助高科技手段来真实再现动画场景，活化了动漫内容，丰富了旅游景点的内涵，动画场景在现实空间中的再现更是满足了游客对体验性、参与性、娱乐性旅游产品和服务的追求，实现了旅游产业和文化产业的有效融合。

第三节 新型城镇化背景下文化产业与旅游产业融合发展的盈利模式

文化旅游产业盈利模式系统通常包括文化旅游产品生产商、文化旅游服务提供商、文化旅游产品开发商、文化旅游产品销售运营商和消费者（桂拉旦和孙润艳，2016）。本书主要从开发、生产和运营三个环节来考察新型城镇化背景下文化产业与旅游产业融合发展的盈利模式。

一、资源开发融合模式

资源开发融合模式主要包含深入发掘模式与积极创造模式。

1. 深入发掘模式

文化产业与旅游产业都有丰富的资源基础，尤其是文化产业。对于一个区域、城镇来说，广泛、独特的文化资源是文化产业与旅游产业融合发展的前提和基础，当然也为发掘这些资源带来了一定的挑战。有些地方资源或已被发掘并被持续利用，但是有些资源仍处于待发掘状态。深入发掘模式就是旨在通过各种方式方法对地方的、区域的、城镇的资源进行发掘整理，使其变为被发现状态，使那些存在着的但没有被人发现的自然形成的资源，以及存在且被发现但并未作为文化、旅游资源加以利用的事物或现象能够得以充分发掘，并对其进行合理利用，实现文化产业与旅游产业融合发展，促进新型城镇化的进程。处在"待发现"状态的自然存在的或人为形成的文化、旅游资源，不仅无法形成相应的文化产品、旅游产品，更谈不上促进文化产业与旅游产业融合发展。积极探索发掘旅游、文化资源，尤其是"待发现"状态的资源，并以此为基础和核心进行文化产业与旅游产业融合发展，就是资源开发型融合模式中的深入发掘模式。显然，该模式是新型城镇化初期文化产业与旅游产业融合发展初中级阶段所采取的重要形式。

2. 积极创造模式

积极创造模式是旅游产业与文化产业得以持久性融合发展的重要基础。消费者的消费意愿在不断变化，旅游形式也随之不断升级，社会文化在不断进步，这就需要新的旅游资源与文化资源来支撑文化产业与旅游产业的融合创新发展，以满足不断变化的旅游消费需求与文化消费需求（杨园争，2013）。如果仅仅停留在原有的资源及产品的基础上而忽略资源创新，则会造成这两个产业融合发展的停滞。

顾名思义，积极创造是指通过人的主观能动性的、有意识的创新行为，使原本不存在的文化资源、旅游资源得以出现，并成为文化产业与旅游产业融合发展所用的特有活动。人类有意识地作用于客观世界，产生了文化现象，形成了文化资源。基于此，我们可以通过积极创造兼具文化内涵和旅游吸引力的文化资源与旅游资源来促进文化产业与旅游产业的全面融合，用一个词来形容就是"说故事"。积极创造旅游与文化的融合资源是形成这两个产业融合产品的重要基础，而其融合产品是两个产业融合资源的落脚点和归宿。因为创造融合资源本身并不能带来效应，只有融合资源转变为融合产品才能进入流通，带来社会效应与经济效应。所以，在本书中，积极创造融合资源是创造融合资源和融合产品的总称。在文化产业与旅游产业融合发展中，也需要人们会"说故事"，创造融合资源，同时还要"说好故事"，促进文化产业与旅游产业融合创新发展。

二、产品生产融合模式

旅游产业与文化产业的产品融合是通过将旅游产品与文化产品的产品价值链进行解构与重组，融合产生出一种新型的文化旅游产品（杨园争，2013）。这种融合产品既源自旅游产品和文化产品，也高于旅游产品和文化产品，因为它在产品形式上是二者的叠加组合，可以同时满足消费者对旅游产品和文化产品的需求。在资源融合的基础上，文化产业与旅游产业具备空间融合与时间融合两种不同的产品融合模式。

1. 产品空间融合模式

产品空间融合模式指的是在一定的空间内，将文化与旅游相结合，从而形成形象产品，其兼具文化效应与旅游效应，并实现在同一空间下既满足文化消费需求，又满足旅游消费需求。根据价值链结构与重组的程度不同，可以将产品空间融合模式划分为渗透型、延伸型与重组型三种类型（杨园争，2013）。

（1）渗透型空间融合模式。渗透型融合的产业链解构程度较低，是指将不

第六章
新型城镇化背景下文化产业与旅游产业的融合模式

同产业的价值链环节基本维持不变或无摩擦地渗透到另一产业中,这种渗透可以是全部产业链的渗透,也可能是部分产业链的渗透,并最终形成新的融合型产品。这一方式通过技术的渗透融合,将原本属于不同产业的产业价值链环节交融在一起,产生了扩展原有产业价值链内涵、增强产业增值能力的效果。

渗透型空间融合类型包括两个方向:一是文化产品的主动渗透,从文化产业的主动渗透角度来讲,文化产品本身具有极大的审美价值,其带来的精神享受对消费者产生了一定的吸引力。文化产品可借助其强吸引性的特征,对自身价值链进行部分解构,将其核心部分与旅游产品无摩擦对接融合,形成的就是渗透型融合产品,这种融合产品主要有景区文化演艺、文化主题公园两种类型。二是旅游产品的主动渗透,旅游产品的主动渗透是指旅游产品将自身价值链无摩擦地缀于已经成功开发的文化产品之后。旅游产品主动渗透的典型方式是旅游景点与网络游戏的融合,这是指旅游景点可以将自身作为动漫游戏的场景,进而凭借文化产业的传播特性,伴随着动漫游戏迅速推广自己,成功实现与文化产业的主动融合。旅游产品主动向文化产品的渗透,尤其是景点向动漫业的渗透可以使旅游景点借助动漫的方式进行宣传,网络游戏因为真实景点的注入而增加其真实体验性,旅游景点通过静态景点产品的动态化和游戏化丰富了产品的内容,网络游戏产品也借助旅游景点的知名度达到了提高其游戏受众的效果,这就是产业融合的溢出效应之所在。

(2)延伸型空间融合模式。延伸型融合指通过旅游产品与文化产品之间的功能互补和延伸实现产业融合,文化产业和旅游产业可以延伸自身价值链,增多价值链环节,拓展业务范围,打破原有产业边界并实现产业边界的交融,不断赋予自身以新的功能,实现产品融合。我们可以将其划分为两者类型,即文化场馆服务化的功能强化子模式与产业园区景点化的功能附加子模式。

原有产业功能的强化是文化产业与旅游产业延伸型融合的第一种表现形式,常见方式是文化场馆服务化。通过文化场馆自我改善以提升自身的文化服务功能,以智慧化、数字化发展为导向,积极探索研学旅游线路等文化旅游产品,主动把其产业链向旅游产业延伸,打造成为文化旅游产品,一方面可有效摆脱文化场馆高深难懂、冷清的困境,另一方面可丰富公共文化事业发展的类别,提升文化产业的整体水平。

原有产业功能的附加是文化产业与旅游产业延伸型融合的第二种表现形式,多以文化产业园区景点化的方式实现。很多文化产品通过适当的整合包装可以具有旅游产品的功能,文化产品的价值链也因此得以延伸。将产业园区景点化是延伸型融合的典型表现。

（3）重组型空间融合模式。重组型融合主要是将原有产业的价值链进行解构，使各价值链活动环节形成一种混沌状态的价值网，然后将原有产业价值链的核心增值环节摘录出来，并通过构建新的价值通道，整合为一条新的价值链（袁骅笙，2013）。该融合模式主要包括节庆会展、旅游线路主题规划两大类。节庆会展式是把节庆会展这一文化产品作为核心价值链与旅游相结合，旅游线路主题规划是以旅游活动为核心过程并与文化产品的主题相组合，产生具备文化主题的新型融合型产品。

其一，节庆会展子模式。节庆会展模式是指基于产业融合的角度，节庆、会展等类型文化产品的核心增值链是对客流的吸引，而旅游产业的核心环节是客流在旅游地的停留与消费。将二者摘录出来并通过相关重组、包装、宣传等手段加以整合，形成一条全新的节庆会展式旅游新链。利用节庆会展吸引客流，同时旅游提供商也尽可能地创新旅游产品、改善旅游服务质量，节庆会展与旅游融合发展将产生"1+1>2"的经济效应，且节庆会展是对富含吸引力的特色产品或现象的集中展示，其本身就具备高质量旅游产品的特性；同时，节庆会展举办地繁荣的旅游产业也将为当地各种文化产品提供客源和商机。节庆会展与旅游之间在相互渗透、相互融合中实现相互促进、共同发展。

其二，旅游线路主题规划子模式。旅游线路主题规划是指以不同文化类型为主题，对具有相应文化特征的文化产品等进行整合，规划线路，从而使整条旅游线路具有鲜明的文化特征，并与奇特旅游线路明显区别开来。这种方式使归属于同一线路的所有文化产品与旅游产品得到全面、系统的推介，实现文化产业与旅游产业融合发展，同时提升旅游线路的影响力与竞争力。旅游景点与旅游目的地的串联与整合，是旅游线路产品的核心价值链，即使是同样的一些景点与旅游目的地，其串联与整合的方式不同，会得到不同的旅游线路产品，每条旅游线路产品将会带来完全不同的旅游体验。而文化产业的核心环节正是极具差异性的文化生产与销售。将以上两个价值链核心环节进行对接融合，形成的新的价值链就是包含鲜明文化主题的旅游线路。对于选择主题旅游的游客来讲，他们会对自己感兴趣的主题有较高的认知度、参与度，会投入比普通类型旅游更多的文化认同。而对于文化产业来讲，主题旅游可把具有类似属性的文化产品连为一体、共同发展。一个成功的主题线路设计可以带动一系列相关的而不是单一的文化行业的发展。

2. 产品时间融合模式

传承性是文化的基本特征属性之一，文化随着时间的推移，不断积累、日益丰富。文化产业的发展，不断面临着新问题，而如何将优秀的文化资源延续、弘扬，如何将文化通过创新形成文化产品，即文化产业化，进而形成文化市场，是始终伴随着文化积累与发展一直存续的"新"课题。随着技术的发展，产业的融合，可将人力、财力与物力以及现代科学技术相结合，多方合力对文化资源进行包装整合，借助旅游产业的平台，使其实现产业化与市场化，凸显文化的经济价值。

与以上三类产品空间融合模式不同，旅游产业与文化产业还具备产品的时间融合模式，即消费者在特定的空间范围内产生了时间的错位感，消费者所生活的真实时间与其所体验的产品所表达的产品时间是不同的。该模式强调的是"恍若隔世"的真实感，是"时间可逆"的独特体验。其与空间融合模式中的景区演艺、主题公园等有交叉重叠的部分，但是将其单独列出来是基于以下原因：一是时间模糊感的营造是其显著特点，这是多数其他景区演艺或主题公园项目所不曾构想到的，具有单独分析的必要性；二是对这一现象进行专门的理论分析有助于此种模式的良好发展，会对相关理论产生积极的作用。

三、商业运营融合模式

旅游产业与文化产业的商业运营融合主要是通过形式多样的文化产品对旅游产业进行商业推广、宣传营销，以减少因旅游产品本身的吸引力潜隐性及后验品属性所带来的消费抑制效应，进而强化旅游产品的商业价值和营销力度，达到用文化产业促进旅游产业发展，进而实现二者融合发展的目的，是文化产业和旅游产业融合发展的重要一环。商业运营模式主要包括制造专门服务于旅游产业的文化产品和借力于其他文化产品两种子模式，简称专门子模式、借力子模式。

1. 专门子模式

专门子模式是指旅游产业通过打造包括书籍报纸、歌曲、广告宣传片、专题旅游节目及频道的等专门性文化产品作为其商业推广和营销宣传手段，以实现文化产业与旅游产业的商业运营融合的一种方式（杨园争，2013）。该模式的特点是其文化产品的直接目的，即针对相应旅游产业的商业推广和营销宣传，文化产品直接服务于促进旅游产业发展。其主要包括以下四种方式：第一，以书籍、杂志、报纸等形式与旅游产业进行商业运营融合；第二，以歌曲的形式与旅游产业进行商业运营融合；第三，以广告宣传片或纪录片等形式与旅游产业进行商业运营融合；第四，以电视频道、电视节目等形式与旅游业进行商业运营融合。

2. 借力子模式

有些文化产品虽然其本身并非专门服务于旅游产业的商业推广和宣传营销运营，但是通过相关旅游产业部门与之相配合，可以在客观上促进文化产业和旅游产业的共同发展。借力子模式是指旅游产业主动借力于其他文化产品的商业推广、营销宣传及销售管理等成果，积极宣传、推广和销售与自身相应的旅游产品和服务，进而达到提高自身知名度、美誉度的效果，使这些文化产品也间接具备了促进相关旅游产品商业运作的效果（杨园争，2013）。有些文化产品虽然其本身并非专门服务于旅游产业的商业运营，但是通过与相关旅游产业部门的配合，可以在客观上促进文化产业和旅游产业的共同发展。其主要特点体现在以下两个方面：一是文化产品与旅游产品都具有满足消费者放松、享受、求知及体验需求的产品特性。基于此，大多数文化产品均可找到或构建出与之相对应的满足消费者旅游需求的产品。文化产业在传播无形文化的同时也传递着配套旅游体验方式。二是该模式强调的是旅游部门与其他文化产品积极主动的配合，借文化来宣传旅游。例如，韩国旅游借助电视剧的推力，在韩国旅游机构的积极策划配合下，将韩国的自然风光游推至更高水平，是旅游产业主动借力文化产业对自身加以商业宣传推广的经典案例。

第四节　新型城镇化背景下文化产业与旅游产业融合发展的新型模式

一、文化旅游产业园区融合模式

文化旅游产业园区融合模式是指文化产业和旅游产业在一定空间范围内，通过统一制定文化旅游发展规划，提供文化旅游产品来实现产业融合发展（罗政军，2014）。文化旅游产业园区融合模式是我国当前文化产业和旅游产业融合创新发展的主流模式。2023年，文化和旅游部公布的新一批"国家级文化产业示范园区"中，吉林省广告创意文化产业园区、苏州元和塘文化产业园区、浙江省横店影视文化产业集聚区、衢州儒学文化产业园、西藏自治区西藏文化旅游创意园区等是我国文化旅游产业园区融合发展模式的典型代表。其中，吉林省广告创意文化产业园是以广告创意为核心产业，集电商、直播、新媒体、影视、短视频、展演活动等多种文旅新业态为一体的文化产业,"文旅融合、数字创新"是其重要的创新发展模式;苏州元和塘文化产业园区则是一个以数字文化产业为主导的产业功能区,其重要特征是"以产城融合促进城市更新,构建数字文化产业生态";浙江横店影视文化产业集聚区是一个集"影视拍摄、旅游度假、文化娱乐等功能于一体"的文化旅游融合创新区,其目标导向是"推动影视文旅全域发展,融合文创、娱乐等多种业态,打造多维度文旅消费场景和多元影视特色文旅产品,促进影视文旅互生互促深度融合"。西藏文化旅游创意园区是直接以"文化旅游"命名的文化旅游创意产业园区,其九大功能区中涉及文化旅游的有文成公主文化旅游主题公园、藏民族民俗风情体验园、西藏非遗文化体验园、藏民族手工艺品生产体验区、高端旅游服务配套设施五个功能区。文化旅游产业园区在特定空间集聚了资源、技术、人才、市场、功能,催生壮大了自主创新能力和核心竞争力,极大地提高了我国文化旅游产业的整体实力。文化旅游产业园区是文化产业和旅游产业一体化发展的最佳载体,以文化促进旅游,以旅游带动文化,从而形成一体化融合发展的新型模式。

二、文化旅游节庆会展融合模式

文化旅游会展融合模式是指发生在具有紧密关联的不同产业之间,使原本各自独立的产品或服务在某一共同利益的驱动下,通过重新组合的方式融为一体的整合过程(罗政军,2014)。会展融合模式最突出的代表就是通过节庆和会展来实现两者融合,主要借助各种节庆展会平台吸引大量人流、物流、资金流与信息流,从而带活举办地的文化旅游经济。例如,丹东中朝经贸文化旅游博览会的成功举办,博览会主要包括商品展示交易、国际经贸论坛、文化交流、旅游合作四大板块,朝鲜民族艺术团为博览会奉献了艺术盛宴,朝鲜的人民艺术家创作的美术作品也参加展出,朝鲜的美食更让人们大饱口福。此外,博览会还首次推出了工业旅游项目,游客可体验手表的制造过程,为丹东旅游产业增加了新亮点。丹东通过展会形式,让外界了解朝鲜的风土人情,同时提升了丹东在国内外的知名度。2023年,第四届中国国际文化旅游博览会在山东举行,展会采取线上线下相结合的方式,线上搭建网络交易、项目、直播、服务和宣传五大平台;线下设置数字文化、文旅融合等九大展区。本届展会突出了数字文化赋能,也集中展示了山东文化产业数字化和数字文化产业发展成果。通过上述案例分析不难看出,在数据要素成为生产要素的数字经济时代,线上线下相结合的文化旅游节庆会展融合模式将成为新型城镇化背景下我国文化产业与旅游产业融合创新发展的重要模式之一。

三、文化驱动旅游融合模式

文化驱动融合，核心发展目标还是文化，以旅游产品为媒介，创新文化赋能旅游产品的一种融合模式。通过文化赋能，并作为驱动力与旅游产品进行融合，赋予旅游产品新的精神文化内涵及生命力，从而具有更强的市场竞争力，以此形成新的融合型产业体系。可见，文化驱动旅游融合模式主要运用于文化产业和旅游产业所涵盖的范围之内，它是以文化产业为引领，主要表现为文化创意产业延伸到旅游产业领域。文化驱动旅游融合模式在韩国得到了成功的应用。1998年，在受到亚洲金融危机的重创后，韩国提出了"文化立国"的发展战略。在韩国"文化产业"称为"内容产业"，从振兴内容产业的伊始就将文化产业与旅游产业的融合发展作为出发点。韩国将文化产业和旅游产业的政府管理统辖于文化观光部，下设宗教室、文化产业室、艺术局、观光局、体育局等组成，几乎涵盖了文化产业和旅游产业。韩国通过"文化立国"战略，旅游市场焕发出勃勃生机，使韩流风靡全球尤其是亚洲地区，韩国以文化为吸引，极大地带动了韩国旅游。

四、旅游演艺文化融合模式

文化旅游产业的旅游演艺文化融合模式是指旅游产品通过演艺的形式向外界展现的融合模式，比较成功的案例有《印象·刘三姐》等。这种融合模式在技术创新的推动下，以旅游资源为载体，以文化感受为内容来实现文化产业和旅游产业的紧密融合。以桂林《印象·刘三姐》为例，"桂林山水甲天下"举世闻名，游客在欣赏漓江两岸优美的自然山水后来到阳朔，简单休息就要乘车返回桂林，游客总有方兴未艾的感觉，而打造了以大型山水实景演出为主要形式的《印象·刘三姐》及时地将美歌、美景融合起来，能够唤醒游客对电影《刘三姐》的回忆。而《印象·刘三姐》的成功，丰富了桂林的旅游产品，且因其在晚上表演，成为当地著名的夜间旅游产品，同时加长了游客停留时间，在很大程度上带动了桂林的餐饮、住宿等的发展，也正是借此机会，让更多的人品味桂林，爱上桂林。《印象·刘三姐》的成功表明了文化因旅游而生机勃勃、旅游因文化而丰富多彩，也彻底改变了旅游发展模式，推动了旅游产业的持续健康发展。

综上所述，以上四种文化产业与旅游产业融合发展模式各有特点，文化旅游产业园区融合模式首先需要政策的推动，申请成为国家级文化产业示范园区；其次需要依托良好的旅游资源基础和充足的资金作保障，文化旅游节庆会展和旅游演艺文化融合模式对文化、资金及运作模式等方面的要求较高,文化驱动旅游模式需要政策推动和品牌引领为先决条件。无论采取哪种融合模式,都需结合具体情况来决定。

从以上分析可以看出,根据划分依据的不同,文化产业与旅游产业融合发展存在多种多样的融合模式,且每种模式都有自身的特点,甚至存在交叉之处,是促进文化产业与旅游产业融合发展的重要因素,是两大产业实现永续发展的根本保障。总体来看,由于各个区域、城镇、城市等自身情况不同,各个类型的开发模式将会得到创新发展。然而,从可持续发展的角度来看,现今形态多样的文旅产业融合模式终将向复合型发展模式过渡。复合型模式的应用,将更有利于地方文化产业与旅游产业的深度融合发展,是二者发展壮大的必然趋势与途径,各地应在深入了解分析自我特色的基础上,因地制宜,综合利用文化产业与旅游产业融合模式,带动地方经济、城镇经济、区域经济、产业经济的全方位发展。

第七章　新型城镇化背景下文化产业与旅游产业融合发展的案例分析
——以张家界市为例

第一节　张家界市文化产业与旅游产业融合发展的有利条件

张家界市位于湖南省西北部，其文化底蕴深厚、自然风光美丽、区位交通优越，是国内外知名的旅游胜地。改革开放46年，建市兴市36年，一代代张家界人殚精竭虑、接力奋进，大踏步走在建设国际精品旅游城市的大路上，昔日"土掉渣"的老县城正在华丽蜕变为"国际范"的新城市，千年前古庸国的盛景在新时代得以重现繁华。30多年的发展历程，张家界市沿着"旅游立市"→"旅游兴市"→"旅游强市"的道路奋勇探索、砥砺前行，并取得了丰硕的成果。张家界现已成为湖南省生态旅游、民俗旅游、文化遗产旅游、休闲度假旅游的核心品牌和国际旅游目的地，成为大湘西生态文化旅游圈的核心增长极。张家界先后获得中国首批世界自然遗产、全球首批世界地质公园、世界"张家界地貌"命名地、中国第一个国家森林公园、中国首批AAAAA级风景名胜区、全国文明风景名胜区6张"烫金名片"，在中国旅游发展史上异军突起，战功赫赫。

一、底蕴深厚——为张家界文化旅游融合发展奠定坚实基础

一提到湘西，给人的印象是电视剧《湘西剿匪记》中的情节。其实，张家界有着厚重的文化底蕴，据考证，武陵地区是先人最早居住的地方，也是最早形成农耕文化的地方。著名人类历史学家张良皋指出，武陵地区是人类历史的冰箱，并提出了"三巴寻五帝，百越探三皇"。张家界原名大庸，大庸在古代是一个国家。千百年来，土家族的先人在这里繁衍生息，形成了自己独特的古代民族

文化，如以石雕、木刻为代表的雕刻文化，以吊脚楼为代表的建筑文化、以"西南卡普"为代表的编织文化，等等。在现代史上，红二、红六军团建立革命根据地，贺龙"两把菜刀闹革命"的故事更是人人知晓。除此之外，在自然景观中有"世界地质公园""中国第一个国家森林公园"，也是电影《阿凡达》中哈利路亚山的原型，奇幻的潘多拉世界所在地的张家界国家森林公园；有"武陵之魂"之称，湘西第一神山的美誉，被誉为空中原始花园的天门山国家森林公园；有被称为"世界湖泊经典"的宝峰湖；"世界溶洞奇观""世界溶洞全能冠军""中国最美旅游溶洞"等顶级荣誉而名震全球黄龙洞；等等。在人文景观中，有大庸的三棒鼓、土地戏等独具特色的表演形式，还有深受当地百姓欢迎的"大庸阳戏""大庸花灯"等戏曲更是土家人过年必演的民间戏。

二、政策支持——为张家界文化旅游融合发展筑牢根本保障

从边远小城到国内外知名的旅游胜地，从"养在深闺人未识"到让世人惊艳的明珠。飞速发展的张家界，一次又一次地向世界证明了自己，并给世人带来了一次又一次的惊喜。张家界旅游取得的巨大成功具有先导示范意义，其归功于强有力的政策扶持。

从1988年大庸建市时确立"旅游立市"，到1994年由大庸市更名为张家界市并提出"建设现代化国际旅游城市"，再到2017年张家界提出"对标提质、旅游强市"战略，文化旅游始终是贯穿张家界发展的主线。2010年12月，张家界成为全国首批四个旅游综合改革试点城市之一；2011年5月，湖南省委、省政府出台了《关于支持张家界市开展国家旅游综合改革试点工作的若干意见》；2011年11月，张家界武陵山片区区域发展与扶贫攻坚试点正式启动，《张家界武陵山片区区域发展与扶贫攻坚规划》成为全国11个片区中第一个完成编制、第一个得到国务院批复的规划。

"然而，对标国际旅游城市，张家界仍有巨大差距。"2017年1月3日，张家界市委经济工作会议提出，在全国全省率先建成国家全域旅游示范区。2017年3月28日，张家界市委七届三次全会审议通过了《关于在"锦绣潇湘"全域旅游基地建设中发挥龙头作用的意见》，提出加快全域旅游建设"11567"总体思路，第一个"1"即以建设一个国内外知名旅游胜地为总目标，第二个"1"即实施"对标提质、旅游强市"这一战略，"5"即完善旅游产品体系、市场体系等五大体系，"6"即以全空间布局、全链条完善等六条路径，"7"即在旅游产品供给、国际精品城市建设等七个方面发挥示范作用。2021年，张家界市第七届人民代表大会第五次会议批准的《张家界市国民经济和社会发展第十四个五年规划和二〇三五年远景目标纲要》提出，坚持"建设国内外知名旅游胜地"总目标不动摇，大力实施"三新四高"战略，坚持创新引领开放崛起，坚持对标提质旅游强市和"11567"总体思路；加快建设面向全国、全球的现代化旅游经济体系，加快建设旅游强市、生态强市、文化强市、健康张家界和国际精品旅游城市。

为进一步做好文化旅游提质升级工作，打造精品城市，保障人民群众对美好生活的需要，2017年4月21日，张家界市启动"六城同创"活动，即在未来4年里，创建省级文明城市、国家森林城市、国家卫生城市、国家交通管理模范城市、国家环境空气质量达标城市、国家生态文明建设示范城市，现已取得可喜的成就，2017年10月10日获得了"国家森林城市"的殊荣。市民归属感、舒适感、幸福感进一步增强。全域旅游发展格局更加优化，文旅融合和乡村旅游快速发展，国家级景区已增加至26个。"魅力湘西""天门狐仙"入选"国家文化产业示范基地"；智慧旅游建设成效显著，张家界市全域旅游5G试点全面铺开。

三、人才战略——为张家界文化旅游融合发展缔造不竭动力

依靠人才这一中坚力量推动文化旅游融合发展，是张家界文化旅游在不断探索中交出的满意答卷。在这其中，有太多璀璨耀眼的名人为之努力奋斗，1979年10月，画家吴冠中首先向世人揭示了张家界的风韵，他在湘西采风时，被张家界林场的风光深深吸引，写下了游记散文《养在深闺人未识》，发表在1980年1月1日的《湖南日报》上。一位偶然邂逅便用精美的文章和画作让张家界一鸣惊人，享誉世界。

中国旅游策划大师叶文智的敏锐善变的视角与特立独行的思维助力张家界文化旅游融合发展走上了"快车道"。1998年，叶文智在黄龙洞给一石柱买了上亿元的保险，许多游客慕名前来张家界只为一睹这根定海神针的模样，神秘的黄龙洞因此声名远扬；他拿银燕叩开了沉寂千年的天门，1999年12月，世界特技飞行大师以超凡的勇气成功驾驶飞机穿越天门洞，创造出人类首次驾机穿越自然山洞的飞行奇迹，"穿越天门"的壮举一时轰动天下，神奇的天门洞因此名震四海，从此以后，穿越天门洞的活动赛事持续不断；他将世界自然遗产的绝美峰林与音乐殿堂合二为一，2016年在黄龙洞景区创造性地举办了一场国际化的音乐季，至今已举办三届，在黄龙洞景区哈利路亚音乐厅的绿色屋顶之上，一台气势磅礴的钢琴协奏音乐会向全世界展示，118台钢琴和著名合唱团在哈利路亚音乐厅屋顶以及长满音符的稻田中，共同演绎世界名曲，倾斜的屋顶成了天然的舞台。来自世界各国的音乐爱好者慕名前来大显身手、一决高低，一场场音乐巅峰对决被永久地留存在了美丽张家界的青山绿水之间。

在天门山的历史开发进程中，有一位重要的人物对天门山的发展产生了深远的影响，那就是张同生，他自2001年起担任湖南张家界天门山旅游股份有限公司董事长。在他的带领下，2001年投入6亿多元开发建设天门山，先后建成长度近11千米、共计99弯的通天大道和耗时三年打造的亚洲最长的高山客运索道、环山高空栈道等项目。正是因为大手笔、高标准的开发建设，使天门山的资源特点得以淋漓尽致地展现，也为景区后续的快速发展打下了坚实的基础。2005年9月，在他和所带领团队的努力下，天门山景区经过近4年的艰苦建设后，正式开园纳客。2011年，天门山景区成功晋升为国家AAAAA级景区。2012年，公司在他的带领下成为湖南省旅游行业中首家通过评估验收的国家级服务业标准化试点单位。2016年，随着景区知名度的不断提升及行业的蓬勃发展，为了满足游客的需求，他和团队紧跟市场变化，在张家界地区率先开启智慧旅游，并启用分时段售检票体系和排队预约系统，这一举措有效提升了游客游览天门山景区的舒适性。人才济济的优势，不断奋斗的精神支撑着张家界文化旅游在改革大潮中奋勇前行，奋力挥写绿色崛起中的"张家界范本"。

四、宣传发力——为张家界文化旅游融合发展拓展巨大市场

在张家界文化旅游融合发展的过程中，注重有效、系统、全方位的宣传营销是一大亮点，通过强有力的宣传，如今的张家界，与世界近在咫尺。在法国艾克斯莱班市，张家界峰林地貌被热议不断，成为当地市民向往的旅游目的地；在美国纽约，时代广场"中国屏"上的"阿凡达"梦幻美景不断刷屏，获得当地市民惊叹不已；在泰国春武里府，省长威塔雅表示，张家界是泰国游客进入最多的单个景区……张家界一次次地向世界证明了自己，并给世人带来一次又一次的惊喜。

张家界成功打造了"天门山—美丽张家界的新传奇"品牌形象，强力宣传功不可没。天门山在宣传过程中在品牌形象塑造、品牌宣传、市场推广等方面制定清晰的战略规划、详细的实施计划。根据景区的特点，天门山先后精心策划了"法国蜘蛛人徒手攀爬天门洞绝壁""达瓦孜传人赛买提挑战极限坡度高空钢丝""中外高空王子联袂挑战天门山索道钢绳""美国翼装飞人穿越天门""疯狂轮滑挑战天路""中外车王漂移大对决"等大型活动，其中"翼装飞行世界锦标赛"

"山地自行车天梯速降赛"已将天门山作为固定举办地之一,这些活动或赛事的举办均吸引了国内外主流媒体的广泛关注和报道,不仅快速提高了天门山的品牌影响力和市场认知度,更对张家界旅游资源在全球市场的宣传推广起到显著作用,"烫金名片"实属名归。张家界国际旅游影响力不断扩大。成功举办丝绸之路工商领导人(张家界)峰会、东北亚地区地方政府联合会第十二次全体会议、丝绸之路友好协作体2019年(张家界)年会等国际性会议。成功举行翼装飞行世界锦标赛、世界遗产摄影大展、国际旅游诗歌节等节庆赛事活动。此外,目前已开通"仙境张家界"英文网站,境外客源市场达133个国家和地区。

第二节　张家界市文化产业与旅游产业融合发展的现状分析

30年前,大家知道张家界很美,交通却成为最大障碍,使游客不想来、不愿来、不能来;30年后,国内外游客纷至沓来。作为湖南省旅游龙头,张家界荷花机场升级为湖南省第二个国际机场,正式更名为"张家界荷花国际机场",并迈入全国中型机场行列,航空口岸落地签证获国务院批复;建成了多条畅通便捷的高速公路,张桑、安慈高速建成使用;黔张常铁路建成通车、张吉怀高铁已建成通车,域内形成了"1小时交通圈"。经过30多年的开放发展,张家界已从地处边远的小城市,成为世界瞩目的"国际张",经过30多年的不断发展,在张家界城区,高铁站、大庸古城、仙人溪特色街区、市民广场、天门山先导区等重点项目正如火如荼建设,涵盖交通畅达、休闲度假、文化生态各领域,均按国际化高标准设计建设;口岸已实现72小时入境免签,免税店、保税店、跨境电商等平台已经组建。荷花国际机场已经成为湖南省三个一类口岸之一、武陵山片区71个县市区唯一国际航空口岸,相继开通了30条国内航线和泰国曼谷、韩国济州等17条国际航线;张家界已经与3个国外城市结为友好城市,与5个城市签订了友城合作初步协议;随着交通基础设施建设的不断完善和营商环境的不断优化,张家界近几年引进了30余家世界500强、中国500强、中国民营经济500强企业。藏富于民的文化旅游产业,具有作用半径大、辐射能力强、带动就业广等特点,已经成为助推张家界经济可持续发展的"第一引擎"。

第七章
新型城镇化背景下文化产业与旅游产业融合发展的案例分析

一、文化旅游产业发展规模逐步壮大

建市30多年来,张家界文化旅游产业规模壮大,旅游人次和旅游收入双增,在国民经济中的主导地位日渐凸显。张家界的地区生产总值由1988年的14.01亿元,增长到2023的613.9亿元,增长了43.8倍;1998年,张家界人均GDP为976元,2023年为40919元,增长了41.9倍;1998年,年旅游人次为54.7万人次,2023年为3570.3万人次,增长了65倍;1998年旅游收入为2491万元,2023年为514.6亿元,增长了2065倍。2023年,张家界市地区生产总值(GDP)613.9亿元,比2022年增长了4.6%。第一、第二、第三产业对经济增长的贡献率分别为10.6%、-16.8%、106.2%。

如表7-1所示,2006~2020年,张家界旅游收入由79.4亿元增长到569.0亿元;景点接待旅游人次由1675.80万人次增加到4949.20万人次。在此期间,无论是旅游收入还是旅游人次均发生了重大变化,即旅游收入和旅游人次均在2019年达到历史高点,然后在2020年出现了"双降",其原因主要是:经济下行压力持续加大、有气象记录以来最大降雨量的汛期考验,以及突如其来的新冠疫情的强烈冲击。

表7-1 2006~2020年张家界市文化旅游产业基本简况

年份	旅游收入 金额（亿元）	旅游收入 增长率（%）	旅游人次 数量（万人次）	旅游人次 增长率（%）
2006	79.4	23.48	1675.80	15.31
2007	91.3	14.99	1878.20	12.08
2008	83.5	-8.54	1679.10	-10.60
2009	100.2	20.00	1928.40	14.85
2010	125.3	25.05	2404.80	24.71
2011	155.8	24.34	3041.30	26.47
2012	208.7	33.95	3590.10	18.04
2013	212.3	1.72	3442.40	-4.11
2014	248.7	17.15	3884.60	12.85
2015	340.7	36.99	5075.10	30.65
2016	443.1	30.00	6143.00	21.00
2017	623.78	21.86	7335.81	19.41

续表

年份	旅游收入		旅游人次	
	金额（亿元）	增长率（%）	数量（万人次）	增长率（%）
2018	756.8	21.30	7959.55	14.04
2019	905.6	23.60	8049.30	1.13
2020	569.0	−31.50	4949.20	−38.51

资料来源：2006~2020年《张家界市国民经济和社会发展统计公报》。

二、文化旅游产品结构逐渐合理优化

文化旅游产品以文化旅游资源为依托，游客在购买此产品后能获得当地文化印象，提高自己精神境界。文化旅游产品的出现，延长了文化旅游产业链，给当地经济带来了可持续发展的动力。建市30多年来，随着文化旅游融合的不断发展，张家界市文化旅游产品不断创新，适应游客的需求，现已形成"两大主题旅游产品，九大辅助旅游产品"体系。两大主题旅游产品为：以武陵源核心景区和天门山森林公园为主的观光旅游产品；以永定中心城区的城市休闲和武陵源休闲区为主的休闲旅游产品。九大辅助旅游产品分为：以"魅力湘西""天门狐仙"为主的文化旅游产品；以土家"赶年""正月十五元宵节"等民族风俗为主的节庆旅游产品；以江垭温泉、万福温泉等为主的温泉旅游产品；以洪家关贺龙故居、苦竹寨为主的红色旅游产品；以天门山寺、普光禅寺、五雷山、紫霞观等宗教场所为主的宗教旅游产品；乡村民俗旅游产品、户外运动旅游产品以及自驾游等新兴旅游产品，一批批代表张家界特色的文化旅游产品丰富了景区内涵，增添了旅游乐趣。

三、文化旅游综合改革试点成效显著

2010年12月，张家界成为全国首批四个旅游综合改革试点城市之一，取得了历史性突破。2011年，作为全国首批旅游综合改革试点城市的张家界市正式启动了旅游综合改革试点工作。在湖南省委、省政府的大力支持下，在张家界市委、市政府高度重视下，张家界国家旅游综合改革试点工作取得了阶段性成果。在文化旅游产业用地方面，编制了《张家界市文化旅游产业用地改革工作方案》，开征旅游资源有偿使用费，合并"两费一金"为价格调节基金，提高资源有偿使用费比例，有效增加财政收入。组建了"张家界旅游城市统计合作平台"，并完成了具备国家标准的"旅游城市统计合作平台"课题。在核心景区管理体制上，2014年12月9日湖南省机构编制委员会办公室《关于组建张家界武陵源风景名胜区和国家森林公园管理局的批复》下发后，2015年2月8~9日召开了中共张家界武陵源风景名胜区和国家森林公园管理局第一次党代会，区处合并及景区政、事、企分离的体制改革取得实质性突破。在旅游行政管理体制上，2014年12月31日湖南省委办公厅印发了《张家界市人民政府职能转变和机构改革方案的实施意见》，批准组建张家界市旅游和外事侨务委员会。在重大项目的建设上，天门山先导区和张家界大峡谷国际旅游经济区试行文化旅游产业园区体制建设，机制、项目、产业等方面取得明显成效。其他方面也取得了一系列成果，如导游体制改革、旅游企业相关改革取得进展；旅游服务环境也有所改善，旅游景区意外保险和旅游团队意外保险两位一体共保机制已形成，旅游金融和保险服务得到有效提升。旅游综合改革试点将进一步推进职能转变和产业转型升级。

第三节 张家界市文化产业与旅游产业融合发展主要表现形式

张家界文化产业与旅游产业融合发展表现形式多种多样，异彩纷呈，概括起来，我们认为存在以下几大类型：

一、"文化旅游+演出"模式

《张家界·魅力湘西》创办于2000年，坐落于风景优美的张家界核心景区武陵源，拥有享誉海内的文化旅游演艺基地——张家界魅力湘西国际文化广场。自开演以来，《张家界·魅力湘西》接待中外游客1300多万人次，影响甚远。2017年，接待量达到了115万人。进入旅游旺季时，魅力湘西剧场每天增加演出至4场，观演人数超过1万人。《张家界·魅力湘西》先后获得"国家文化产业示范基地""国家文化旅游重点推荐项目""中国文化品牌30强""中国十大民俗文化企业""中国旅游演艺票房十强""湖南省民族传承基地""民族团结进步模范集体"等荣誉，并代表湖南参加了2010年"上海世博会"，2012年、2013年"深圳文博会"。原创节目《追爱》，作为唯一的少数民族歌舞节目，荣登2012中央电视台春节联欢晚会。在这里，国内外游客纷纷现场感受土家族、苗族、白族等湘西五个少数民族的民俗风情。《火鼓》《千古边城翠》《哭嫁》《爬楼》《女儿会》，篝火晚会"上刀山下火海"，精彩纷呈的节目表现了浪漫湘西、神秘湘西、激情湘西、快乐湘西为特点的湘西少数民族文化，让游人目不暇接，掌声不断。多年来，魅力湘西在挖掘传播湘西少数民族文化的同时，充分运用互动性及多元化的表演形式呈现给中外游客，既让节目效果好看、好玩、好懂，也让旅游者在张家界有更多的旅游体验，对璀璨的大湘西民族文化有更深的了解。

越是民族的，越是世界的。立足大湘西民俗文化挖掘、传承、发展的张家界魅力湘西在不断打造精品节目的同时正大踏步走向国际舞台，积极进行国际文化交流。受文化部委派，2018年1月25日至2月10日，魅力湘西艺术团赴俄罗斯、乌克兰、白俄罗斯参加2018年"欢乐春节"活动。活动期间，张家界魅力湘西艺术团表演的《大美真情张家界》《追爱》《马桑树儿搭灯台》等极具湘西少数民族特色的节目深受旅乌华人华侨和当地民众的喜爱。现场海外观众通过张家界魅力湘西艺术团全体演职人员的精湛技艺和精彩表演领略了中国少数民族文化的魅力，加深了对中国文化的了解和尊重。

山水实景演出，以大自然山水作为其演出舞台，演出内容多为神话故事和当地民俗特色相结合，着以现代化的外衣，全方位跨界融合，使传统文化和非物质文化遗产更加立体化和可视化，是中国文化旅游业一颗亮丽的明珠。自2004年全世界首台山水实景演出——桂林《印象·刘三姐》上演以来，山水实景演出迅速火爆市场，各地纷纷深挖本土文化旅游资源，打造富有地域特色的山水实景演出。《天门狐仙·新刘海砍樵》是一部超震撼的山水实景演出、魔幻音乐剧，该剧融合传统民族文化与现代高新技术，将山水实景演出推向巅峰（田桓至，2017a）。该剧借助天门山不可多得的奇美山水，讲述了一个穿越万年时光、跨越人狐两界、令天地动容山川流泪的爱情故事，并以世界上较大的玻璃钢舞台、壮观的山峰背景、复杂的舞美构造、华丽的服装设计、璀璨的灯光变幻以及天籁般的音乐效果，呈现给观众一场气势恢宏磅礴、视觉奇幻绚丽、情节生动感人、歌舞美轮美奂的艺术盛宴，表演过程中融入了极具地域特色的首批国家非物质文化遗产桑植民歌及土家族民风、民俗，令观众如痴如醉。《天门狐仙·新刘海砍樵》作为一部大型的山水实景演出，对张家界的文化资源、科技成果、市场偏好、产业发展进行整合，成为张家界旅游演艺业新经济增长点。该剧于2009年9月对外首演，一举轰动、好评如潮、成绩斐然，同年11月，被列入国家文化旅游重点项目名录，先后在2010年首届中国国际旅游文化节获"旅游演出金奖"、2012年在第四届湖南艺术节上获湖南艺术界最高奖——田汉大奖，2013年4月

"天门狐仙"商标被湖南省工商行政管理局认定为"湖南省著名商标",2015年《天门狐仙·新刘海砍樵》被评为"国家文化产业示范基地",该剧因此而成为中国大型山水实景演出里程碑式的作品,成为世界实景演出新的标杆。自开演以来,截至2017年6月,《天门狐仙·新刘海砍樵》已累计演出2072场,接待海内外游客316万人次,除国内市场游客稳定外,以韩国、泰国、马来西亚、新加坡等境外团已经占到了一半的市场,累计实现产值5.2亿元,为永定区文化旅游经济做出了显著贡献,成为张家界文化旅游的一张亮丽的新名片,成为潇湘大地上旅游文化产业的新传奇。由此可见,以《魅力湘西》《天门狐仙·新刘海砍樵》为代表的文化旅游演艺大戏,构建了"白天看山水,晚上赏大戏"的"文化旅游+演出"模式。

二、"文化旅游+民俗"模式

乡村旅游是以具有乡村属性的自然景观和人文景观为旅游特色来吸引广大游客,在农村地区的优美景观、自然环境、建筑和文化等资源的基础上,形成以民俗度假、休闲娱乐等项目为主体的新兴旅游方式,该方式促进了城乡之间各要素的流动,构建了新型城乡关系,具有旅游扶贫效应。

张家界市是国家全域旅游示范区、国家首批主体功能区建设试点市。围绕具有鲜明扶贫效应的全域旅游示范区、主体功能区、旅游小城镇、旅游重点村建立四级示范,开发不同主题的旅游线路。9条跨省旅游线路、3条连接大湘西旅游线路、12条乡村旅游线路,涉及100多个村。仅3条连接大湘西旅游线路上,就重点扶持了53个村。苏木绰是土家族语"祖源之地"之意,是指武陵山区土家族文化传承和鼎盛之源。现习惯将"苏木绰"代指以石堰坪村、马头溪村为中心的张家界市永定区王家坪镇一带。

王家坪镇位于张家界市永定区东南边陲,地处沅陵、桃源、慈利、永定一区三县交界之地,是历史悠久的"九都文化之乡"。全镇辖19个村居,185个村民小组,16188人,距市区57千米,版图面积167.2平方千米,居住有土家族、汉族、苗族等民族,其中土家族占89.3%。境内自然遗产丰富,土家文化源远流长,有2998栋传统土家吊脚楼,土家风雨桥历经800年风雨,仍屹立在王家坪的每一条溪河上,古老的土家山歌、戏剧仍萦绕在各个村寨。王家坪镇曾先后荣获"全国民族团结进步模范集体""中国民间文化艺术之乡""全国文明村镇""湖南省旅游名镇""湖南省生态镇"等30余项国家、省级荣誉。近年来,王家坪镇紧紧围绕建设"文化重镇、产业强镇、生态美镇、旅游名镇"的发展目标,凝心聚力、开拓创新，着力建设土家特色旅游风情镇。2015 年，全镇接待游客 30 万人次，旅游创收 3000 万元，同比增长均超过了 50%。"张家界的风光，王家坪的民俗"已成为外界的共识。

在张家界南线开发建设中，市乡村旅游发展公司与永定区王家坪镇石堰坪村签订了合作开发协议，致力将石堰坪村打造成为张家界人文旅游名片。石堰坪村已被批准为首批"中国传统村落"、全国"美丽乡村"试点村、"'十二五'时期全国少数民族特色村寨保护名录"、首批"中国少数民族特色村寨"、全国传统村落整体保护利用示范村，国内外多家媒体先后来村采访拍摄。2017 年春节，湖南卫视大型直播节目"直播苏木绰"更是将石堰坪多彩的民俗风情与绝美的自然生态传播到了世界各地，如今石堰坪村声名鹊起，游客纷至沓来，每年接待游客数 10 万人次，从事旅游接待的村民人均年收入达 2 万元以上。

三、"文化旅游+艺术"模式

在世界自然遗产地张家界武陵源黄龙洞，以奇峰峻岭、沃野稻田和剧场绿色屋顶等自然风光为舞台，打造了一场属于全球的音乐盛典——黄龙音乐季。以"竞技、教育、快乐"为宗旨的"黄龙音乐季"诞生于 2016 年，每年 8 月在世界自然遗产所在地张家界武陵源举行。黄龙音乐季是由湖南省张家界市武陵源区人民政府、张家界武陵源风景名胜区和国家森林公园管理局主办，赛程分为钢琴艺术周、声乐艺术周、合唱艺术周三大板块，音乐季将吸引全世界著名音乐人和 10 多万音乐爱好者参与，颁发近 500 万元艺术发展资助金，已帮助 1000 多位参赛者实现音乐梦想，同时将有 100 万音乐人和音乐爱好者通过黄龙音乐季微信公众号以及官方 App 同步收看比赛及课堂直播。

在洞厅、在屋顶、在稻田、在峰林，世界自然遗产的绝美峰林与音乐合二为一。"黄龙音乐季"将传统音乐盛典进行创新，打造"旅游+文化+艺术"的融合发展模式，瞄准"中国的格莱美"和"爱丁堡艺术节"，让更多的人领略张家界的山水美景与文化内涵，让世界看见，让世界听见。截至 2018 黄龙音乐季落幕时，收视、点击、转发已破 3.2 亿次，在快乐幸福、文化创意、业态创新、文旅融合、跨界共享等综合指数排名中，黄龙音乐季站在了中国旅游景区之巅。音乐艺术在绝美张家界"开花结果"，黄龙音乐季打造世界音乐艺术新高地、成就"音乐的世界杯"。

四、"文化旅游+竞技"模式

不传奇,不天门。巍巍天门,吐纳风云;俯瞰凡尘,通达天界。仙山圣境,造化神奇,激起天下英雄万丈豪情,无畏勇者不断在此谱写惊天传奇。自2005年9月开园以来,天门山旅游股份有限公司始终以"美丽张家界的新传奇——天门山"这句经典广告语为核心焦点,无论从景区建设上还是品牌打造上都以"传奇"为中心,打造属于自己的品牌特色,精心策划举办一系列大型传奇营销活动,产生了显著的"活动经济"效益。如俄罗斯空军"勇士"炫技天门山、法国蜘蛛人徒手攀爬天门洞、赛买提凌空走钢丝、天门洞冰冻活人挑战、天门山世界翼装飞行大赛、天梯速降赛等,每次活动赛事都特邀各家媒体进行官方报道,吸引全球的目光,活动经济效益明显,公园入园人数逐年攀升,景区热度逐年递增景区的知名度、美誉度、忠诚度不断提升。2005年,天门山国家森林公园纳客2万人次,营业收入601万元;2014年后,旅游人数呈爆发式增长,旅游收入不断创新高,旅游人数、旅游收入增速赶超国家第一个国家森林公园——张家界国家森林公园。如表7-2所示,2016年天门山纳客376.85万人(不含免票),天门山营业收入为8.04亿元,累计接待游客已超千万人次,跻身中国山岳型景区前列(田桓至,2017)。

表7-2 2014~2016年天门山景区旅游人次、收入及缴纳税费占比永定区情况

项目		2014年	2015年	2016年
旅游人次 (万人)	天门山	152.02	287.35	376.85
	永定区	277.26	395.84	474.18
	占比(%)	54.83	72.9	79.47
旅游收入 (亿元)	天门山	3.17	6.46	8.04
	永定区	14.78	21.92	28.84
	占比(%)	21.45	29.47	27.88
税费 (万元)	天门山	4469	19572	21307
	永定区	48651	55004	53353
	占比(%)	9.19	35.58	39.94

五、"文化旅游+党建"模式

张家界市在文化旅游融合发展上做足功课,下足功夫,创新突破,标新立

异,探索推行"文化旅游+党建"新模式,把党建与文化旅游"嫁接"起来,将党的建设力度渗透到文化旅游产业发展中,将党组织建在产业链上,党员嵌进产业链,促进党建和产业发展有机结合,同频共振。

2017年以来,天门狐仙文化旅游产业有限公司(以下简称天门狐仙公司)党支部以努力打造旅游精品、文化精品、党建精品为目标,全面担负起公司党建工作的主体责任,秉承特色党建、品牌党建的理念,坚持"实"字当头,压实责任、严实管理、夯实基础、抓实品牌,实现了党建工作与演出效益发展双轮驱动、互促共进,演出美誉度和游客满意度逐步提升。

如今,《天门狐仙·新刘海砍樵》已成为湖湘文化旅游的亮丽名片和金字招牌。在这场唯美的视听盛宴中,承担演出的500余名演员并非都是科班出身。其中,有近300多名编外业余演员绝大多数是来自大中院校的学生。天门狐仙公司通过与张家界市本土职业学校"企校合作""工学结合"的模式,实行"订单委培",为学生打造了全新的就业舞台,也培养出了很多优秀的人才。

为更好地服务广大游客,天门狐仙公司党支部搭建了"党团员义务服务咨询台""党建微信服务平台"立足突出规范高效,严格落实党团员义务咨询台首问责任制。通过向游客提供义务咨询与帮扶,赠送应急药品,向公司党员及职工在微入平台发布党建知识、业务知识等资料,真真切切地帮助游客,服务游客。

天门狐仙公司抢抓战略机遇,加大投资力度,实现企业持续快速健康发展。天门狐仙公司党支部始终坚持以企业生产经营为中心,充分发挥党组织在员工中的政治核心作用,在企业发展中的政治引领作用,围绕贯彻落实党的十九大精神、保持员工稳定和企业和谐、推进天门狐仙演出科学创新发展,进一步推进党建工作和其他工作科学创新发展,力争取得新的突破、新的实效,努力争创永定区先进基层党组织。

六、"文化旅游+生态"模式

当今的文化旅游应立足于对人类与环境相协调、相统一,努力发展好生态环境,建设好森林公园,有利于保护森林资源和林区内遗存的各类自然和文化遗产资源,有利于为人们提供更好的生态环境和休闲度假健身场所,有利于促进区域经济发展和农民的增收致富。

张家界旅游起源于张家界国家森林公园,得益于良好的森林生态,始终坚持解放思想、改革创新,把张家界国家森林公园由"养在深闺人未识"的深山老林变成了世界知名的旅游景区。张家界国家森林公园始终坚持以资源保护为根

第七章
新型城镇化背景下文化产业与旅游产业融合发展的案例分析

本,完成了从林场到公园,从林业到旅游的两次转型;实现了从观光向生态、从生态向文化的转变,见证了我国森林公园建设发展和森林旅游的突飞猛进,是中国国家森林公园发展壮大的一个缩影,也是国家森林公园发展的一个典范。中国湖南张家界国际森林保护节是我国唯一的以宣传森林保护为主旨的公益性节庆活动,于1991年首次举办,现已成为传播生态文明、交流森林保护经验、发展绿色产业的盛会,被评为中国十大自然生态类节会,成为全国森林保护的一张品牌。通过森保节,呼吁全社会更加珍惜森林资源,保护生态环境,弘扬生态文明,确保绿色发展、和谐发展、可持续发展,为子孙后代留下可以永续利用的绿水青山。张家界国家森林公园以此为契机,着重推进构建低碳发展的规划标准体系、建筑低碳化、交通低碳化、运营管理低碳化等八个方面工作。2023年10月8日,张家界市人民政府印发了《张家界碳达峰实施方案》。为了达到2030年全市非化石能源消费比重达到25%左右,实现2030年前碳达峰目标,《张家界碳达峰实施方案》从能源绿色低碳转型行动、节能减污降碳协同行动、工业绿色低碳转型行动、城乡建设领域低碳行动、交通运输领域低碳行动、资源循环利用低碳行动、生态碳汇能力提升行动和绿色低碳全民参与行动八个方面部署了重点任务。目前,张家界国家森林公园基本建立了有利于低碳发展的规章、政策、标准、技术规范等体系,并不断完善低碳发展政策、低碳技术支撑、低碳发展宣传、碳排放统计核算考核体系,广泛传播低碳发展理念,完成张家界"文化旅游+生态"景区品牌升级。

总之,张家界在文化产业与旅游产业融合过程中,始终把保护优良的生态环境作为经济社会发展的生命线,大力建设生态文明,倍加重视中国第一个国家森林公园这个品牌,高举生态和民生林业两面旗帜,唱响生态建设主旋律,打造森林旅游新亮点,传承生态文明新理念、实现"文化旅游+生态"新发展。

第四节 张家界市文化产业与旅游产业融合发展中存在的主要问题分析

一、张家界市文化产业与旅游产业融合过程中经营管理模式问题分析

随着我国改革开放的发展,中国经济正处于由计划经济体制向市场经济体制转换时期,各种新的经营管理理念不断出现,这极大地开阔了人们的视野。在推动经济发展的进程中,各地都非常重视文化旅游,但是现代企业制度改革推进缓慢,众多景点并没有实行完全市场化,旅游景点依旧缺乏独立自主的经营权。同时政府管理机制对市场变化不敏感,致使由政府投资兴办的旅游企业开发的景区,经常出现经营管理不善、经济效益低下的问题。在景区推进市场化时,目前仍存在着下列问题。

1. 政企及产权关系含混不清,管理不规范

在改革开放前,所有权和经营权由诸多相关部门共有,这样的产权分配模式导致相关管理机构都能对景区的经营管理掌握权力,致使景区无法形成一个明确的长远发展决策,大大降低了景区开发的效率。对于市场型景区而言,政府和相关的管理机构是景区"看得见的手",应该对景区未来的发展进行引导,给予政策的扶持,景区开发商要通过各种方式对该景区进行提质升级,加强景区核心竞争力,达到景区经济社会效益最大化。政府及相关机构与景区开发商是两个不同的主体,两者价值取向和行为方式有着本质的区别。

2. 责权不明,缺少激励约束机制

景区管理长期处于产权不清,责权不明,导致景区投入产出回报率低下。这样的景区,要么"不作为",前期得到预期效果后没有对景区进行进一步创新发展,景区活力衰退;要么"过度作为",从自身利益出发,决策有失理智,盲目开发旅游景区资源导致永久性破坏。为了保障我国旅游景区健康发展,应加快管理和约束机制,形成责权分明的旅游景区。

张家界、天门山两大国家森林公园建园时间分别为1982年、1992年,相差10年。张家界公园为管理权和经营权一致的国有经营模式,天门山公园为管理权与经营权相分离混合经营模式(田桓至,2017b)。从两大森林公园的发展情况来看,张家界国家森林公园在改革开放以前主要扮演着政府接待的角色,其经营模式和经营手段为政府掌控,经营管理者都由政府任命和委派,没有作为独立的个体生存和发展,属于政府控制型景区。在这种管理模式约束下,景区管理的目的主要是保护景区内的资源,满足接待任务,将景区日常运营维护费用纳入政府财政预算,景区管理人员均属于政府事业编制,景区没有经营权,不承担经营风险和生存发展压力。张家界国家森林公园在成立初期通过政府的投入取得了丰硕的成果,获得了充分的满足感,但后续没有使优势扩大化,景区基础设施跟不上景区发展游客接待的承载能力,缺少特色项目为其注入活力,"活动经济"效益不明显,景区的发展与市场需求存在滞后性,市场竞争力减弱,而这种市场竞争力恰恰是旅游经济进一步发展的重要条件。

第七章
新型城镇化背景下文化产业与旅游产业融合发展的案例分析

天门山国家森林公园是由张家界天门山旅游股份有限公司独资开发经营的，是以天津宁发集团有限责任公司和天津宁发投资有限公司为主设立的股份制公司，其决策果断，人员精干，公司只是景区的开发者和经营者，不承担过多的社会职能，而且政府干扰少。公司运营以市场为导向，紧跟市场节奏，引爆市场热点，培育新型市场，因为多次成功举办各种大型旅游促销活动，市场开发逐步拓展，吸引了更多国内外游客的到来。如今，作为国家森林公园和国家 AAAAA 级景区，天门山景区是张家界这座旅游城市的标志性旅游目的地。自 2005 年 9 月开放以来，天门山景区接待游客已累计超过 3700 万人。2023 年以来，天门山景区在国内游客数量稳步提升的同时，入境游也持续复苏。同时，为了积极应对文旅行业的复苏，天门山景区采取了分时预约、无纸化智慧入园等措施，不断提升游客出行体验，并通过举办翼装飞行世锦赛、跑酷大赛等活动，持续优化文旅供给。

二、张家界市文化产业与旅游产业融合过程中创新发展动力问题分析

没有文化的旅游就没有魅力，文化为旅游景点插上腾飞的翅膀，使旅游景点更加鲜活，而文化的灵魂是创新，创新的本质是寻求特色和差异，一个景点往往都是因为其所包含的文化内核及故事而吸引人、打动人、震撼人，增加旅游景点的感受性、故事性、娱乐性和体验性是文化旅游通过营销推广取得市场规模的重要手段，这也是市场化商业模式所带来的生机。

首先，素有"武陵之魂"和"湘西第一神山"美誉的天门山，历史文化积淀深厚，旅游投资商注重文化旅游资源的挖掘与扩展，形成了以天门山寺为核心的佛教文化，历年来天门山寺的佛教活动吸引了众多佛教信徒朝拜及大量观光游客，天门山充满了天宫帝阁的神秘感，形成了强大的宗教旅游市场。其次，旅游投资商对"天"文化做大做实做强，如"天门洞开""天缆神游""天路九曲""天悬栈道""天门狐仙"等，"天文化"已经成为天门山的品牌。同时天门山在本地区的自然和人文资源的基础上，更要将旅游扩展到各种活动，留住"回头客"。

第八章　新型城镇化背景下促进张家界市文化产业与旅游产业优化融合发展的对策建议

城镇化是经济社会发展的必然趋势，是工业化和现代化的重要标志，据测算，城镇化率每提高1个百分点，就可以带动GDP增长1.5个百分点；每增加1个城镇人口，就可以带动10万元以上城镇固定资产投资，带动3倍以上农民消费支出。为了追求速度与效率，传统意义上的城镇化片面认为城镇化就是以修建楼房为主，拆迁与建设的循环往复就如同城镇化的新陈代谢，进而演化为"土地城镇化"和"造城运动"，在一定程度上忽略了每个地方都有自己的根脉、灵魂和风韵，都有着独特的记忆，为此，在推进新型城镇化过程中应突出"新"字，稳步推进。

新型城镇化建设是以城乡统筹、产城互动、生态宜居、和谐发展为基本特征，对经济社会发展起到强大推进作用，同时也是当下人民群众对于美好生活追求的集中体现。张家界建市之时，市府所在地永定区城区南抵天门山北麓为城区。随着文化旅游业不断壮大，2015年11月，湖南省发展和改革委员会在天门山南麓范围内批准成立"湖南省服务业示范集聚区（旅游）"——天门山先导区，形成了环天门山旅游经济圈。张家界新型城镇化之路取得了可喜成绩。

习近平总书记指出："旅游业是综合性产业，是拉动经济发展的主要动力。"在新型城镇化背景下，张家界市坚持立足实际，以中心城区建设为龙头、以县城建设为节点、以小城镇建设为纽带，用文化旅游托起张家界市城镇化建设，让文化产业与旅游产业融合发展成为张家界市新型城镇化建设的必由之路，使张家界经济发展步入"快车道"。

本章就第七章提到的新型城镇化背景下张家界市文化产业和旅游产业融合进程中存在的问题提出可行性建议，在新型城镇化背景下助力张家界市文化产业与旅游产业良性融合发展，取得新辉煌。

第八章
新型城镇化背景下促进张家界市文化产业与旅游产业优化融合发展的对策建议

第一节　坚持创新战略，增强文旅融合发展活力

创新是历史进步的动力，时代发展的关键，在我国经济发展动力转换和新型城镇化加速推进形势下，张家界市文化产业与旅游产业融合发展必须把突破点放在创新上，唯创新者进，唯创新者强，唯创新者胜。

一、不断推动文化旅游产品创新

文化旅游产品属于体验性产品，在空间上具有不可移动性。张家界奇山、奇峰、奇石、奇水吸引了中外游客纷至沓来，如果让游客周而复始、一成不变地领略观光旅游产品，就会形成审美疲劳。如何让文化旅游产品富有新颖，让观众产生黏性消费，是张家界市文化旅游融合发展永葆生命力的关键。

十多年来，《魅力湘西》《烟雨张家界》《梦幻张家界》《天门狐仙·新刘海砍樵》4台旅游演艺产品致力于挖掘传播湘西少数民族文化，用互动性及多元化手段创新表演形式，在节目编排方面，立足张家界、大湘西的本土文化，紧扣土家传统文化习俗，将更多的时代感元素融入节目中，以喜庆、欢快为主，通过展演，让中外宾客感受土家文化的欢乐氛围，让民俗文化产品看得见、摸得着，持续不断地保持节目的新鲜感和吸引力。

张家界市文化产业与旅游产业产品创新发展时应把握核心主题不变表现形式多变的原则，坚决打破老旧思维，摒弃惯常套路，按照"差异化、特色化、个性化"要求，坚持以游客为中心，以市场为导向，深入推进文化旅游供给侧结构性改革，加快培育形成类型丰富、满足游客需求、具有核心吸引力的文化旅游创意产品。持续推进天门山景区提质升级，加强天门山景区与老道湾景区的深度融合，共享资源，合力开发，形成以天门山为核心的旅游经济圈，加快推进天门山区域城镇化建设；全力抓好西线旅游创牌升级工作，以"动感山水体验"产业化发展为主题，加快茅岩河、九天洞等新兴景区景点开发，把西线旅游产品打造成为集山水观光、养生度假、健康运动、乡村体验、文化休闲于一体的国际化动感体验型休闲度假旅游区；创新发展红色文化旅游产品，依托湘鄂川黔革命根据地纪念馆等红色资源，在桑植打造红色文化旅游爱国教育基地，开发一批参与性、互动性极强的红色旅游新产品。通过文化旅游产品不断创新，形成一批在全省、全国乃至全世界有影响力的品牌。

二、注重引进新型前沿科学技术

科学技术是第一生产力。现代社会文化旅游融合发展不仅要靠文化旅游产品创新，科学技术创新也是一个不可或缺的重要方面，要充分发挥科技创新在张家界市文化旅游融合发展过程中的支撑作用。

2016年9月，作为仙人溪特色街区项目之一的云顶会酒吧开业迎宾，创造了世界最大酒吧吉尼斯纪录。这个全球最大360°全景演艺剧场，总投资2.8亿元，单体建筑面积为2.1万平方米，拥有全球直径最大的开合式莲花穹顶，360°全景豪华剧场，升降旋转式舞台，场内设有3800个标准软座席，66个豪华KTV独立包厢。云顶酒吧以娱乐休闲功能为主，结合旅游产业，为游客和市民提供餐饮、娱乐、休闲及零售设施，延续张家界民俗风情风貌，同时融合时尚元素和现代科技设施，提供先进舒适的旅游及生活环境，使之成为引领张家界旅游的新高地。

为适应景区旅游人数暴增，近年来，天门山景区在管理上创新突破，引进"智慧旅游"新概念，推行"智慧旅游"管理新模式，采取"分时段检票"以及A、B、C三线并行等方式，让景区接待量成倍增长，游客游览舒适度显著提升，使天门山景区发展突飞猛进，美丽张家界新传奇——天门山的金字招牌享誉全球。

张家界市文化旅游健康发展，就必须深化科技技术创新，强化文化旅游企业创新主体地位和主导作用，及时引进科技领军人才，加大科学技术投资力度，发挥现代科学技术手段在文化旅游项目上的应用，形成"文化旅游+科学技术"发展模式的深度融合。

第二节 筑牢生态屏障，夯实文旅融合发展基础

绿水青山就是金山银山，绿色发展是推进新型城镇化建设的首要原则。早在2005年，国家就提出要建设资源节约型、环境友好型社会。绿色发展不仅成为建设生态文明的迫切追求，更是自然与人类共同可持续发展的必由之路。近年来，随着旅游景区过快发展，生态问题日益凸显，"景区病"是每个景区管理人员正面临着的考验。当前，如何让张家界市文化产业与旅游产业绿色发展是迫切需要攻克的难题。

绿色发展人人有责，发展文化旅游应该从环境保护的层面开发每一个项目，

第八章
新型城镇化背景下促进张家界市文化产业与旅游产业优化融合发展的对策建议

把握生态优势,突出特色产业,实现对张家界文化旅游的深度融合,打造全域旅游新格局。

一、立足根本,绿色发展

"生态兴则文明行,生态衰则文明衰",生态环境是生存之本、发展之源。因此,必须悟透"绿水青山"和"金山银山"的辩证关系,优美的生态环境就是生产力、就是社会财富,必须把先保护,后开发作为原则,处理好经济发展和环境保护、短期利益与长远利益的关系,坚决遏制掠夺式开发。以"造林护绿"为基础,尤其对景区开发后造成破坏的山体,全面实施生态恢复工程,做到遍山植绿、提质增绿。以排查污染型企业为重点,对污染过重的企业予以整顿或取缔,还景区景点一个良好的生态环境,做绿色发展的践行者。

二、产业协调,多元发展

随着张家界走出深闺,旅游业得到了飞速发展,并成为张家界经济发展的中流砥柱。20世纪八九十年代,在张家界核心景区武陵源,宾馆、酒店纷纷拔地而起,呈现爆发式增长态势,资源掠夺式开发和产业结构的单一,导致当地服务业乱象丛生,景区生态环境急剧恶化,受到联合国教科文组织的严重警告。

张家界文化旅游融合发展要吸取20世纪武陵源核心景区违章乱建的教训,在产业发展上多元化,发展和谐共生的产业体系。在农业上,大力研发天然绿色产品,打造地域特色品牌,如张家界大鲵(娃娃鱼)项目,因地制宜建设好生产基地,做好原产地保护,积极参加并引进各种农业节会,扩大品牌影响力;在工业上,依托绿色产品优势,打造产品深加工、精加工的产业,引进和壮大龙头产业,如张家界工业园项目的建成;在服务业上,从旅游六要素"食、住、行、游、购、娱"方面入手,深入实施文化旅游"珍珠链"工程,积极培育生态文化旅游产品体系,运用大数据、云计算、物联网发展新经济、新业态,打造绿色发展新高地,走出一条生态与生计兼顾、增绿与增收协调、"绿起来"与"富起来"统一的文旅融合新路子。即将建成并投入使用的大庸古城项目是集"食、住、游、购、娱"于一体的多维度旅游综合休闲区,该项目是张家界市委、市政府近几年列入首位的旅游重点产业工程,项目的建成,将加快推进张家界旅游从自然山水观光向城市休闲度假转型,成为张家界中心城区的城市文化休闲新地标,在张家界自主创新建设一个具有全国示范意义的文化旅游新标杆。绿色发展是理念,更是实践。拥有良好的生态环境,在当今文化产业与旅游产业融合发展竞争中必将占据更大的资源优势。

第三节　打造品牌效应，树立文旅融合发展标杆

文化旅游是拉动需求和提升供给相一致的产业，被全世界公认为"永远的朝阳产业"。随着"全域旅游"概念的推出，张家界市在挖掘本土文化内涵的基础上，坚持文化与旅游深度融合，不断创新产品，拒绝同质竞争，打造特色品牌。

一、发展节会民俗品牌

近几年，张家界市大力开展民俗文化调研行动，开展"文化强市大家谈""张家界精神"等专题讨论活动，深度挖掘全市民俗资源，打造有影响力的节会民俗品牌。已开发的项目有张家界元宵灯会、中国张家界山歌节、"六月六"民俗文化节、桑植民歌节等一系列节会民俗品牌，其中张家界元宵灯会最具亮点，于2012年被国家文化部评为全国最有影响力的五大节庆文化品牌之一。

作为张家界市首批非物质文化遗产代表性项目，张家界元宵灯会集灯、歌、舞、乐于一体，兴起自汉朝，兴盛于唐宋，代代相传，传承至今。张家界市委、市政府顺应时代发展和市场需要，全面实施"对标提质、旅游强市"战略，在传承中不断创新，让广大市民游客品味丰盛非遗文化大餐的同时，也促进了文化与旅游、文化与节庆的深度融合。

二、拓展体育活动品牌

特色体育竞技项目，因其关注度高、影响面广，快速吸引大众眼球，引爆市场热点。建市兴市以来，在体育活动品牌上下足功夫，现已成功打造了一大批精彩的体育文化活动。定期举办天梯速降、极限走钢丝、飞机穿越天门洞、天门山翼装飞行大赛等挑战人类极限的特色活动，包装推广槟榔谷等户外探险旅游精品路线，围绕苏木绰文化内涵，着力组织一批极限挑战比赛，形成极具特色的旅游新体验。

张家界在拓展体育活动品牌过程中要通过一系列的体育竞技活动，将自然文化景点与体育竞技赛事紧密结合，释放活动经济效应，让游客流连忘返，目前翼装飞行世界锦标赛已落户天门山，为景区注入新鲜活力，提高景区知名度，让景区与国际接轨。

第八章
新型城镇化背景下促进张家界市文化产业与旅游产业优化融合发展的对策建议

三、打造乡村文旅品牌

乡村从农耕社会走来,从历史走来,沉淀了浓厚而独特的文化结晶。以村庄为基,以文化为魂,以产业为要,大力培育旅游特色村,让乡村"望得见山、看得见水、记得住乡愁"。

"苏木绰"是土家文化的发源之地,2017年,依托湖南卫视"新春走基层,直播苏木绰"的契机,向全国观众集中展示了土家族高花灯、古法榨油、鸡罩捕鱼、毕兹卡相亲等乡村风情,传统习俗的"根与魂"在新媒体的催化下大放光彩、璀璨夺目,苏木绰因此一炮走红,世界认识了苏木绰,爱上了土家之源。与此同时,策划包装"苏木绰土家文化特色品牌",组织"名家下基层寻觅苏木绰"等大型宣传活动。以苏木绰为代表的张家界乡村旅游品牌正逐步走向世界的舞台,形成文化旅游融合的新亮点。

张家界文化旅游融合发展,要紧紧围绕实施乡村振兴"三创五美"战略,依托各地不同的乡村自然生态,推出一批各具特色的旅游小镇,建设王家坪文化旅游名镇、沅古坪边区商贸旅游镇、天门仙境小镇、教字垭旅游风情镇和茅岩河土家人文特色浪漫小镇等多个乡村风情镇;培育旅游功能完备的乡村旅游特色村,推出一批传统古村落、少数民族村寨、写生摄影艺术村、森林康养村、户外穿越探险村、休闲农业观光村、特色产业村、传统民俗表演村等村落,建设一批精品民宿度假村及乡村旅游度假基地,让传统古村落容光焕发。

四、挖掘特色商品品牌

做大做强旅游发展,不仅让游客"进得来",又要让游客"带得走"。游客对文化旅游的需求,不仅包括乡村生态、休闲观光、特色美食、文化体验,也涵盖农副土特产品、地理标志产品、旅游文创产品、农村手工艺品等。随着电子商务的快速发展和物流配送的不断完善,特色商品消费占文化旅游消费比重正逐步上升,成为文化旅游消费一道新风尚。张家界在"带得走"方面做大文章,深度挖掘特色旅游商品,充分利用本土自然资源优势,大力开发茅岩莓茶、岩耳、葛根粉、土家腊肉等原生态旅游商品,其中茅岩莓茶作为一种纯天然绿色养生茶,因含有丰富的营养元素,同时兼具营养性、药理性,被称为"自然界最均衡的营养库",广受市场追捧,成为游客"带得走"的首选和必选产品。

特色商品的挖掘,要加快对农副土特产品、农村手工艺品、旅游文创产品等进行商品注册,按照相关标准进行规模化、标准化生产,提升产品的价值;加快包装推出特色商品，转化成旅游商品，在主要游客集散点等设立特色商品销售展台，方便游客购买。依托"张家界"地理标志产品，壮大张家界特色商品品牌，让茅岩莓茶、七星椒、土家腊肉、富硒贡米享誉全球。

第四节　加强宣传营销，培育文旅融合发展亮点

旅游业关联度极高，具有"一业新，百业旺"的牵引作用。建市兴市以来，张家界文化旅游在市场上异军突起，取得了巨大的经济效益和社会效益。究其原因，除了资源优势，更重要的是宣传营销和国际交流。

一、加大旅游宣传营销力度

张家界市文化旅游做大做强，必须努力培育旅游景区特色，加强对外宣传和营销策划。在"两微一端"等传统方式大力宣传的基础上，树立大开放、大发展理念，加快建设国际影视基地、红色教育基地、文化产业示范基地等一系列知名品牌，以市场化手段促进文化旅游优质发展。

1. 活动营销，异彩纷呈

一个好的活动营销不仅能够吸引游客的注意力，还能够传递出品牌的核心价值，进而扩大品牌的影响力。近年来，张家界相继开展许多大型文化旅游宣传促销活动以及户外嘉年华活动，除了开展举世闻名的天门山大型赛事活动，2016年张家界老道湾景区首届"国泰"郁金香花展文化节活动暨"郁金香花仙子"摄影·绘画大赛活动、张家界土家族迎春祭祖过赶年——张家界市赶年年俗文化节庆典等一系列活动隆重启幕；张家界市政府策划组织了14个欧美国家的油画家，深入沅古坪水坝村进行生态民俗文化摄影、写生等采风活动，对乡村旅游起到了良好的宣传效果；英国ASAP公司策划的《其实懂驾驶的你》栏目组在天门山景区盘山公路拍摄取景，并在第一时间在欧洲及中国香港等电视频道进行播出，取得了良好的效果，加速释放了"活动经济"的魅力。

张家界在文化旅游发展的关键就是要将景区的特色项目融入活动营销的主题，坚持"请进来"和"走出去"相结合的方式，"走出去"——加强旅游"事件营销"，"请进来"——举办大型旅游活动，通过一系列的大型旅游活动打造"引爆点"、吸引"聚光灯"。

第八章
新型城镇化背景下促进张家界市文化产业与旅游产业优化融合发展的对策建议

2. 媒体宣传，影响深远

当今，在旅游景区数量呈指数级增长的现状下，宣传推介对于一个景区景点的推广传播具有举足轻重的作用，是每个旅游景区的必修课。建市30多年来，张家界市在文化旅游宣传工作上取得了可喜的成就，邀请中央电视台《地理中国》栏目组、《乡土》栏目组拍摄张家界市旅游资源宣传片，让观众全方位了解张家界文化旅游；在张家界国家森林公园取景拍摄电影《阿凡达》，并借势打势，根据当年新热点，拍摄《张家界版江南 style》，提高了景区和景点的知名度；多篇关于文化旅游主题的新闻报道在中央电视台播出，如《张家界立春时节 民俗登场年味浓》《联播快讯 春节假日 全国接待游客3亿人次》《湖南张家界 欢乐元宵"闹"起来》等，大大提升了张家界市的旅游热度；借助新媒体，邀请腾讯、新浪、搜狐、百度、红网等网络新媒体到张家界采风，不断挖掘旅游亮点。

二、扩大对外文化旅游交流合作

文化不仅是民族的，也是世界的。张家界市文化旅游产业在深化旅游外交与合作上做足功课，在做足宣传推介与营销策划的同时，加强与旅游组织、旅游协会等机构的密切联系，积极参与旅游交流与合作，不断提高景区对外开放水平。

天门狐仙团队在积极打造独特的山水实景演出魅力的基础上，加强对外交流合作。为了加强音乐剧的魔幻效果，2011年10月与美国知名魔术师大卫·科波菲尔旗下魔术团队合作，获得了良好的市场效果。

张家界市文化旅游应抓住中国对外开放机遇，启动国际旅游技术援助工程和旅游合作计划，加快旅游国际友好城市的建设，引进世界旅游组织机构，制定实施景区竞争力提升战略和行动计划，完善入境旅游接待服务体系，把张家界旅游形象宣传纳入景区宣传工作计划，从而形成互利共赢、多元平衡的景区开放和外交新格局。

第五节　深化融资模式，探索文旅融合发展机制

城市建设投资量大，资金缺乏是城镇建设中最大的困难。要解决"钱从哪里来"这个城镇建设最突出的问题，就要充分发挥政府和市场的积极性，用好政府的"有形之手"和市场的"无形之手"。政府要给企业"松绑"、给自己"减

负"，把市场可以办好的事情交给市场，把社会能够承担的事情交给社会，坚持市场主导、政府引导，形成政府、企业、个人等各方面共同发力、合作共赢的多元化投资机制，而连接政府资金与社会资本的政府与社会合作的多元化投资机制（PPP模式），是文化旅游产业发展的重要手段之一。所谓PPP模式，是指政府部门与社会资本为提供公共产品和服务而建立起来的新型伙伴关系，主要包括BOT、TOT、BOO等模式，其核心特征在于政府和社会利益共享、风险共担、长期合作。

目前，从实践来看，天门山国家森林公园成功经营管理模式比肩类似当今推广的PPP模式，将部分政府责任以特许经营权方式转移给张家界天门山旅游股份有限公司，政府与企业建立起"利益共享、风险共担、全程合作"的共同体关系，政府的财政负担减轻，企业的投资风险减小。2010~2016年，天门山景区共接待旅客1191.2万人次，旅游收入为25.19亿元，其中2016年景区共接待旅游客376.85万人次，收入达8.04亿元，上缴税费2.1亿元，旅游增势迅猛，为永定区乃至张家界市文化旅游融合发展带来了巨大的社会效益和经济效益。

张家界文化产业与旅游产业融合发展，探索完善PPP模式是一大着力点。要加大政策保障，丰富金融支持手段，鼓励各地政府性融资担保和再担保机构为参与文化旅游PPP项目的小微企业提供增信服务；鼓励符合条件的文化旅游PPP项目灵活运用债券和资产证券化等融资方式，拓宽融资渠道，盘活存量资产；鼓励探索建立一批文化旅游领域政府和社会资本合作推广先驱，引导社会资本更加积极地参与文化领域PPP项目。

文化振兴旅游，旅游展示文化。文化旅游资源是张家界一笔宝贵的财富，为张家界旅游事业赋予独特的色彩。要积极创新融资机制把文化旅游资源转化为市场优势，让文化旅游与市场优势紧紧靠拢，推动当地经济升级转型，打造经济增长新亮点。

第六节 优化市场环境，营造文旅融合发展氛围

市场环境是文化旅游可持续发展的软实力，再好的旅游资源也离不开优质的旅游环境与服务。在优化市场环境过程中要有为游客主动服务、热情服务、耐心服务的意识，加快形成立体交通网络，深化"平安满意在张家界"活动，强力整治不法涉旅行为，进一步提高张家界市文化旅游的知名度、满意度和美誉度。

第八章
新型城镇化背景下促进张家界市文化产业与旅游产业优化融合发展的对策建议

一、构建立体交通网络

张家界市因地形多为奇山峻峰,导致对文化旅游融合发展主要的制约"瓶颈"是交通。构建"对外大通畅、对内大循环"的交通网络立体交通网络,能缩短游客出行距离和时间,方便游客在同样的时间下游玩更多的景点。

1. 抓好高速铁路建设

加快黔张常铁路修建,争取如期建成通车,填补张家界市高铁的空缺;抓好荷花国际机场扩建,开辟更多的国内、国际航线,加快建设武陵山片区枢纽机场,进一步优化对外交通环境。

2. 抓好区内干线公路建设

拉通邢大公路,加快绕城公路建设,尽快形成环天门山旅游交通廊道,加快武陵山大道建设,打通市城区至武陵源核心景区旅游快车道。形成以中心城区为辐射的"米"字形干线公路网,进一步完善区域内交通网络。

3. 抓好城市路网建设

建设滨河路、澧兰路,修建白马泉高架桥,打通滨水环线;进一步完善沙堤新区、且住岗新区、经开区、荷花片区、枫香岗片区城市路网,建成一批城市主次干道,从而提升中心城区的旅游功能,实现城景融合一体化发展。

二、绽放文明和谐之花

构建安全、和谐、文明、健康的文化旅游环境,强力整治不法旅游行为,提升文化旅游形象,让文明旅游成为一道优美的风景线,让游客在张家界平安满意,促进张家界市文化旅游深度融合。

自2008年以来,"平安满意在张家界"活动深入有序开展,取得了可喜的成就,树立了旅游窗口形象,塑造了旅游目的地优质环境品牌形象。2017年4月,张家界市委、市政府在全市范围内启动了"六城同创"活动,旨在形成舒适便利的生活环境、安全稳定的社会环境、可持续发展的生态环境,全面提升城区文明水平,形成共管共治、共建共享的强大合力,加快建设成为国际精品旅游城市,提升市民、游客的幸福指数。

张家界文化旅游良性融合发展,形成良好、有序、和谐的旅游市场环境,需切实加强旅游法律法规的普法工作,加强对旅游市场综合监管人员的法律法规和执法程序培训,加大对旅游从业人员的依法经营培训力度,准确把握法律法规主要内容,牢固树立依法兴旅、依法治旅的观念和意识,提醒广大旅游者理性消费、文明出游；需加大对不法旅游行为的打击力度，加强部门联动与协调配合，针对突出旅游乱象进行重点打击，对违章违建的项目进行严肃查处，加强旅游购物场所监管，严厉打击"追客赶客"，凡是违法经营的涉旅企业，一经查实一律先停产停业，再依法依规吊销许可证，将文化旅游市场秩序专项整治行动常态化、规范化；需规范旅行社及门市部经营行为管理，加强对旅游团队服务质量和导游人员执业行为，禁止非旅游从业人员进行利益输送，严厉打击"黑车、黑导、黑社、黑店"等行为；需组建文化旅游市场环境监督小组，在做好日常投诉处理、咨询回复等基本工作的同时，积极开展文明旅游宣传活动，让游客在张家界旅游得平安、满意。

在政府恪尽职守、经营者守法经营、消费者文明旅游的共同发力下，助推张家界市旅游经济又快又好发展，从而为张家界市文化旅游融合发展筑牢安全保障，营造和谐氛围。

综上所述，张家界依托得天独厚的文化旅游资源，以山水为线，以文化为魂，酿制出文旅融合的"美酒"，让游人闻香而来、沉醉其中。在新型城镇化背景下打造的"文化产业与旅游产业融合发展"的张家界现象，产生了良好的经济效益和社会效益，在行业中树立新标杆，具有可推广性和可复制性，值得其他同类型城市在城镇化发展过程中学习和借鉴。创新引领，开拓进取，全域旅游的号角已经吹响，全面建设美丽、绿色、风情、开放的张家界行进在路上。张家界市借助政策的东风，贯彻落实保护第一的原则，以其活力四射的魅力正加速推进文化产业与旅游产业融合发展形成，为全市社会经济发展添砖加瓦，为湖南省旅游事业腾飞舞好龙头，为张家界建成国内外知名旅游胜地目标急速奔跑。衷心祝愿张家界文化旅游事业再攀高峰，张家界建成国内外知名旅游胜地的目标早日实现。

参考文献

[1] Andergassen, Rainer, Franco Nardini, et al. Technological Paradigms and Firms' Interaction [R]. Quaderni-Working Paper DSE, 2003.

[2] Australia Government National Office for the Information Economy, Convergence Report [EB/OL]. http://www.noie.gov.au, 2000.

[3] Bachleitner R, Zins A H. Cultural Tourism in Rural Communities: The Residents' Perspective [J]. Journal of Business Research, 1999, 44 (3): 199-209.

[4] Banker R D, Chang H H, Majumdar S K. Economies of Scope in the US Telecommunications Industry [J]. Information Economics and Policy, 1998, 10 (2): 253-272.

[5] Capello R, Camagni R. Beyond Optimal City Size: An Evaluation of Alternative Urban Growth Patterns [J]. Urban Studies, 2000, 37 (9): 1479-1496.

[6] Catalani A. Integrating Western and Non-Western Cultural Expressions to Further Cultural and Creative Tourism: A Case Study [J]. World Leisure Journal, 2013, 55 (3): 252-263.

[7] Connell J. Film Tourism-evolution, Progress and Prospects [J]. Tourism Management, 2012, 33 (5): 1007-1029.

[8] Craik J. The Culture of Tourism [A]//C. Rojek, J. Urry (Eds.). Tourism Cultures: Transformations of Travel and Theory [M]. London: Routledge, 1997.

[9] Csapó J. The Role and Importance of Cultural Tourism in Modern Tourism Industry [M]. London: INTECH Open Access Publisher, 2012.

[10] Duranton G, Puga D. From Sectoral to Functional Urban Special-Isation [J]. Journal of Urban Economics, 2005, 57 (2): 343-370.

[11] Gillwald A. National Convergence Policy in a Globalised World: Preparing South Africa for Next Generation Networks, Services and Regulation, LINK Public Policy Research Paper, No. 3 [R]. Johannesburg: University of the Witwatersrand,

2003.

[12] Greenstein S, Khanna Y. What Does Industry Convergence Mean? Competing in the Age of Digital Convergence [M]. Boston: Harvard Business School Press, 1997.

[13] Guccio C, Lisi D, Martorana M, et al. On the Role of Cultural Participation in Tourism Destination Performance: An Assessment Using Robust Conditional Efficiency Approach [J]. Journal of Cultural Economics, 2017, 41 (2): 129-154.

[14] Hacklin F, Marxt C, Fahrni F. An Evolutionary Perspective on Convergence: Inducing a Stage Model of Inter-industry Innovation [J]. International Journal of Technology Management, 2010, 49 (1-3): 220-249.

[15] Hall P. The Future of Cities [J]. Computers, Environment and Urban Systems, 1999, 23 (3): 173-185.

[16] Henderson J V. The Sizes and Types of Cities [J]. The American Economic Review, 1974, 64 (4): 640-656.

[17] Hesmondhalgh D. The Cultural Industries [M]. London: Sage Publications, 2013.

[18] Hughes H. Arts, Entertainment and Tourism [M]. Oxford: Butterworth-Heinemann, 2000.

[19] Istoc E M. Urban Cultural Tourism and Sustainable Development [J]. International Journal for Responsible Tourism, 2012, 1 (1): 38-56.

[20] Krugman P. Increasing Returns and Economic Geography [J]. Journal of Political Economy, 1991, 99 (3): 483-499.

[21] Lash S, Urry J. Economies of Signs and Space [M]. London: Sage Publications, 1994.

[22] Lei D T. Industry Evolution and Competence Development: The Imperatives of Technological Convergence [J]. International Journal of Technology Management, 2000, 19 (7-8): 699-738.

[23] Lind J U. Biquitous Convergenee: Market Redefinitions Generated by Technological Change and the Industry Life Cycle [R]. Paper for the DRUID Academy, Winter 2005 Conference, 2005.

[24] Malhorta A, Gupta A K. An Investigation of Firm's Strategic Responses to Industry Convergence [R]. Academy of Management Proceedings, Best Paper Series,

2001.

[25] Malhotra, Ayesha. Firm Strategy in Converging Industries: An Investigation of United States Commercial Bank Responses to United States Commercial-investment Banking Convergence [D]. Proquest Dissertations and Theses Full-text Search Platform, 2001.

[26] Marshall A. Principles of Economics: Unabridged (Eighth Edition) [M]. New York: Cosimo, Inc., 2009.

[27] Molotch H L. Managed Integration: Dilemmas of Doing Good in the City [M]. Berkeley: University of California Press, 1972.

[28] Mullins P. Tourism Urbanization [J]. International Journal of Urban & Regional Research, 1991, 15 (3): 326-342.

[29] Pine B J, Gilmore J H. The Experience Economy [M]. Boston, MA: Harvard Business School Press, 1999.

[30] Piore, Michael J. Birds of Passage: Migrant Labor and Industrial Societies [M]. Cambridge: Cambridge University Press, 1979.

[31] Porter M E. Technology and Competitive Advantage [J]. Journal of Business Strategy, 1985, 5 (3): 60-78.

[32] Richards G. Cultural Attractions and European Tourism, CAB International [M]. London: Wallingford, 2001.

[33] Richards G, Wilson J. Developing Creativity in Tourist Experiences: A Solution to the Serial Reproduction of Culture? [J]. Tourism Management, 2006, 27 (6): 1209-1223.

[34] Rosenberg Nathan. Technological Change in the Machine Tool Industry, 1840-1910 [J]. The Journal of Economic History, 1963, 23 (4): 414-443.

[35] Saxena G, Ilbery B. Integrated Rural Tourism: A Border Case Study [J]. Annals of Tourism Research, 2008, 35 (1): 233-254.

[36] Scher P W. Heritage Tourism in the Caribbean: The Politics of Culture After Neoliberalism [J]. Bulletin of Latin American Research, 2011, 30 (1): 7-20.

[37] Shepard S B. The New Economy: What It Really Means [J]. Business Week, 1997 (17): 39.

[38] Stieglitz, Nils. Digital Dynamics and Types of Industry Convergence: The Evolution of the Handheld Computers Market [M]. Cheltenham: Edward Elgar Pub-

lishing, 2003.

[39] Tisdale H. The Process of Urbanization [J]. Social Forces, 1942, 20 (3): 311-316.

[40] Torrisi S, Gambardella A. Does Technological Convergence Imply Convergence in Markets? [J]. Research Policy, 1998, 27 (5): 445-463.

[41] Yoffie B David. Competing in the Age of Digital Convergence [J]. California Management Review, 1996, 38 (4): 31-53.

[42] Yue A. Cultural Governance and Creative Industries in Singapore [J]. International Journal of Cultural Policy, 2006, 12 (1): 17-33.

[43] Zhang C, Zhu M. The Integration of Culture and Tourism: Multi-understandings, Various Challenges and Approaches [J]. Tourism Tribune, 2020, 35 (3): 62-71.

[44] 阿克塞尔·马克斯, 贝努瓦·里候科斯, 查尔斯·拉金, 等. 社会科学研究中的定性比较分析法: 近25年的发展及应用评估 [J]. 国外社会科学, 2015 (6): 105-112.

[45] 艾伦·J. 斯科特. 城市文化经济学 [M]. 董树宝, 张宁, 译. 北京: 中国人民大学出版社, 2010.

[46] 沃尔特·艾萨德. 区位与空间经济: 关于产业区位、市场区、土地利用、贸易和城市结构的一般理论 [M]. 杨开忠, 等译. 北京: 北京大学出版社, 2011.

[47] 陈柏福, 刘凤, 田桓至. 新型城镇化视域下文旅产业融合发展研究: 以湖南省张家界市为例 [J]. 长沙大学学报, 2019 (6): 48-53.

[48] 陈建军, 黄洁. 集聚视角下中国的产业、城市和区域: 国内空间经济学最新进展综述 [J]. 浙江大学学报 (人文社会科学版), 2008 (4): 12-21.

[49] 陈柳钦. 产业发展的相互渗透: 产业融合化 [J]. 贵州财经学院学报, 2006 (3): 31-35.

[50] 陈柳钦. 产业融合的发展动因、演进方式及其效应分析 [J]. 西华大学学报 (哲学社会科学版), 2007 (4): 69-73.

[51] 陈明星, 叶超, 陆大道, 等. 中国特色新型城镇化理论内涵的认知与建构 [J]. 地理学报, 2019 (4): 633-647.

[52] 程锦, 陆林, 朱付彪. 旅游产业融合研究进展及启示 [J]. 旅游学刊, 2011 (4): 13-19.

[53] 程晓丽, 祝亚雯. 安徽省旅游产业与文化产业融合发展研究 [J]. 经济地理, 2012 (9): 161-165.

[54] 单元媛, 赵玉林. 国外产业融合若干理论问题研究进展 [J]. 经济评论, 2012 (5): 152-160.

[55] 丁任重, 王河欢, 何忻遥. 面向中国式现代化的城镇化转型: 历史脉络、典型事实与路径选择 [J]. 南开经济研究, 2023 (10): 3-21.

[56] 董文静, 王昌森, 张震. 中国文化产业与旅游产业融合发展的内在机理及时空分异 [J]. 统计与决策, 2024 (1): 63-68.

[57] 董晓峰, 杨春志, 刘星光. 中国新型城镇化理论探讨 [J]. 城市发展研究, 2017 (1): 26-34.

[58] 豆建民, 汪增洋. 经济集聚、产业结构与城市土地产出率: 基于我国234个地级城市1999-2006年面板数据的实证研究 [J]. 财经研究, 2010 (10): 26-36.

[59] 段娟. 新中国成立初期陈云对城市规划和建设的思考与探索 [J]. 兰州商学院学报, 2014 (4): 15-20.

[60] 冯娟. 城市化进程中村镇主体空间行为的博弈研究 [M]. 北京: 科学出版社, 2014.

[61] 高鸿鹰, 武康平. 集聚效应、集聚效率与城市规模分布变化 [J]. 统计研究, 2007 (3): 43-47.

[62] 高朦. 文化创意产业与旅游产业融合发展机制研究 [J]. 经贸实践, 2017 (19): 67-69.

[63] 顾朝林, 等. 中国城市化: 格局·过程·机理 [M]. 北京: 科学出版社, 2008.

[64] 顾丽敏. 创新链驱动战略性新兴产业融合发展: 理论逻辑与机制设计 [J]. 现代经济探讨, 2024 (3): 80-86.

[65] 关旭, 陶婷芳, 陈丽英. 我国大型城市旅游业与演艺业融合路径及选择机制: 企业层面的扎根研究 [J]. 经济管理, 2018 (1): 22-37.

[66] 圭文. 大力宣传认真执行《城市规划条例》[J]. 城市规划, 1984 (3): 3-5.

[67] 桂拉旦, 孙润艳. 产业融合驱动下区域旅游产业集聚区管理模式研究 [J]. 西藏大学学报 (社会科学版), 2016 (4): 201-206.

[68] 杭敏, 白皓元. 价值链耦合中的文化产业集群效应与关联度 [J]. 中

国文化产业评论，2014（2）：41-57.

[69] 何建民．我国旅游产业融合发展的形式、动因、路径、障碍及机制[J]．旅游学刊，2011（4）：8-9.

[70] 何立胜，李世新．产业融合与产业变革[J]．中州学刊，2004（6）：59-63.

[71] 何立胜．产业融合与产业转型[J]．河南师范大学学报（哲学社会科学版），2006（4）：61-64.

[72] 和金生，熊德勇，刘洪伟．基于知识发酵的知识创新[J]．科学学与科学技术管理，2005（2）：54-57+129.

[73] 洪晗，肖金城，陈蕊．中国式现代化背景下的新型城镇化：概念辨析、现实困境与突破路径[J]．区域经济评论，2024（2）：38-49.

[74] 洪银兴，陈雯．由城镇化向新型城市化：中国式现代化征程中的探索[J]．经济研究，2023（6）：4-18.

[75] 侯兵，杨君，余凤龙．面向高质量发展的文化和旅游深度融合：内涵、动因与机制[J]．商业经济与管理，2020（10）：86-96.

[76] 侯丽，张宜轩．1958年的青岛会议：溯源、求实与反思[C]//中国城市规划学会．城市时代，协同规划——2013中国城市规划年会论文集（08-城市规划历史与理论），2013.

[77] 胡汉辉，邢华．产业融合理论以及对我国发展信息产业的启示[J]．中国工业经济，2003（2）：23-29.

[78] 胡惠林．区域文化产业战略与空间布局原则[J]．云南大学学报（社会科学版），2005（5）：45-58+97.

[79] 胡金星．产业融合产生过程的模型研究[J]．改革与战略，2010（12）：111-114.

[80] 胡金星．产业融合的内在机制研究：基于自组织理论的视角[D]．上海：复旦大学，2007.

[81] 胡永佳．产业融合的经济学分析[M]．北京：中国经济出版社，2008.

[82] 胡永佳．从分工角度看产业融合的实质[J]．理论前沿，2007（6）：30-31.

[83] 花建．"一带一路"倡议与我国文化产业的空间新布局[J]．福建论坛（人文社会科学版），2015a（6）：104-110.

[84] 花建．互联互通背景下的文化产业新业态[J]．北京联合大学学报

（人文社会科学版），2015b（2）：24-30.

［85］花建. 推动文化产业的集聚发展："十二五"期间提升中国文化软实力的重大课题［J］. 社会科学，2011（1）：14-22.

［86］花建. 在线新经济与中国文化产业新业态：主要特点、国际借鉴和重点任务［J］. 同济大学学报（社会科学版），2021（3）：54-64.

［87］黄岑，邓向阳. 两型社会与文化产业新业态的思考［J］. 今传媒，2011（6）：76-77.

［88］黄楚峰. 基于文献分析法的国内智慧教育空间设计研究［J］. 工业设计，2022（10）：97-99.

［89］黄璐. 高质量发展背景下数字文化产业与旅游产业耦合协调关系及其时空演变研究［J］. 统计与管理，2024（2）：30-41.

［90］黄蕊，侯丹. 东北三省文化产业与旅游产业融合的动力机制与发展路径［J］. 当代经济研究，2017（10）：81-89.

［91］黄细嘉，周青. 基于产业融合论的旅游与文化产业协调发展对策［J］. 企业经济，2012（9）：130-133.

［92］黄政，张金萍，胡元涛，等. 行动者网络视角下农村产业融合过程与机制研究：以海口市施茶村为例［J］. 地理研究，2023（10）：2759-2778.

［93］吉路. 文化产业的新型业态：文物酒店（上、下）［J］. 北京档案，2003（8-9）：39-41.

［94］贾卫峰，王朔，陈子凤，等. 技术融合视角下的产业融合创新［J］. 西安邮电大学学报，2020（1）：105-110.

［95］姜奇平. 更人性的经济：评B. 约瑟夫·派恩二世、詹姆斯·H. 吉尔摩著《体验经济》［J］. 互联网周刊，2002（11）：68-70.

［96］姜长云. 推进农村一二三产业融合发展新题应有新解法［J］. 中国发展观察，2015（2）：18-22.

［97］蒋萍，王勇. 全口径中国文化产业投入产出效率研究：基于三阶段DEA模型和超效率DEA模型的分析［J］. 数量经济技术经济研究，2011（12）：69-81.

［98］焦斌龙. 对我国构建区域性特色文化产业群的思考［J］. 中国文化产业评论，2009（2）：54-67.

［99］金元浦. 走向新业态：高新技术力促文化产业升级［J］. 中关村，2011（9）：43-45.

[100] 金媛媛，李晓天，李凯娜. 基于企业成长视角的体育产业、文化产业与旅游产业融合机制的研究 [J]. 首都体育学院学报，2016（6）：488-492.

[101] 康书艳. 互联网时代下产业融合发展的路径与模式探析 [J]. 中国市场，2024（15）：63-66.

[102] 柯善咨，赵曜. 产业结构、城市规模与中国城市生产率 [J]. 经济研究，2014（4）：76-88+115.

[103] 雷波. 我国体育产业与旅游产业互动融合模式分析 [J]. 北京体育大学学报，2012（9）：40-44.

[104] 雷明，王钰晴. 交融与共生：乡村农文旅产业融合的运营机制与模式：基于三个典型村庄的田野调查 [J]. 中国农业大学学报（社会科学版），2022（6）：20-36.

[105] 雷清. 旅游业与城镇化建设互动发展研究：以陕南为例 [J]. 价值工程，2011（25）：290-291.

[106] 李爱民，胡蕾. 习近平关于新型城镇化重要论述的思想脉络和理论创新 [J]. 开发研究，2023（5）：10-18.

[107] 李冬，陈红兵. 文化产业的基本特征及发展动力 [J]. 东北大学学报（社会科学版），2005（2）：91-93.

[108] 李庚香. 中原城市群与城市文化建设 [J]. 中国文化产业评论，2007（2）：292-305.

[109] 李亮，陈柏鸿. 浅析农村三次产业融合模式及发展类型 [J]. 湖北植保，2020（3）：7-10+25.

[110] 李刘艳，邓金钱. 我国城镇化发展的阶段特征、逻辑主线与未来进路 [J]. 经济学家，2024（3）：87-97.

[111] 李刘艳，吴丰华. 改革开放以来我国农民市民化阶段划分与展望 [J]. 经济学家，2017（9）：89-96.

[112] 李树棕. 中国城市化与小城镇发展 [M]. 北京：中国财政经济出版社，2002.

[113] 李习纯. 基于新型城镇化视角探讨以往城镇化之不足 [J]. 中国物价，2015（6）：16-18.

[114] 李霞. 新型城镇化与乡村旅游互动发展论证 [J]. 科技创新导报，2014（8）：170-171.

[115] 李小静. 新中国成立70年来我国城镇化发展的模式变迁：问题分析

与出路探索[J].重庆社会科学,2019(8):16-26.

[116] 李晓华."互联网+"改造传统产业的理论基础[J].经济纵横,2016(3):57-63.

[117] 李晓光,冉光和.农村产业融合发展的创业效应研究——基于省际异质性的实证检验[J].统计与信息论坛,2019(3):86-93.

[118] 李洋洋.我国文化创意产业与旅游业融合模式研究[D].北京:北京第二外国语学院,2010.

[119] 李长学.新马克思主义城市空间理论与中国新型城镇化理论比较研究[D].北京:中共中央党校,2019.

[120] 厉无畏.产业融合与产业创新[J].上海管理科学,2002(4):4-6.

[121] 栗悦,马艺芳.产业链视角下的文化产业与旅游产业融合模型研究[J].旅游纵览(下半月),2013(20):64-65.

[122] 林坚,赵冰,刘诗毅.土地管理制度视角下现代中国城乡土地利用的规划演进[J].国际城市规划,2019(4):23-30.

[123] 林志群.对城镇化历史进程的几点认识[J].城市规划,1984(5):29-37.

[124] 刘凤.新型城镇化背景下文化产业与旅游产业融合发展研究[D].长沙:湖南师范大学,2019.

[125] 刘津含.大都市乡村旅游地的旅游城镇化研究[D].长春:东北师范大学,2014.

[126] 刘斯琴高娃.文旅产业与民族地区新型城镇化发展研究:以内蒙古为例[J].山西青年,2017(23):6-7.

[127] 刘蔚.浅析文化产业的柔性生产和集群[J].中国文化产业评论,2007(2):80-96.

[128] 刘雪婷.中国旅游产业融合发展机制理论及其应用研究[D].成都:西南财经大学,2011.

[129] 刘颜.习近平关于新型城镇化重要论述的核心要义、理论特质与时代价值[J].文化软实力,2023(3):34-42.

[130] 刘勇.中国城镇化发展的历程、问题和趋势[J].经济与管理研究,2011(3):20-26.

[131] 刘雨涛.中国旅游业从"量变"向"质变"飞跃的机理研究:从旅游新业态视角谈旅游人才培养[J].特区经济,2012(1):146-148.

[132] 卢杰，闫利娜．乡村文化旅游综合体与新型城镇化耦合度评价模型构建：以江西省为例［J］．企业经济，2017（7）：118-124．

[133] 鲁荣东．新型城镇化如何助力中国式现代化？［J］．新型城镇化，2023（8）：50-51．

[134] 鲁小伟，毕功兵．基于主成分分析法的区域文化产业效率评价［J］．统计与决策，2014（1）：63-65．

[135] 罗伯特·K.殷．案例研究：设计与方法［M］．周海涛，李永贤，李虔，译．重庆：重庆大学出版社，2017．

[136] 罗平汉．一九六一年广州中央工作会议述论［J］．中共党史研究，2009（1）：58-67．

[137] 罗政军．文化产业与旅游产业融合发展模式研究［J］．旅游纵览（下半月），2014（24）：75．

[138] 马健．产业融合理论研究评述［J］．经济学动态，2002（5）：78-81．

[139] 马健．产业融合论［M］．南京：南京大学出版社，2006．

[140] 马勇，王宏坤．基于全产业链的我国文化旅游发展模式研究［J］．世界地理研究，2011（4）：143-148．

[141] 迈克尔·波特．国家竞争优势［M］．陈小悦，译．北京：华夏出版社，2002．

[142] 麦金托什，格波特．旅游学：要素·实践·基本原理［M］．蒲红，译．上海：上海文化出版社，1985．

[143] Dallen J. Timothy．文化遗产与旅游［M］．孙业红，等译．北京：中国旅游出版社，2014．

[144] 贝塔朗菲．一般系统论：基础、发展和应用［M］．林康义，等译．北京：清华大学出版社，1957．

[145] 查尔斯·C.拉金．比较方法：超越定性与定量之争［M］．刘旻然译．上海：格致出版社，上海人民出版社，2022．

[146] 蒙睿，刘嘉纬，杨春宇．乡村旅游发展与西部城镇化的互动关系初探［J］．人文地理，2002（2）：47-50．

[147] 孟茂倩．文化产业与旅游产业融合发展探析［J］．中州学刊，2017（11）：37-40．

[148] 聂子龙，李浩．产业融合中的企业战略思考［J］．软科学，2007（12）：80-83．

[149] 潘怡，曹胡丹，封慧．新时代我国体文旅产业融合发展：逻辑、模式、问题与路径［J］．山东体育学院学报，2024（1）：70-79．

[150] 彭影．乡村振兴视角下农村产业融合的增收减贫效应——基于农村数字化与教育投资的调节作用分析［J］．湖南农业大学学报（社会科学版），2022（3）：28-40．

[151] 彭伟步．文化产业发展要紧抓新兴业态［J］．城市观察，2010（S1）：98-100．

[152] 昝廷全，金雪涛．传媒产业融合：基于系统经济学的分析［J］．中国传媒大学学报（自然科学版），2007（3）：17-22+78．

[153] 齐文浩，朱琳，杨美琪．乡村振兴战略背景下农村产业融合的农户增收效应研究［J］．吉林大学社会科学学报，2021（4）：105-113+236-237．

[154] 昝廷全．产业结构的偏序模型：关于产业链、基础产业与重要产业的数学定义［J］．中国传媒大学学报（自然科学版），2011（4）：13-15．

[155] 昝廷全．产业经济系统与产业分类的（f, θ, D）相对性准则［J］．郑州大学学报（哲学社会科学版），2002（3）：76-80．

[156] 昝廷全．系统经济：新经济的本质：兼论模块化理论［J］．中国工业经济，2003（9）：23-29．

[157] 昝廷全．系统经济学大纲［J］．中国传媒大学学报（自然科学版），2018（1）：1-8．

[158] 昝廷全．系统经济学研究：经济系统的层级过渡理论［J］．中国传媒大学学报（自然科学版），2015（1）：1-3+19．

[159] 乔会珍．国民经济微调下农村产业融合与优化的方向与路径［J］．农业经济，2019（8）：6-8．

[160] 秦晓楠，王悦，韩苗苗．中国旅游产业与文化产业交互响应的区域差异研究［J］．旅游科学，2023（5）：142-157．

[161] 邱玉华，吴宜进．城镇化进程中我国乡村旅游发展的路径选择［J］．社会主义研究，2012（1）：101-104．

[162] 桑彬彬．旅游产业与文化产业融合发展的途径［J］．旅游研究，2016（5）：3-5．

[163] 森川洋，唐钧蓓，虞志英．城市群的结构与动态［J］．世界科学，1987（3）：44-47+20．

[164] 邵东波．"旅游+网络服务平台"下的河西走廊生态旅游发展模式研

究［D］. 兰州：兰州财经大学，2018.

［165］沈望舒. 文化产业十年崛起历程：新业态的文化产业与文化产业的新业态［J］. 北京规划建设，2009（5）：70-74.

［166］施曼，文锦达. 文化产业融合发展动力机制研究：以内蒙古为例［J］. 财经理论研究，2021（5）：33-43.

［167］石艳. 产业融合视角下的旅游产业与文化产业互动发展研究［J］. 山东财政学院学报，2012（2）：109-114.

［168］时晨，刘天科，罗碧波，等. 面向2035年的中国城镇化预测与发展研究［J］. 自然资源情报，2023（10）：16-23.

［169］斯蒂芬·马丁. 高级产业经济学［M］. 2版. 史东辉，等译. 上海：上海财经大学出版社，2003.

［170］宋芳晓. 新型城镇化与乡村振兴内在关系及协同推进思路［J］. 农村工作通讯，2022（9）：27-29.

［171］苏东水. 产业经济学［M］. 北京：高等教育出版社，2015.

［172］孙剑锋. 全球化时代文化产业的内涵与本质特征［J］. 中共浙江省委党校学报，2006（6）：123-125.

［173］拓俊楠. 以公共经济学视角分析中国式现代化进程中民族地区新型城镇化的困境与路径［J］. 集宁师范学院学报，2023（6）：109-112.

［174］陶建群，周艳，曲统昱. 探索新型文化业态高质量发展之路："火山人"文化产业创新发展实践［J］. 人民论坛，2022（4）：88-91.

［175］陶丽萍，徐自立. 文化与旅游产业融合发展的模式与路径［J］. 武汉轻工大学学报，2019（6）：85-90.

［176］田桓至. 从实景演出探寻"平台+体验"商业模式：以张家界"天门狐仙"为例［J］. 文教资料，2017a（17）：61-62.

［177］田桓至. 张家界天门山景区开发历程与经营模式研究［J］. 现代营销（下旬刊），2017b（6）：273-275.

［178］童清艳，Liang Tao Shan. 英国文化旅游传播及其保护机制研究［J］. 西南民族大学学报（人文社会科学版），2018（5）：7-13.

［179］万立明. 党在历史上如何过"紧日子"［J］. 人民论坛，2020（23）：102-105.

［180］王德刚. 依托文旅产业优势推进新型城镇化建设［N］. 中国旅游报，2022-05-17（03）.

[181] 王国胜. 常州特色文化 [M]. 北京：中国文联出版社，2006.

[182] 王家庭，张容. 基于三阶段 DEA 模型的中国 31 省市文化产业效率研究 [J]. 中国软科学，2009（9）：75-82.

[183] 王峤，刘修岩. 空间发展模式与中国城市增长：基于几何形态视角的考察 [J]. 经济学（季刊），2024（2）：588-604.

[184] 王凯. 我国城市规划五十年指导思想的变迁及影响 [J]. 规划师，1999（4）：23-26.

[185] 王琳. 文化产业在当代发展中的地位、特征及其趋势 [J]. 科学学与科学技术管理，2001（10）：91-93.

[186] 王黎锋. 中国共产党历史上召开的历次城市工作会议 [J]. 党史博采（纪实），2016（7）：58-60.

[187] 王学军. 基于三阶段 DEA 模型的甘肃省区域文化产业效率研究 [J]. 统计与信息论坛，2015（7）：45-50.

[188] 王迎洁. 三门峡市文旅产业融合发展动力与路径研究 [J]. 三门峡职业技术学院学报，2023（4）：26-29.

[189] 魏红妮. 产业融合理论下的旅游文化产业业态模式研究 [D]. 西安：西安外国语大学，2013.

[190] 魏小安. 关于文化和旅游的随想 [J]. 文化产业导刊，2018（2）：38-41.

[191] 文丰安. 新型城镇化建设中的问题与实现路径 [J]. 北京社会科学，2022（6）：101-107.

[192] 翁钢民，李凌雁. 中国旅游与文化产业融合发展的耦合协调度及空间相关分析 [J]. 经济地理，2016（1）：178-185.

[193] 吴金梅，宋子千. 产业融合视角下的影视旅游发展研究 [J]. 旅游学刊，2011（6）：29-35.

[194] 武力. 1978—2000 年中国城市化进程研究 [J]. 中国经济史研究，2002（3）：73-82.

[195] 西蒙·库兹涅茨. 现代经济增长 [M]. 戴睿，易诚，译. 北京：北京经济学院出版社，1989.

[196] 习近平. 国家中长期经济社会发展战略若干重大问题 [J]. 求是，2020（21）：4-10.

[197] 习近平. 论"三农"工作 [M]. 北京：中央文献出版社，2022.

[198] 习近平. 中国共产党第二十次全国代表大会报告 [M]. 北京：人民出版社, 2022.

[199] 夏春玉. 零售业态变迁理论及其新发展 [J]. 当代经济科学, 2002 (4)：70-77.

[200] 夏兰, 王娟, 刘斌. 民族传统体育文化与旅游产业融合发展研究：机制、模式与对策 [J]. 广东开放大学学报, 2016 (5)：86-90.

[201] 向书坚, 徐应超, 李凯. 我国新型城镇化发展质量统计评价研究 [J]. 统计研究, 2024, 41 (3)：33-47.

[202] 肖婧文, 冯梦黎. 农村产业融合嬗变：利益联结与生产要素的互动和共演 [J]. 财经科学, 2020 (9)：64-78.

[203] 肖永亮. 文化创意产业中的电视业态 [J]. 现代传播（中国传媒大学学报）, 2008 (5)：7-9.

[204] 辛欣. 文化产业与旅游产业融合研究：机理、路径与模式 [D]. 郑州：河南大学, 2013.

[205] 徐虹, 范青. 我国旅游产业融合的障碍因素及其竞争力提升策略研究 [J]. 旅游科学, 2008 (4)：1-5.

[206] 徐萍. 我国区域文化产业的发展水平及特征 [J]. 统计与决策, 2007 (1)：75-76.

[207] 薛宝琪. 河南省区域文化产业效率空间异质性及影响因素 [J]. 地域研究与开发, 2022 (3)：31-37.

[208] 薛彦, 李月. 双循环背景下两岸数字产业融合发展与动力机制研究 [J]. 亚太经济, 2023 (5)：130-142.

[209] 阎友兵, 谭鲁飞, 张颖辉. 旅游产业与文化产业联动发展的战略思考 [J]. 湖南财政经济学院学报, 2011 (2)：55-60.

[210] 杨娇. 旅游产业与文化创意产业融合的研究 [J]. 全国商情（经济理论研究）, 2008 (20)：101-103.

[211] 杨路明, 陈丽萍. 我国文化产业发展的区域差异及空间格局分析 [J]. 中国文化产业评论, 2021 (1)：235-248.

[212] 杨颖. 产业融合：旅游业发展趋势的新视角 [J]. 旅游科学, 2008 (4)：6-10.

[213] 杨园争. 山西省旅游产业与文化产业融合发展研究 [D]. 太原：山西财经大学, 2013.

[214] 杨艳. 产业融合的就业效应研究 [J]. 经贸实践, 2015 (16): 354-355.

[215] 杨志浩, 郑玮. 产业融合与城市创新: 来自"三网融合"的证据 [J]. 科研管理, 2023 (6): 126-136.

[216] 姚新根, 杨从峰, 张福昌. 论数字方式中数字产品的责任 [J]. 江南大学学报 (人文社会科学版), 2004 (3): 69-72.

[217] 易兆强, 吴利华. 数字产业融合中美比较研究: 动力、路径和效果 [J]. 科学学研究, 2024 (5): 940-951.

[218] 殷薇. 加速科技融入提升文化业态: 以江苏文化产业发展为例 [J]. 商业文化 (下半月), 2012 (2): 186-187.

[219] 尹莉, 臧旭恒. 产业融合: 基于消费需求升级的视角分析 [J]. 东岳论丛, 2009 (9): 40-45.

[220] 于刃刚, 李玉红. 产业融合论 [M]. 北京: 人民出版社, 2006: 17-64.

[221] 郁正筠. 立足媒体核心优势发展新型文化业态: 融媒体视域下探析新型文化产业高质量发展路径 [J]. 城市党报研究, 2024 (3): 22-25.

[222] 袁方. 社会研究方法论 [M]. 北京: 北京出版社, 2004.

[223] 袁骅笙. 基于动力系统理论的文化与旅游产业融合发展策略 [J]. 韶关学院学报, 2013 (9): 104-108.

[224] 袁园. 元宇宙视野下文化产业的新业态、新趋势与新模式 [J]. 深圳社会科学, 2024 (1): 126-138.

[225] 曾天雄, 罗海云. 乡村旅游与城镇化的互动研究 [J]. 邵阳学院学报 (社会科学版), 2007 (1): 59-61.

[226] 张伯旭, 李辉. 推动互联网与制造业深度融合: 基于"互联网+"创新的机制和路径 [J]. 经济与管理研究, 2017 (2): 87-96.

[227] 张海燕, 王忠云. 旅游产业与文化产业融合发展研究 [J]. 资源开发与市场, 2010 (4): 322-326.

[228] 张俊英, 马耀峰. 民族地区旅游产业与文化产业融合的动力机制研究: 以青海互助为例 [J]. 山西农业大学学报 (社会科学版), 2016 (6): 442-450.

[229] 张磊. 产业融合与互联网管制 [M]. 上海: 上海财经大学出版社, 2001.

[230] 张仁寿, 黄小军, 王朋. 基于 DEA 的文化产业绩效评价实证研究以广

东等13个省市2007年投入产出数据为例［J］.中国软科学，2011（2）：183-192.

［231］张伟，吴晶琦.数字文化产业新业态及发展趋势［J］.深圳大学学报（人文社会科学版），2022（1）：60-68.

［232］张文健.旅游产业转型：业态创新机理与拓展领域［J］.上海管理科学，2011（1）：85-88.

［233］张新成，高楠，王琳艳.中国文化和旅游产业融合质量的时空演化特征及形成机制研究［J］.统计与决策，2023（7）：96-100.

［234］张秀娥，张梦琪.产业发展是新型城镇化建设的关键［N］.光明日报，2014-09-08（07）.

［235］张琰飞，朱海英.西南地区文化产业与旅游产业耦合协调度实证研究［J］.地域研究与开发，2013（2）：16-21.

［236］张嫒.乡村旅游带动我国城镇化发展研究［J］.农村经济，2013（4）：55-57.

［237］张占斌.中国新型城镇化健康发展报告［M］.北京：社会科学文献出版社，2016.

［238］赵珏，张士引.产业融合的效应、动因和难点分析：以中国推进"三网融合"为例［J］.宏观经济研究，2015（11）：56-62.

［239］赵黎明.经济学视角下的旅游产业融合［J］.旅游学刊，2011（5）：7-8.

［240］赵嫚，王如忠.中国文化产业和旅游产业融合发展动力机制与发展评价［J］.生态经济，2022（2）：121-129.

［241］赵书虹，陈婷婷.民族地区文化产业与旅游产业的融合动力解析及机理研究［J］.旅游学刊，2020，35（8）：81-93.

［242］赵喜仓，范晓林.江苏省文化产业发展影响因素研究：基于区域的比较分析［J］.中国经贸导刊，2012（14）：9-11.

［243］赵雪等.以融合促振兴：新型农业经营主体参与产业融合的增收效应［J］.管理世界，2023（6）：86-100.

［244］赵渊.文化产业跨界整合式发展：模式、策略及路径［J］.北方经济，2012（18）：35-36.

［245］植草益.信息通讯业的产业融合［J］.中国工业经济，2001（2）：24-27.

［246］中国文化产业年鉴部.中国文化产业年鉴2010［M］.北京：中国经

济出版社，2010.

[247] 中华人民共和国建设部. 城市规划基本术语标准：GB/T50280-98 [M]. 北京：中国建筑工业出版社，1999.

[248] 周艳丽，张玉，陆雪晴. 南京市文化产业与旅游产业融合发展测度分析 [J]. 新疆职业大学学报，2022（4）：67-74.

[249] 周宇，惠宁. 试论产业融合的动因、类型及其对经济发展的影响 [J]. 山西师范大学学报（社会科学版），2014（5）：56-60.

[250] 周振华. 信息化与产业融合 [M]. 上海：上海三联书店，上海人民出版社，2003.

[251] 朱海艳. 旅游产业融合模式研究 [D]. 西安：西北大学，2014.

[252] 朱华晟，王缉慈. 论柔性生产与产业集聚 [J]. 世界地理研究，2001（4）：39-46.

[253] 庄伟光，赵苑妤. 基于耦合视角的文化与旅游产业融合发展时空演化研究 [J]. 开发研究，2023（6）：51-62.

[254] 邹德慈. 新中国城市规划发展史研究 [M]. 北京：中国建筑工业出版社，2014.

[255] 邹芸. 旅游产业和文化创意产业融合发展机制研究 [J]. 改革与战略，2017（7）：126-132.

[256] 邹再进. 区域旅游业态理论研究 [J]. 地理与地理信息科学，2007（9）：100-104.

[257] 左雯敏，樊仁敬，迟孟昕. 新中国城镇化演进的四个阶段及其特征：基于城乡关系视角的考察 [J]. 湖南农业大学学报（社会科学版），2017（3）：44-49.

后 记

文化产业与旅游产业融合创新发展已成为现代文化旅游产业经济系统高质量发展的重要方向，也是培育和形成文旅新质生产力的基本路径。文化产业与旅游产业融合发展不仅受到国家层面、城市层面、企业层面等多方面的高度重视，而且受到了学术界的广泛关注。学者们主要从产业融合视角研究了文化产业与旅游产业融合发展问题，本书进一步从产业融合、产城（镇）融合等维度，初步探讨了新型城镇化背景下文化产业与旅游产业融合创新发展，并侧重于理论文献分析、案例分析。

本书的出版得到了南方科技大学全球城市文明典范研究院开放性课题"文化产业如何促进城市可持续发展？——基于联合国创意城市网络的理论与实证分析"（IGUC23C009）、广东省普通高校人文社科重点研究基地——珠三角产业生态研究中心（2016WZJD005）等的资助。

本书在写作的过程中参考了大量的学术专著、国内外期刊论文、学位论文以及互联网资料，尽管我们力图列出各类参考文献，但也难免存在挂一漏万的可能，在此对本书参考、引用过的原文作者表示敬意和感谢！

本书是我带领研究团队合作完成的，我们明确任务分工与合作，统筹规划与合理安排，克服种种困难，终于将最终书稿付诸出版。同时我们也得到了诸多亲朋好友和研究团队的支持，在此一并表示衷心的感谢！最后我还要特别感谢广东金融学院、东莞理工学院、南方科技大学、长沙市文化旅游广电局等单位提供的全方位帮助和支持。

陈柏福
2024 年 5 月